丹溪草 著

人类命运
变迁与规则

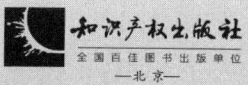
知识产权出版社
全国百佳图书出版单位
—北京—

图书在版编目（CIP）数据

人类命运：变迁与规则/丹溪草著 . —北京：知识产权出版社，2020.10
ISBN 978 - 7 - 5130 - 7054 - 6

Ⅰ. ①人… Ⅱ. ①丹… Ⅲ. ①世界史—文化史—研究 Ⅳ. ①K103

中国版本图书馆 CIP 数据核字（2020）第 132055 号

内容提要

本书试图在人类演进历程中的各个阶段发现历史变迁的微妙规律，借助史实片段和习俗现象的细致分析，对比各种文明遗存，探究历史疑惑，探索人类命运轨迹。作者以史为鉴，尊重自然，尊重本真，尊重传承，由此感知人类的生存危机，并呼吁大家突破历史和认知的局限，更多关注人类族群的存在意义。本书以独特的认知，带给人们思考未来的新视觉、新感悟。

责任编辑：冯　彤　　　　　　　　　责任校对：潘凤越
封面设计：博华创意·张冀　　　　　责任印制：刘译文

人类命运：变迁与规则
丹溪草　著

出版发行：	知识产权出版社有限责任公司	网　　址：	http://www.ipph.cn
社　　址：	北京市海淀区气象路 50 号院	邮　　编：	100081
责编电话：	010 - 82000860 转 8386	责编邮箱：	fengtong23@163.com
发行电话：	010 - 82000860 转 8101/8102	发行传真：	010 - 82000893/82005070/82000270
印　　刷：	天津嘉恒印务有限公司	经　　销：	各大网上书店、新华书店及相关专业书店
开　　本：	720mm×1000mm　1/16	印　　张：	20.75
版　　次：	2020 年 10 月第 1 版	印　　次：	2020 年 10 月第 1 次印刷
字　　数：	276 千字	定　　价：	78.00 元
ISBN 978 - 7 - 5130 - 7054 - 6			

出版权专有　侵权必究
如有印装质量问题，本社负责调换。

谨献给亲爱的、生养了我的母亲还曾哺育过我的
百岁高龄的外婆——陈亚香女士！

序

中华民族对庚子年记忆深刻。尤其是近代以来，每个庚子年，似乎都伴随着重大灾难和历史转折。庚子年，全球似乎都不太平，一些震动世界的大事件也容易发生在这一年。

1840年（庚子年），中国第一次鸦片战争，西方列强敲开了古老封闭的清王朝大门，是我国近代屈辱的半殖民地半封建社会的开端。

1900年（庚子年），义和团运动在中国北方部分地区达到高潮，大清国和国际列强开战，八国联军占领了北京紫禁城皇宫，导致中国陷入空前灾难，史称"庚子国难"。翌年（辛丑年）9月，中国和11个国家达成了屈辱的《解决1900年动乱最后议定书》即《辛丑条约》，规定中国从海关银等关税中拿出4.5亿两白银赔偿各国，并以各国货币汇率结算，按4%的年息，分39年还清，史称"庚子赔款"。这一年，印度发生大饥荒，数百万人饿死；欧洲爆发罢工浪潮；南非战争爆发，尸殍遍野。

1960年（庚子年），中国大面积受灾，开始了持续三年的困难时期。这一年，美国正式派兵介入越南战争，智利发生9.5级大地震，突破人类记录之最，14万人死亡；喀麦隆、多哥、马达加斯加、刚果（利）（1997年改名为刚果民主共和国）、索马里、达荷美（现名贝宁）、尼日尔、上沃尔特（现名布基纳法索）、象牙海岸（现名科特迪瓦）、乍得、乌班吉沙立（现名中非）、刚果（布）、加蓬、塞内加尔、马里、毛里塔尼亚、尼日利亚 17 个非洲国家获得独立，因此被称为"非洲独立年"。

2020 年（庚子年），新冠肺炎席卷全球，给全人类带来巨大灾难。美国约翰斯·霍普金斯大学发布的实时统计数据显示，截至北京时间 5 月 8 日 6 时 30 分，全球累计确诊新冠肺炎病例 3833957 例，累计死亡病例 268877 例❶。这并不是最后的结果，疫情仍在全球蔓延……

庚子之后是反思。《人类命运：变迁与规则》就是在这个时间段完成的一部反思人类发展历史、思考人类未来命运的著作。2020 年庚子年，"五一国际劳动节"小长假期间，我回到金华，作者邀我写序，尽管我对人类学缺乏研究，鉴于和作者的友谊，接受了他的邀请。利用这个小长假，我阅读了这部著作稿本，大概属于本书尚未公开出版之前为数极少的几个读者之一吧。

人类学强调对脉络的深度检视、跨文化比较（尤其是社会文化人类学），以及对研究区域的长期、经验上的深入了解，这往往称为参与观察。作者遵循了社会文化人类学的基本规则，把研究视野置于人类自起源至今的全部进化历程，放在全球的不同地区（欧亚大陆、美洲、澳洲、两河流域、尼罗河流域、恒河流域、黄河流域等），不同人种（雅利安人、闪米特人、印第安人等），甚至放到蚂蚁、蜜蜂等社会性极强的动物群中去比较，试图从人类进化的久远历史和全球宏大场景的叙事中，解读人类命运演化历史脉络及其规则变迁的来龙去脉。这样做的目的，作者明言"我们只有站到了能够看到人类漫长而艰难的迁徙历程的足够高度，回首过往，才能够体会和认清人类明天应该走向何方，明白我们当下可以怎样选择、取舍"。看得出，作者是下了功夫

---

❶ 全球抗疫观察之六十六：全球确诊逾 383 万．腾讯网．https://new.qq.com/omn/20200508/20200508A01YZ800.html．

的。尽管本书在叙事表达、推理论证、篇章小结等细节处理上，与当今推崇的"学术规范"尚有一定差距，但著述的字里行间却闪现出作者独立思考的光芒，产生了许多超凡脱俗的新论。或许正是这种无拘无束的思维、表达方式，给予了作者自由驰骋的创新思维空间。

作者认为：人性是进化的结果。满足人性基本需要，与生俱来的属性可称为人性的原生属性，如对于饥饿和安全的威胁，婴儿与生俱来即存在明显的反应。这是人的天性，也是一切生命的通性。与生俱来的原真求生的本能恰恰是人性善美的内容。史前原始人类比我们今天的现代人更加具备利他、协作、依赖的本性，因为这一切都是自我生存的必备前提。人类在进化过程中与大自然较劲，于同类族群交往中追求表现，于自己的经历中苛求超越的特性，可称为人类的变迁属性。比如，人性中的从众属性，人们在资本至上的社会中的追求欲、占有欲、控制欲、超越欲……满足这类需求可以保证基本需求的更大满足，但这些需求并不是通性，是部分个体苛求超越的特性。人性的原生属性和变迁属性是有冲突的：一方面，人类的进化和人性的变迁本来就具有双面性，有进化的一面，必定会有退化的一面，而且许多所谓的进化本身可以说就是退化，这正是人类需要理性客观认知的；另一方面，人类作为大自然的一部分，地球村的一员，应该归于大自然自由公平法则的约束，从公义的认知分析和判断人类原生属性的人性美。他提醒：人性中从众的变迁属性何去何从？这是人类特别需要思考的。

循着作者的思路去总结，规则也是人类遵循适者生存法则演化变迁的结果。所谓规则，是对社会动物而言，为协调个体、自然、社会之间，对内或对外的各类关系，以维护共同利益而形成的基本约定。人类在与大自然抗争的同时，更与自己抗争。这种抗争其实质就是人类通过一定的规则约束自己、约束大家、约束人类与自然万物的探索。人类早期文明演进中，如此丰富的崇拜和禁忌，归纳起来就是敬畏自然和敬畏生命。原始人类为了自己和群体生命存在的需要，首先认识和遵循的规则更是以大自然的客观规律为最基本、最直接的准绳，这些规则一部分是自然天成的自然规则，可称为天理法则，是人类适应自然环境的产物；一部分是群体认同的族群规则，其中既包含自然规则，也包含人情规则，是人类在自然环境和人群环境双重影响下形成的社会规则。这类规则的形成基本上是经验归纳、习惯生成和约定俗成。比如，许多原始氏族和土著都有禁止砍伐水源周围的草木、禁止在河流泉水附近大小便和野合之类的规定，是害怕因此遭受水神的报复；禁止向火堆泼水、扔脏物、吐痰或用刀棍向火中乱插，是畏惧火神的惩罚。人们如果不遵守自然规则和族群规则，必定很快受到自然环境和族群同类的严酷责罚。人类日积月累道法自然的规则传承，不仅是合理的，且往往是经典的，应该得到尊重和保护。

为了活着而规则，为了更好地活着而演绎规则。规则同样按照自己的节拍律动和变迁。随着社会生产力的提高，要维护社会秩序，解决不断出现的新问题和新矛盾，需要新的处理方式、新的行为规范。国家出现了，它首先需要制定刚性规则，这就是法的起源。法律是人类规范的重要内容，是自然规则、人情规则、经济规则、社会规则等一系列规则的凝练、升华和强制。依照法律治理国家和社会，称为"法治"。两河流域（幼发拉底河和底格里斯河）的古巴比伦文明，孕育了世界上最早的法律体系，《乌尔纳姆法典》是迄今所知的世界上最早的一部成文法典，是古代西亚乌尔第三王朝的创始者乌尔纳姆（Ur – Nammu）❶颁布

---

❶ 乌尔第三王朝大概在现在的伊拉克摩苏尔至巴格达一带，新月沃土的文明中心美索不达米亚的北部古称亚述，南部为巴比伦尼亚。而巴比伦尼亚北部叫阿卡德，南部为苏美尔。乌尔第三王朝为苏美尔人在约公元前2113年建立，乌尔纳姆在位期间（约公元前2113—公元前2096年在位）统一美索不达米亚南部诸城邦，建立起强大的集权王朝。因苏美尔早王朝时期存在乌尔第一、第二王朝，故公元前2113年建立的王朝史称乌尔第三王朝。约公元前2006年，阿摩利人击灭乌尔第三王朝。

的，距今已超 4100 年。从破损较严重的法典残片看，法典包括序言和正文 29 条（传下来的只有 23 条）两大部分，主要内容是对奴隶制度、婚姻、家庭、继承、刑罚等方面的规定。如第一次离婚支付 1 米纳白银，而第二次离婚应当支付 1/2 米纳白银，通奸者将被处死；强暴自己的女奴者将被课以 5 西克尔罚金；作伪证将被处以罚款；斗殴中打折骨头需支付 1 米纳白银，损伤脚需支付 10 西克尔；外国人的土地被淹没，每 0.3 公顷土地将给予 3 古尔（约 900 公升大麦）补偿；将逃亡奴隶捉回的奴隶主要给捕捉者适当的报酬；禁止行巫术；破坏他人耕地者要支付食物赔偿；女奴对女主人不敬则予体罚。妇女在家庭中地位低下，如犯通奸罪则处死，等等。稍晚的《汉谟拉比法典》（The Code of Hammurabi）是中东地区的古巴比伦国王汉谟拉比大约在公元前 1776 年颁布的法律汇编，是世界上现存的第一部比较完备的成文法典。该法典由序言、条文和结语三部分组成，共 3500 行、282 条，涉及现代意义上的民事、刑事、诉讼等领域，意在调解自由民之间的财产占有、继承、转让、租赁、借贷、雇佣等多种经济关系和社会关系。比如，"6. 任何窃取寺庙或者皇宫的财产的人将被处以死刑，而从他那里接受到赃物的人也一并处以死刑。" "7. 任何在没有证人或者合同文书的情况下，于他人的儿子或者奴隶处购买白银、黄金、男女奴隶、斧头或者羊、驴以及其他任何东西的人，或者为此负责的人，都将被视为盗贼且判处死刑。" "14. 拐带他人幼子之人，将被判处死刑。" "55. 如果任何人开挖沟渠以浇灌田地，但是不小心淹没了邻居的田，则他将赔偿邻居小麦作为损失。" "282. 若奴隶忤逆主人，一经定罪，主人可以割下他的耳朵。"❶ 本书作者认为：规则和法律约束力总是伤害个体的自由野性的，因此比较自由而言，任何规则、法律总是残忍的；然而对于秩序而言，这种残忍何尝不是一种文明呢？

---

❶ 来源：百度百科．https：//baike.baidu.com/item/% E6% B1% 89% E8% B0% 9F% E6% 8B% 89% E6% AF% 94% E6% B3% 95% E5% 85% B8/885898？fr = aladdin．

关于原始公有制内涵和私有制形成，作者也有他的见解。他认为，"在族群内部，大家是共同围捕猎物，组织采集，分配食物，相依为命的共同体。但对于族群外的同类来说，互相之间并不是共有共享的关系，有考古发现原始人类捕获同类作为食物也是通常的情况。一直到部落形成之后杀戮异族的同类还是非常平常的。因此我们说原始人类这种共有共享的共同体，是相对独立的族群内部而言的，并不是整个原始人类种群。可见原始公有制的存在是有一定范畴的，对于族群外的同类，各个族群一开始就存在各自私有的利益。因此我们认为对这段历史的组织形态概括为'原始集体主义'或者'群落共产主义'，是不是比称之为'原始共产主义'更加准确一些"。按照作者这个逻辑，原始公有制和原始私有制的起源是同步的。这样一来，私有制起源和形成时间就比现有文献的说法大大提前了。

我个人认为："原始集体主义"在原始人类社会是存在的。它先后经历了血缘家族公社、母系氏族公社、父系氏族公社、农村公社或马尔克公社等不同的组织形式；中国近现代乡村社会的村社公有、宗族公田祠产、血缘和亲缘家庭以及熟人社会的伙有共耕、互助合作制度，大多数也是由原始公社中各种不同形态的共有制集体经济残留或传承下来的；农村集体经济历史存在，首先是人类社会经济发展的自然产物，而非人们的行为偏好（主观愿望），与"主义"无关；集体经济伴随着史前人类和成文史以来人类社会发展的各个历史阶段一路走来，必将继续伴随人类社会经济发展的未来进程，集体经济可能是一个永恒话题。这一问题，我在《村域集体经济：历史变迁与现实发展》一书中曾辟专章研究"集体经济历史演进：从血缘家族公社到农村公社"[1]，在此不赘述。恩格斯说，群是由我们在动物中所能看到的最高的社

---

[1] 王景新. 村域集体经济：历史变迁与现实发展[M]. 北京：中国社会科学出版社，2013：46-66.

会集团❶；马克思认为人类完全成形后，血缘家族是第一个社会组织形式❷。按照马克思主义的观点，血缘家族存在的时间很长，相当于旧石器时代早期和中期阶段。在漫长的以采集和狩猎为主要内容的攫取经济时代，人类"为了在发展过程中脱离动物状态，实现自然界中最伟大的进步，还需要一种因素：以群的联合力量和集体行动来弥补个体自卫能力的不足"❸。当代历史学家也认可：狩猎依靠集体进行，因此狩猎在很大程度上决定着原始人实行集体主义❹。

至于"私有制"的起源和形成过程，我认为应该进一步深入研究。对于私有制的形成，历来有不同见解。一些学者认为，私有制是跟随人类诞生就有的产物，是人类社会天生的配套之物。一些学者认为：一些氏族的部落首领和少数家长为了占有更多的产品供自己享用，……把一些集体财产窃为己有，私人占有财产的现象便出现了❺。但有学者质疑，那些把集体财产窃据为己有的氏族部落和家长的私有观念是从哪里来的❻。本书作者把原始公有制看成氏族、部落内部公有制，而把氏族之间、部落之间为领地、水源、猎物的争抢看成是私有制观念生成的环境。这样一来，上述质疑可以得到解释。

恩格斯认为，私有制是生产力发展和婚姻制度演化的结果。他在《家庭、私有制和国家的起源》❼中，把人类史前划分为

---

❶ 马克思恩格斯全集：第二十一卷 [M]．北京：人民出版社，1985：44.
❷ 马克思．摩尔根《古代社会》一书摘要 [M]．北京：人民出版社，1965：20.
❸ 马克思恩格斯全集：第二十一卷 [M]．北京：人民出版社，1985：45.
❹ 白乐天，李凤飞．世界通史（上）[M]．北京：光明日报出版社，2001：18.
❺ 宋兆麟，黎家芳，杜耀西．中国原始社会史 [M]．北京：文物出版社，1983：291.
❻ 程纯．关于私有制的起源及其历史地位：读恩格斯的《家庭、私有制和国家的起源》[J]．历史教学问题，1984（6）：2-8.
❼ 恩格斯．家庭、私有制和国家的起源：就路易斯·亨·摩尔根的研究成果而作//中共中央马克思恩格斯列宁斯大林著作编译局编译．马克思恩格斯全集：第二十一卷 [M]．北京：人民出版社，1985：27-203.

"三个主要时代——蒙昧时代、野蛮时代和文明时代"。就生产力发展水平而言，蒙昧时代是以采集现成的天然产物为主的时期，人类制造品主要是用作这种采集的辅助工具；野蛮时代是学会经营畜牧业和农业的时期，是学会靠人类的活动来增加天然产物生产方法的时期；文明时期是学会对天然产物进一步加工的时期，是真正的工业和艺术的时期。就婚姻制度和家庭演化而言，在整个蒙昧时代，人类实行群婚制，后来出现了按照辈分划分的血缘家庭，在这种家庭中，辈分不同的人群禁止成为夫妻；到了蒙昧时代的中级阶段，又出现了排除姊妹和兄弟之间性交关系的普那路亚家庭；蒙昧时代的高级阶段，是氏族继续发展时期，实行共产制家庭经济，凡是共同制作和使用的东西，都是共同财产。恩格斯说，"在一切形式的群婚家庭中，谁是某一个孩子的父亲是不能确定的，但谁是孩子的母亲却是确定的。……由此可知，只要存在着群婚，那末世系就只能从母亲方面来确定，因此，也只承认女系"❶，这就是母系社会的根由。

进入野蛮时代，群婚就被对偶婚排挤了。在这一阶段上，一个男子和一个女子共同生活。"对偶家庭产生于蒙昧时代和野蛮时代交替的时期，大部分是在蒙昧时代高级阶段，只有个别地方是在野蛮时代低级阶段。"❷ "直到野蛮时代低级阶段，固定的财富差不多只限于住房、衣服、粗糙的装饰品以及获得食物和制作食物的工具：小船、武器、最简单的家庭用具。天天都要重新获得食物。" 到了中级阶段时，随着畜牧业的发展，"已经有了马、骆驼、驴、牛、绵羊、山羊和猪等畜群，这些财产，只须加以看管和最简单的照顾，就可以愈来愈多地繁殖起来，供给非常充裕的乳肉食物。……但是，这些新的财富归谁所有呢？最初无疑是归氏族所有。然而，对畜群的私有制，一定是很早就已发展起来

---

❶ 马克思恩格斯全集：第二十一卷[M]．北京：人民出版社，1985：52-53．
❷ 马克思恩格斯全集：第二十一卷[M]．北京：人民出版社，1985：58，64．

了"❶。究竟早到什么时候呢？恩格斯提示：很难说，亚伯拉罕族长被所谓摩西一经的作者看做畜群的占有者，究竟是由于他作为家庭公社首领所拥有的权利，还是由于他作为实际上世袭的氏族酋长的身份。只有一点没有疑问，那就是我们不应该把他设想为现代意义上的财产所有者。其次，没有疑问的是，在成文历史的最初期，我们就已经到处都可以看到畜群乃是家庭首领的特殊财产，完全同野蛮时代的工艺品一样，同金属器具、奢侈品以及人畜——奴隶一样。❷ 这说明：野蛮时代的低级阶段私有制就出现了；在畜群完全转归家庭所有以后，"这些财富，一旦转归各个家庭私有并且迅速增加起来，就给了以对偶婚和母权制氏族为基础的社会一个有力的打击"❸。

一夫一妻制家庭，它"是在野蛮时代的中级阶段和高级阶段交替的时期从对偶制家庭中产生的；它的胜利乃是文明时代开始的标志之一"。在恩格斯看来，一夫一妻制家庭产生的唯一目的是保护私有财产的社会延续。他写道："一夫一妻制是不以自然条件为基础，而以经济条件为基础，即以私有制对原始的自然成长的公有制的胜利为基础的第一个家庭形式。丈夫在家庭中居于统治地位，以及生育只是他自己的并且应该继承他的财产的子女——这就是希腊人坦率宣布的个体婚制的唯一目的。"❹

本书作者对"资本文明"，尤其是对"资本的野性和残酷"有深刻的反思和诘问，"探索理想秩序"与社会主义、共产主义一脉相承。作者讴歌了东方先哲诸如《礼记·礼运》"大道之行"描写的大同世界；诘问"中国传统统治者在五千年文明史中，为什么坚定地极力固守'重农抑商'政策，真的是在破坏社会规律中新生产力，自毁发展之路？"他认为"重农抑商"是中国先人

---

❶ 马克思恩格斯全集：第二十一卷 [M]. 北京：人民出版社，1985：65.
❷ 马克思恩格斯全集：第二十一卷 [M]. 北京：人民出版社，1985：65-66.
❸ 马克思恩格斯全集：第二十一卷 [M]. 北京：人民出版社，1985：66.
❹ 马克思恩格斯全集：第二十一卷 [M]. 北京：人民出版社，1985：77.

们对资本之恶"防微杜渐、未雨绸缪的深远治理谋略。华夏文明传承者不是不懂，也不是不屑资本积累，而是早就洞察了资本的本性，明了资本积累后的社会、环境、自然、观念等产生的变化，用商鞅的话说就是'国之危也'……华夏文明是给资本这个潘多拉盒子有意上了封条"。"资本在带来物质繁荣的同时也在不断掏空一些人的灵魂"，"重农抑商"是守住人性的最后底线。从资本本性和人性角度，而不从阶级分化、阶级斗争角度去认识资本、资本主义，我以为拓展了资本主义的研究视野。

人类过往文明的每一段，都能够纠结我们的内心。要想"团结起来到明天"，人类必须团结起来，面对贫困危机、自然环境容量危机、人类文明自毁危机、人类综合焦虑危机等四大共同敌人。人类站在新十字路口，何去何从？每个人，尤其有影响力的人应该反思。这是本书作者的呼吁，也是我写此序言的初心。

王景新

2020年5月8日于浙大紫金港校区

宽慢来，弗着急

生活了半辈子，读过几本书，却从没想过写书、出书，一直感觉那是别人的事情，和自己毫不干系。尽管从年轻时就爱写些东西，天马行空，天南海北，见啥写啥，想啥写啥。当然，写得最多的还是为解决一些具体事情的想法和办法，毕竟总归是要吃饭糊口的，具体实在的东西写多了，文字也愈显干枯机械。好在内心还是自在的，况且这半辈子，也没见不劳动的人有多快活，反而见到整日里乐呵呵的多是劳劳碌碌、忙得不可开交或者浑身流淌着汗水的人们。擦拭满脸黄豆粒大的汗珠子时，感觉心头那个美！倘若还能来一大碗茶，甭提那个爽了！所以，年少时争论美学最基本的命题，记得笔者曾经脱口而出：汗水最美。当然，也说不出什么充分的理由来支撑。

上班的日子，总是风风火火，按部就班。慢慢体会到了，并不是所做的事情都能够如你设想的那样给人们带来快乐，难怪古人说成事由天。有价值、有创造，能见着笑容自然好，同样不少时候事与愿违，吃力了并不见讨好，你着急还真没啥用处。每遇焦急时，总借儿时奶奶的叮咛宽慰自己：宽慢来，弗着急。白居易说"急则智生"，对于我，这样的体验还真不多见，在焦虑和急躁的环境下，智商往往降到极点，反倒越来越多地感觉大脑一团糨糊。好在聪明人总在多数，不然总这么急匆匆的，岂不是满世界糨糊状了？

　　说不清自哪天起，身体常莫名地疼痛，冰冷的四肢很难暖和，瘫在床上一直按摩到放松些才能睡安稳，一早起来感觉又是很僵硬。这样病痛了好多年，只在紧张专注的状态下才缓和些，就是一种即时遗忘。雾霾特别重的时候，胸闷和气急使得身体更加疼痛、游离，坐立难安，甚至有种生命走到尽头的幻觉。求医讨教也未见答案，于是开始翻找医书自己寻解。老祖宗丹溪公《格致余论》的"多不如少，少不如绝""阳有余阴常不足论""治病必求其本论"等观念反复咀嚼，恍然有所悟。先祖的传统中医神奇得令人惊喜，自己囫囵吞枣式的体验居然感觉受益匪浅，身体和精神的变化只有自己的体会最为真切，信心自然更足了些。

　　老子有诲："天下万物生于有，有生于无。"在南海边休养的日子里，头脑保持在清空状态，抬头看天空，没有一丝异染的纯净蓝，通透明亮。一只苍鹰在盘旋，它飞得真高，就那么一个小点，令人感到无拘无束的自在。海面是在西南边的，傍晚时的金波粼粼特别迷人，远处千帆过尽，港湾渐渐宁静下来。热带蚂蚁还真多，路边经常可见垒得高高的蚁巢，低头细细瞧，它们可真忙碌，没有片刻消停，忽然想看看巢里边的世界，找了把大锹竖直切下去，刹那惊呆了：里边居然高低错落有几十层，纵横交错、四通八达，如此精美壮观的建筑是人类建筑难以比拟的。不可久留，它们已经疯狂地四处寻找毁坏它们家园的恶魔，内心油然升起愧疚之意，叮咬在脚背的几只蚂蚁可能拼死地分泌着毒液，脚竟然疼痛红肿了近一周。

　　安静的日子可以更多地内省，逐渐发现自己的病痛应该是积累了亚健康生活方式或者遭遇不宜环境的自然表现，医治方法包括咨询医生和自我疗治。我认识到自己的身体自己做主之后，健康意识才真切地建立起来，病痛消除也成为实实在在的结果。与其说人类历史是与大自然抗争的历史，不如讲是与自己抗争的过程，每个人认识自己和战胜自己的过程更加显得复杂艰难。

对于浩瀚的宇宙空间，地球就是一颗沙粒而已；对于浩瀚的地球空间，人类的历史仿佛就不过是我家乡那条小小的丹溪，而我们每一个人，最多就是这么一条溪涧里的一颗沙粒，或者是一株小小水草。难道不是吗？

自己曾用铁锹粗暴地剖开蚂蚁家园，野蛮地破坏了它们井然的秩序。其实人类不是也常会遭遇类似的粗暴吗？当然人类带给自然生物的伤害要多得多。

不容否认，我们骨子里都会有野蛮，血液里也一样。趣味往往是野性的，与文明并行，毋庸置疑，野蛮是丑陋的，文明是美好而幸福的。然而用野蛮对付野蛮，必是人类的悲哀，让野蛮自觉迈向文明又太天真，这就需要用尊重野蛮的独特方式去教化，从自然而然走向必然。事物都存在两面性，野蛮的趣味性和现实的残酷性很难否认，我们也会发现野蛮的灵动性和创造性，如果有温度，野蛮必定感觉冷酷，文明才会充满阳光。以文化人、以文育人，以明引路、以明昭示，万万急不得，文明有足够的魔力和底气。又念起儿时奶奶常叮咛：宽慢来，弗着急。感觉这是关乎命运的特别重要的规则，人类社会要构筑一个和谐的生态空间需要自我改造，急不来。

去冬今春的这次病毒疫情来得好凶，比 17 年前的 SARS 病毒还猛，这是一场人类的灾难，全球范围内几乎无一幸免。灾难是痛苦的，然而当灾难已经降临在头上，无论是天灾还是人祸，不管是有预见还是毫无防备，我们只能选择面对。我心存感激，是无情的灾难把我封在家里足足半年，能够再静心反思，静心理稿，静心观察外面的世界，静心照看自己的灵魂。好在人类的历史本身就是灾难相伴的历史，人类的进化实质上也是灾难赋予的动能，我们生命体的每一次基因突变谁说不是巨大灾难的一个记忆呢！

当然，倘若没有反思，灾难就成为彻底的悲剧，犹如忘记了以往铭刻心头的灾难记录。人类是智慧的，会在灾难中成长。记得有一回去看望从死神处抢过来的朋友，发现性情大变，最后还憨憨地说："谢谢，你不知道有人陪在身边有多重要。"许多认知的确是文字和语言无法交流的，需要自己的切身体会，这也是人类成长的代价。

历史是一面镜子，有人照见的是过去，有人照见的是未来，也有人照见的是今天；有人照见的是别人，有人照见的是自己，也有人照见的是灵魂；不同的人照同一面镜子，会有不同的感受，那么同一个人照不同的镜子，又会是什么感觉？宇宙无限，世界无限，我们的生命和人类历史却都有限，但是认知可以少点穷限。贸然起意写这样一本书，非专业的局限性自然非常明显，然而相信专业者的局限性也同样存在，怀揣无知的勇气，站在起点，才能有足够的勇气打破各种自以为是的局限。只有站在足够高度，人们或许才看得到完整的某一整体，只有保持足够耐心，人们才可辨明真切的细节，只希望能够让逢缘捧书的朋友多一面镜子，多一份严肃的交流，这样想自然就坦荡了。

翻看这本书的状态，宽慢来，弗着急。

丹溪草
2020 年 4 月 3 日

目 录

第一章　社会动物 / 001

1　社会动物的世界 / 003

2　抱团共生及人性的天成：人性的原生属性和
变迁属性 / 009

3　人类起源之谜：原始人群生态 / 013

4　诱发基因突变的革命性大迁徙 / 022

5　人类大脑生理结构的进化及忧患因子之谜 / 031

6　原始交流的各表其表，表表与共 / 035

7　原始敬畏和天理法则 / 038

章节思考 / 043

第一章参考及推荐读物目录 / 044

第二章　部落文明 / 045

1　定居部落的转折性起步 / 046

2　神奇的阿卡人 / 050

3　亚马孙部落的佐伊人和乌惹人 / 053

4　原始部落是"现代文明"的镜子吗？/ 057

  5 原始农牧业、工具进步和人类的走向 / 062

  6 生命敬畏时期的最高规则：原始崇拜和原始禁忌 / 066

  7 母系文明的极盛与割礼由来假想 / 075

  8 穿透灵魂的艺术记录 / 085

  章节思考 / 092

  第二章参考及推荐读物目录 / 093

第三章 父权文明 / 095

  1 母系文明衰退与生育限制猜想 / 096

  2 大家化小家与个体权益意识 / 102

  3 从父系文明到男权规则的巩固 / 108

  4 从斗性活动、首领争夺到世袭传承 / 114

  5 奴隶的产生及阶层社会的萌芽 / 117

  6 独一无二的华夏文明传承 / 123

  7 苦思冥想和脑神经的突变进化 / 127

  8 游牧（渔猎）部落与交通工具的第一次革命 / 129

  章节思考 / 133

  第三章参考及推荐读物目录 / 134

第四章 王权文明 / 135

  1 奴隶的贡献和超大部落的出现 / 135

  2 人类社会阶层的分化 / 143

  3 古希腊雅典的城邦共和 / 151

  4 法的起源 / 155

  5 斯巴达克起义和恺撒大帝的故事 / 160

  6 炎黄子孙与武王之治 / 168

  7 商鞅变法和早期土地制度 / 176

  8 良法与恶法 / 183

  9 人类命运在悠悠和匆匆之间踌躇 / 188

10　令人恐惧的微世界和猎巫运动 / 197

　　章节思考 / 205

　　第四章参考及推荐读物目录 / 206

第五章　资本文明 / 207

　　1　威尼斯和罗马教皇的骑兵团 / 208

　　2　文艺复兴更像是美妙的冬笋 / 217

　　3　大航海时代和殖民扩张掠夺 / 225

　　4　封建王权的终结和财产资格参政权 / 234

　　5　印刷术的创造和法国大革命 / 239

　　6　工业革命的里程碑 / 243

　　7　田园牧歌情怀和"重农抑商"策略 / 247

　　8　帝国的瓜分之争与世界大战 / 252

　　9　美洲西进淘金热和美利坚合众国的崛起 / 258

　　10　资本的野性和冷酷 / 261

　　章节思考 / 269

　　第五章参考及推荐读物目录 / 271

第六章　理想秩序追梦 / 272

　　1　乌托邦世界的理论探索 / 273

　　2　国际共产主义运动的艰难探索 / 275

　　3　俄国革命的胜利和苏联的探索 / 282

　　4　东方醒狮的创举 / 287

　　5　人类站在新十字路口 / 293

　　章节思考 / 301

　　第六章参考及推荐读物目录 / 303

感恩与致谢(代后记) / 305

第一章
社会动物

科学家发现大自然的各种奥秘，在生物进化史上，到底是先有"鸡"还是先有"蛋"的问题，却是他们一直在努力寻找而始终不得其解的谜。人类所处的大自然太神奇，而且似乎真的是越来越神奇。不是吗？人类对自己的进化过程始终有许多困惑和奥秘没有办法解答，并且这些谜团越研究越显深奥。

人类的故事是从社会动物开始的，在百万年以前的地球上，当时的人类有什么特别之处？

在人类认知的动物世界，有丰富多样的分类方法，通常按生活习性或研究者的需要，我们暂且分爬行类、飞禽类、哺乳类、昆虫类、鱼类、食肉类，等等。

爬行类动物在活动季节里，每天的活动往往表现出一定的规律。根据不同的活动习性，人们还把它们分为昼出活动、夜出活动和晨昏活动三个种类。

飞禽类动物多为人类所喜爱，它们中间有按季节远距离迁徙的候鸟，也有在相对小范围活动的留鸟。鸟类的迁徙是对环境周期性变化的一种适应性行为。鸟类超级发达的定向导航能力是人类难以企及的。

哺乳类动物分布于世界各地，并成为陆地上占支配地位的动物，按生活方式可分陆上、地下、水栖和空中飞翔等诸种；据食物喜好，还分为草食、肉食和杂食等几种类型。

鱼类动物是最古老的脊椎动物，目前全球已命名的鱼种就已达三万两千多种，并且时不时还会发现新的种类。

食肉类动物俗称猛兽或食肉兽。人类已经发现，作为大型捕食者的食肉动物正在快速减少，这个现象已经直接影响地球的生态环境。

动物世界的丰富多彩的确超出常人意料，而按照动物生存活动方式是否结伴的规律分类，还可以分为群居动物和独居动物。

群居动物指的是成群聚居的动物，无论进食、睡眠、迁移等生活行为都以群体为单位，它们彼此相互关照，相互协助。养成这样的生活习性更有助于保护种群生存，很多昆虫、海洋动物、鸟类、犬科动物和食草动物都是群居的，比如蜜蜂、黄鱼、企鹅、狼、斑马、大象、羚牛，等等。目前世界上最大的动物群是东非羚羊群；大部分的灵长类动物、啮齿类动物也是群居，比如黑猩猩、长臂猿及各种鼠类，人类当然也是群居；猫科动物通常不群居，狮子除外，狮子喜欢群居活动。

群居动物个体间的自然依附关系是相互的，它们为共生而选择群居，不仅因为单独寻觅食物、延续生命的生存能力弱，而且它们内心本身也特别恐惧孤单。科学研究发现，孤独是群居动物最不愿接受的，群居动物一旦孤独，自身就会因为缺乏安全感而产生对生命体的伤害。由此是不是可以推见，群居动物的这些习性都是与生俱来的？而独居的动物则完全不同，它们喜欢独处。有动物研究学者把猫科动物与犬科动物做了对比，猫科动物（狮子除外）多爱独居，我们看见的流浪猫可以生存得很好，流浪狗却完全不同，会死得很快。有一档自然科学电视节目，曾拍摄深山的一只老虎，独自悠然自得地生活，它吃饱睡足后在一个池塘里游憩，搔首弄姿。虽然它的笑容和人类有所不同，但可以看出其眼神是带着满足的，不得不认为那家伙过得很滋润。但是如果是流浪狗或孤独的狼，我们观察，结果是完全不一样的，它们总是表现得惊恐不安，夹着尾巴四处张望，狼可以忍饥挨饿却要千里迢迢寻找自己的同类群，狗则急欲投入新主人的怀抱。

对于众多的群居动物，我们人类的研究还不够，这些众多个体生活在一起，是纯粹结伴，还是有具体分工，群体内部是否存在某种组织形态，都有待进一步观察和研究。当然，研究工作者已经发现一些群居动物世界的秘密。在群居动物中就有一类具有社会行为的动物，它们群体内部有分工，有组织结构，各类别个体之间分工协作、各负其责，呈现典型的社会行为。如蜜蜂，有工蜂、雄峰、雌蜂（蜂王）；蚂蚁也有类似情况。

人类显然是一种社会性的群居动物，人类也特别害怕孤独。每一个物种的个体本质上总是从自身生存的需要来选择生活方式的，因此单个的人类生命体不仅是自然的生命，也是人类社会的生命，可以说完整的全人类本身才是一个大的生命共同体。而个体与个体之间存在各负其责的分工，以及组织结构复杂的各种关联。

1　社会动物的世界

社会动物习惯成群结队地活动，在它们的社群中，存在一定程度的分工，并且有组织结构内在的合作。如在哺乳动物及一些群居的鸟类中，雄性个体或雄性首领常起保护雌性个体、幼仔的作用。即使群体的首领并不是雄性，情况也差不多。雌性个体则通常负担哺育幼仔的任务，而且在一些动物中，不仅母亲哺育幼仔，社群内其他雌性个体也参与共同哺育。

我们来看看蜂类和蚁类社群内部的分工状况。蜜蜂世界的蜂王、雄蜂、工蜂，蚂蚁王国的蚁后、雄蚁、工蚁、兵蚁，由于分工而发生身体形态构造、生理机能、行为活动的微妙变化。它们在自己的世界里各司其职，规则分明，减少了社群成员间的竞争，有效地提高了群体对环境的适应能力。

蜂群王国由蜂巢和成千上万只蜜蜂组成，单只的蜜蜂是完全不可能生存的。蜜蜂社会的这种生存方式，是长期进化发展和分工磨合后适应环境变化的结果。通常一个蜂群有蜂王、雄蜂和工蜂三种类型，而且蜂王只有一只，在新旧蜂王交替期间短暂地存在两只蜂王，这种情况时就会出现两只蜂王争斗，直到剩下一只为止。蜂巢内还有数万只工蜂，几百或上千只雄蜂。

蜂王属于雌性，因此也被称为母蜂或蜂后。在蜜蜂社会里，显然保持着母系氏族生活。在这个群体大家族，蜂王是具备生殖能力的雌蜂，负责产卵繁殖后代，同时也"统治"着这个大家族。蜂王最重要的任务就是产卵，它会分泌出一种特殊的物质激素，这种激素既能够抑制工蜂的卵巢发育，还可以影响蜂巢内工蜂的行为。蜂王的寿命可达3—5年。

雄蜂的重要职责就是和蜂王交配，繁殖后代，寿命很短，雄蜂的个头比较小，也不承担筑巢、贮存蜂粮和抚育后代的任务。但是它们的爱情代价堪称伟大，每只雄蜂一生仅有一次与蜂王的交配机会，交配结束后几分钟内就会死亡。

工蜂是一种缺失了生殖能力的雌性蜜蜂，它们需要采集花粉和花蜜，并贮存于巢室内，寿命比雄蜂要长。工蜂的任务还有哺育幼虫、泌蜡造脾、泌浆固巢、保巢攻敌、清理巢室和调节巢内湿度等，是一帮任劳任怨、不知疲倦的"勤劳女工"。

通常处女蜂王出房5—8天就要婚飞，就是飞在空中交尾，完成后雄蜂的性器折断，不久死亡。蜂王一生只在特定时间内交尾1次或数次，可供一生之中卵细胞受精用。交配后蜂王便将精子贮存在受精囊内，数年里蜂王都可以自由选产受精卵或未受精卵。蜂王在雄蜂房里产下未受精卵发育成雄蜂，而在工蜂房和蜂王房里产下受精卵发育成工蜂和蜂王。所有蜜蜂幼虫头3天喂的是蜂王浆，而工蜂和雄蜂幼虫在3天后则开始喂蜂蜜和花粉，只有蜂王房里的幼虫始终喂蜂王浆使其发育成新蜂王。

呈现在人们眼里的蜜蜂世界的生活是那么安静美好，飞舞在五彩缤纷的花海，只要勤奋劳作，便可以无忧无虑地生活。然而，事实上的蜜蜂社会也不是那么风平浪静，蜜蜂王国里等级森严，不仅分工严格，还会有激烈的内部纷争。

特别是同属于雌性蜜蜂的工蜂和蜂王，虽说是群种内相互依存的紧密关系，蜂王离开工蜂根本无法独自生存，而工蜂又必须依赖蜂王延续种群的发展。但是，蜜蜂王国也常会出现工蜂杀死蜂王的情况。

工蜂的表现不仅勤劳，而且特别有责任心，它们对蜂王的健康状态也非常关注，蜂王的各项能力都会随着年龄增长而逐渐减弱，尤其是繁殖和分泌蜂王信息激素的能力，若蜂王有病残情况或能力不足以支撑蜂群生存等情况出现，工蜂会修筑交替王台，然后逼迫蜂王在王台中产下受精卵，等王台中新蜂王出房后工蜂会将老蜂王杀死或驱离出蜂巢。

处女蜂王包括尚未交尾或错过交尾期的蜂王，其中尚未出巢交尾的蜂王一般不会被工蜂杀死，而错过交尾期的蜂王则极易被工蜂杀死。因为蜂王一生只在特定的时间里与雄蜂交尾，一旦错过交尾期则终身不可能再与雄蜂交尾，这种蜂王对蜂群来说毫无存在价值，因此极易被工蜂杀死。

工蜂还有保护蜂王的本能，例如蜂群受到外来群蜂的侵袭时，工蜂会将蜂王围在中间保护起来，若外来群蜂侵袭时间较长或比较频繁，蜂王也可能会被保护过度而困死，但这种情况与前面几种不同的是工蜂杀死蜂王并不是出于本意。另外，蜂群受到刺激或惊扰时，工蜂也会将蜂王围护起来而造成误伤。

可见工蜂不会无缘无故地伤害蜂王，而且这种原因非常单纯，除去外敌入侵时的误伤，可以说唯一的原因就是蜂王失去了支撑本蜂群繁衍和发展的基本能力。当然，就蜜蜂世界来说，尤以工蜂杀死潜入蜂巢妄想浑水摸鱼的他群"假蜂王"最为常见。

蜜蜂王国所有成员的等级和分工都格外明确,这是一个十分典型的母系社会。在这样的一个群居社会内部,每个成员都在为蜜蜂王国的兴旺发达而努力工作,它们各尽所能,也各享其成,是一个共生共享的社会。除了蜂王外,所有的工蜂都是勤奋劳作,蜂王其实也因为自己的特殊使命,而承担着这个王国组织安排的艰巨任务。达尔文的进化论认为,生物界普遍存在"弱肉强食,物竞天择"法则,在同一物种群体内也同样如此,包括人类。然而蜜蜂这一种群似乎表现得非常特殊。工蜂为了群体的利益,放弃了自己的生育权;雄蜂为了种群繁衍,甚至失去自己的生命,生物界甘愿付出如此牺牲的例子还真是不多见。

在人类社会,不管其秩序多么严谨,总会出现一些叛逆和违法者,其实这一点在自愿自觉的蜜蜂王国也不例外。如果说工蜂杀死蜂王是属于"下对上"的一种监督,那么,在蜜蜂王国还存在"上对下"和"平等"之间的管治和监督。

工蜂虽然已经丧失交配能力,不能挑战蜂王的性统治专权地位,无法随意和雄蜂一起"寻欢作乐",但它们也会偶尔搞"地下活动",并且产下未受精卵。然而这种违规行为不仅不被蜂王允许,且往往首先遭到共同生活的其他工蜂"姐妹"的惩罚。出现这类状况时,以蜂王为首的"独裁统治者"会很快施以暴力。英国谢菲尔德大学的生物学家弗兰克·斯莱特尼克经过多年的观察研究后,发现蜜蜂社会中存在各种镇压"叛徒"的方法,这些原以为专属于人类社会的暴力统治方式,其实早已在蜜蜂王国中存在。工蜂们会迅速联手将"私产卵"吃掉,然后对这些违规雌蜂采取措施。为维护蜂巢的共同利益,蜜蜂们会采用"谋杀""拷打""折磨"或"关禁闭"等方式来惩罚这样的"叛徒"或"罪犯"。可见蜜蜂王国也存在相应的"统治规则",它们内部采取一种高度集中专权的结构形式。

这类社会动物是一开始群居就已经形成了属于自己的独特世

界，还是在万千年的生物历史中存在进化变迁呢？深入探究肯定是美妙无限的。我们再来看看更为熟知的蚂蚁，它们的世界也和蜜蜂王国非常相像。

所有的蚁科类几乎都过着同样的社会性生活。在一个群体里会有四种不同角色分工的蚁型：蚁后、雄蚁、工蚁、兵蚁。

蚁后是有生殖能力的雌性蚂蚁，也被称为母蚁或蚁王。蚁后在这个群体中体型最大，特别是它的腹部，因为其庞大的腹部，根本就不能移动，但能产出大量的卵，这样才能保证种族的延续。它拥有强大发达的生殖器官，触角短，胸足小，有翅，有的也脱翅或无翅。蚁后的主要职责是产卵、繁殖后代和统管这个群体大家族。蚁后寿命多长达20年，但作为社会动物，一只离群的蚂蚁只能活几天。

雄蚁，头圆小，上颚不发达，触角细长。有发达的生殖器官和外生殖器，它的职能就只是与蚁后交配。交尾后，雄蚁的精囊留在雌蚁体内，供雌蚁使用终身，雄蚁也随之死去。因为雄性昆虫交配的精液里富含大量营养物质，可给雌性提供补充，这也是吸引雌性接受自己交配而付出的代价。

工蚁无翅，是一种只会劳作、没有生殖能力的雌性蚂蚁，通常为群体中最小的个体，数量却最多，复眼小，单眼极微小或无。上颚、触角和三对胸足都很发达，善于步行奔走。工蚁的主要职责就是建造和扩大巢穴、采集食物、饲喂幼虫及蚁后、清理卫生等。每天还得负责照顾其他各类蚂蚁。

兵蚁主要负责安全保卫工作，长得头大，上颚发达。嘴部拥有看起来非常有力的"钳子"，可以粉碎坚硬食物和一些障碍物，在保卫群体时即成为战斗的武器，用以抵抗外来侵略。

蚂蚁们就是这样组成了一个分工严格、协作完善的社会体系，在明确的分工下，种群得以不断延续。而且在蚂蚁的社会里，它们并不会出现像其他昆虫那样自相残杀的行为。蚂蚁的大家庭是很友爱的，绝对不会伤害与自己同住一个洞穴的蚂蚁，它们齐心协力地寻找食物，互帮互助，也不会将食物独吞。蚂蚁的筑巢工艺非常了不起。笔者曾经专门纵向剖开一个蚁巢，城堡的内部结构异常复杂，里面几十层错落有致，四通八达，简直是一座豪华的地下迷宫。

为了更好地形成默契的协同工作，社会动物们都会互相交流，比如蚂蚁通过触角对话，通过腹部留下的蚁酸交流信息，所以蚂蚁的世界看似很乱，但实际上非常有规矩，井井有条。蜜蜂也会根据翅膀扇动的频率和飞行的方向，通知伙伴哪里有花粉、哪里可能会出现其他情况。

许多群居的哺乳动物也会有同样明确的社会分工，比如狒狒，一个群体中会有很多幼年狒狒、雌狒狒和雄狒狒，最重要的是有一个雄性首领。首领拥有交配、进食以及休憩等诸多优先权，但是同样肩负指挥社群各种行为的责任，与其他雄狒狒一起保卫整个群体。还会通过决斗争夺群体中的权力和地位，斗赢的一方获得整个族群的领导权，成为首领。当然，首领的地位并不是一成不变的，当首领年迈或者受伤导致体力下降，随时有被其他族群成员取代的可能。社会类动物，都有一定的组织结构，成员之间存在非常明确的分工和等级制度。这种社会群体行为分工，不仅能够保证获取食物，还可以一起战胜天敌，有更大机会保证种群的繁衍。同时，社会动物普遍相互尊重，因为要协作分工，共同生活，基本的尊重是必不可少的，不然就是无尽的磕磕碰碰和冲突。一大群鸟共同迁徙，它们栖息的具体位置往往是相对固定的，会留一坨鸟屎挂在树梢，以表示这已经是自己的领地，而其他鸟是不会随意侵占的。社会动物当然也不是任何时候都那么彬彬有礼，他们也会有移情别恋或者偷偷苟且带来的各种纷争，争夺首领地位就是其中重要的一方面。

据笔者所知，老鼠也有非常森严的等级制度。一般一群老鼠里面有鼠王，依次向下每只老鼠都有不同的级别，如果你家里面放了老鼠药或者老鼠夹，最先死去和上当的是级别非常低的老鼠，只有它们吃了没什么问题，鼠王才开始吃这些食物，所以很多人都听说过红毛老鼠，它们不是真的修炼成了"老鼠精"，而是经验老道，总是先派自己的手下当试验品。其实不光是老鼠，就连被人类长期驯化的家禽类的鸡鸭，在一个鸡群里有很多公鸡就会不停干架，所以比较专业的养鸡人都只会留一只公鸡，这样就能有效避免争斗。而母鸡的级别，就是看公鸡喜欢谁多一点，公鸡讨厌的那只母鸡，大概会被其他母鸡欺负，惨一点的后背的毛都会被其他母鸡啄光。

社会动物的世界的确非常有意思，每个群体都存在一定意义的分工，可最大限度地保障和提高自己物种的繁衍率。一个文明或种族，不论其成就高下，如果在繁衍后代上长期处于劣势，最终必将没落。因此，蜜蜂和蚂蚁之所以能够一直生生不息，是不是它们早已经明白了这个道理？

为了繁衍、生存，社会动物内部的严密组织结构和精美分工，令我们不得不赞叹生命体先天内存这种无与伦比的伟大。然而，从另外一个角度看，我们也可以发现生物进化本身的异常野蛮残忍，蜂王、蚁王和工蜂、工蚁都是同类同性物种，却以剥夺交配权和生育权的方式进行控制，是不是严重损害了个体的基本权利呢？而雄蜂和雄蚁也仅仅因为丧失了交配能力，就被剥夺了生存权，是不是更加残忍呢？生物界这种以剥夺个体基本权利来实现种群进化繁衍的现象，看似野蛮，却也是适应自然的无奈。对照人类进化的历史，我们也可以看到存在同样的一些现象，那么，人类文明进步是否能从动物世界中汲取一些教训，割除一些野蛮性呢？

2　抱团共生及人性的天成：人性的原生属性和变迁属性

人类属于社会动物。

在漫长的群居岁月里，原始人类经历了多少生生死死，假如没有原始的社会群居方式的存在，数百万年的人类历史是不可想象的。正是大自然的无限滋养以及无尽磨难，远古人类的族群得以生存繁衍，最伟大的力量就是生生不息。而生生不息的前提，则是抱团群居，如同寒而欲暖、饥而欲饱、劳而欲休的本能反应一样，必须做到恰当分工与和谐共处。每一个原始人群完全是休戚与共的命运共同体。

因此可以说，配合良好的分工和合作也是人类与生俱来的生存法宝。有学者把人类社会分工作为工业文明后的文化产物，明显是一种过于主观的判断。如果没有分工和合作的基本能力，原始人类应该走不出大森林，更逃不出自己内心无限的孤独和恐惧，因为这是许多社会动物都必备的基本生存能力。

与蜜蜂世界、蚂蚁王国一样，要考证人类社会具有明确的分工协作，从什么时间正式形成，恐怕也是一种天真臆想罢了。我们完全有理由确定，原始人类的社会行为与普通动物的社会行为之间具有相似性，同样都有合作分工，形成组织及等级；至于是不是原始人的社会行为更复杂更丰富，我们还很难冒昧地判定。现代人的交流靠的是语言和文字，行为往往受法律和道德约束，而其他动物的社会行为是不是就真的比较简单，完全没有语言交流，没有规则约束，我们当下还没有完全认知。但是有一点是可以确定的，比起人类，蜜蜂和蚂蚁生活在地球上要早得多；而且他们内部的自我治理机制并不逊色。

抱团作为社会动物一种个体求生和族群繁衍的本能，也是人类天性。有生物学家研究发现，地球上现存的4000种哺乳类动物中，只有不到3%的种类选择了一夫一妻制。为何这个比例会那么低呢？有学者认为，在大自然原生态环境下，结成适当规模的群体是抵抗天敌、保障物种自身生存和繁衍的基本前提，也就是本能选择。

有专家学者把人性析分为动物性和社会性，认为动物性是在生物进化中形成的特性，主要有生物体及其内部的物质组织结构、生理结构和千万年来在与自然界交往的过程中形成的基础性表现，如食欲、性欲、自我保护的反应，等等。而社会性是社会性动物作为在集体活动中的个体，或作为社会一员时所表现出的特性。社会性是社会动物存在意识的表现，它使社会内部个体的生存能力远远超过脱离社会的个体的生存能力。社会性主要包括利他性、协作性、依赖性以及更加高级的自觉性。从表面上看，这样的分析似乎很有道理，但是简单一推敲，就完全难以立足了。我们从社会动物的本来特性比较可以发现，所谓的社会性是许多社会动物自身都与生具备的，并不是只有人类独有，这就很难人为地进行辨分。至于有人用"动物性"作为骂人的语言，那是另外一个大家都懂得的概念，另当别论。而把"利他性、协作性、依赖性以及更加高级的自觉性"作为社会性的具体内容，更加混淆概念，明显添加了人为感情因素的判断❶。但是通过对社会动物和原始人群的观察研究，我们完全有充分依据下这样的定论：史前原始人类比我们今天的现代人更加具备利他、协作、依赖的本性，这一切都是自我生存的必备前提。因为社会动物生存的前提就是必须依靠相互合作并发挥每个群体共同的力量。

对于社会动物而言，克服孤独、避免落单也是抵抗天敌的一种内在方式，因此本能要求每个个体必须接受分工和合作的基本秩序。可见这不是一种人类独有的利己本能。当然谁也不可以否认这也是人的本性，然而这种本能特性同样满足蚂蚁、蜜蜂类动物生存的基本属性。

我们可以从对婴儿的观察中发现，人性应该也是进化的结果，老年人经常说"现在的孩子更聪明了"还是有一定道理的。对于饥饿和安全威胁，婴儿与生俱来即存在明显反应；对于自我表现和超越自我以引起关注的追求，似乎也是人的天性。如果说前者是一切动物皆有的共性，这种个体的自我表现追求、坚持借

---

❶ 艾略特·阿伦森. 社会性动物［M］. 刑占军，译. 华东师范大学出版社，2007.

助各种力量超越自我的属性应该是人类特有的。也许这也是大自然对人类特别的生命馈赠。

"食色,性也"(《孟子·告子章句上·第四节》),作为基本人性的表象,是可以肯定的。这是一切生命体所具有的通性,也就是说人人都有,是生存的前提。而占有和控制、竞争与超越以及对艺术、美好等的追求欲,是为了心理、感官的满足,本质上也是由基本需求所演绎的,因为满足这一类的需求可以保证基本需求的更大满足。当然这些需求并不是通性,萝卜白菜,各有所爱。人类是群居生物,为了满足生存需要必须互相依赖,有时候也可以通过对群体外的掠夺获得生存资源。我们可以把人类这种在进化过程中与大自然较劲、与同类族群交往中追求表现、与自己的经历中苛求超越的特性,称为人性的变迁属性。而把满足人性基本需要的、与生俱来的属性,称为人性的原生属性。这样是否能够符合人类研究需要,也完全不可知,人类的变迁属性比原生属性表现得更"高级"吗?作者并不这样认为。

作为探索者,我们没有权利评判人性的原生属性和变迁属性的优劣;或者说低级、高级;甚至也不好说是领先时代或落后时代。人性的原生属性本身是维持人类生存的基本条件,如果人们没有饥饿感、没有性欲,人类也就无从繁衍生存。而人性的变迁属性,是不是人类特殊进化的基础动力,这种努力与"孔雀开屏"以吸引异性类的自然表现显然是有一定差异的。人之所以特立独行于地球上,可以说是因为人类生生不息的努力,不仅谋求生存,而且谋求各种自己都说不清楚的超越。人的这种特殊的永无止境的"野心",正是普通动物野性中所不具备的。

当然,对于笔者的这种强调,也有伙伴明确地提出反驳,认为变迁属性或社会性,应该比原生属性或动物性更高级,或者说更高阶,动物再精细化的本能,也比不上粗糙的人类有意识的创造,区别就在于人能跳出本能进行思考,也正因人类这种更高阶的属性,赋予人类更强大能力的同时,也要求人类必须承担更大的职责——普通动物无法承担的责任。其实笔者早期一直也是这样认知的,无论从感情还是从理性角度,但是当无法解释蜜蜂和蚂蚁等社会动物的行为时,笔者思维发生了一些细微的变化。

人性的原生属性和变迁属性的冲突:一方面,人类的进化和人性的变迁本来具有双面性,有进化的一面,也有退化的一面,而且许多所谓的进化本身可以说是退化,这正是人类需要理性客观认知的;另一方面,作为大自然的一部分,地球村的一员,人类应该受大自然自由公平法则的约束,从公义的认知分析和判断原生属性的人性美。因为与生俱来的原真求生本能恰恰是人性善美的内容,然而,人类经过数百万年的进化,在似乎已经成为地球主人的同时,对自我的认知却陌生起来。人类不可能原路重返回去,事实上也根本返不回去。那么,人性中从众的变迁属性,何去何从?这是人类特别需要思考的,人类这个命运共同体已经走到了一个至关重要的"十字路口",而地球仿佛毫无感觉地旋转着。

3 人类起源之谜:原始人群生态

世界各国神话传说及人类起源学说有无数种,比较早的文字记载是中国的《淮南子·精神训》:"有二神(阴、阳二神)混生,经天营地……烦气为虫(混浊的气体变成虫鱼鸟兽),精气为人(清纯的气体变成人)。"这种说法虽然没有被关注,但是阐明了一个基本道理,人类生命与世界万物的共性和差异。用当下量子力学理论中量子纠缠的解释,中国古代的这个说法反倒是比较符合的。

中国还有个古老传说,盘古开辟天地之后,经过了很多年,天地间忽然又出现了女娲。女娲在这荒凉天地中感到寂寞,有一天,她对着水,照见了自己,心里想要是天地间若有一群像自己一样的，彼此说说话，该有多好，她抓起补天留下的五彩泥土，和上了水；按照自己的形体捏出泥偶，放在地上，迎风一吹，便成为活跳跳的东西，于是给他起名为"人"。本来女娲一个接一个连续不停地造人，但她感觉进度缓慢，终于感到吃力，心想要如何快速造人，以填补辽阔的大地时，她背靠山崖，顺手摘下藤条，懒懒地在和了水的泥浆里搅着，然后一甩藤条，洒落许多泥点，这些泥点落在地上，经风一吹，都变成了人，于是不停地挥动藤条，大地上的人也不断地增多了。所以，在传说记载中也有"泥人"和"藤条人"的差异。

而《圣经》里的上帝造人故事是记载在《旧约·创世纪》之中的。上帝花五天时间创造了大地万物之后，第六天他说："我们要照着我们的形象，按着我们的样式造人……"于是他用地上的尘土造人，将生气吹进人的鼻孔后，就成为活生生的男人，取名亚当（《圣经》第一卷书）。

不久上帝便取下亚当的一条肋骨，造成一个女人，亚当说："这是我骨中的骨，肉中的肉，可以称她为女人。"

在女娲和上帝造人的神话里，可以发现共同之处是都按着他们的形象造人，由此可见女娲和上帝的长相和人相似。不同之处有两个，女娲用不同方式造了两种人；而《圣经》是两种材料造了两类人，描述女人是男人肋骨造的，而不是泥土造的。

相对于各种虚无缥缈的研究和猜想，我们是不是应该更加注重对早期记录和传说的分析，在一个只能口口相传的环境，这些神话故事也不会完全是空穴来风。或许传说告诉后人许多丰富的信息，我们还没有破译。仅仅这几个记载，我们是不是至少可以有这样一些理解：

人和万物一样，都是"气"；

人与万物有别，更"清"；

人与造人者形态一致；

人与人平等，并无太多不同；

男人和女人的形成方式及材料不同，女人是用男人的肋骨造的，差异很大；

泥和水是人类离不开的最基础物资；

……

当然，可以推演的思考远远不止这些，而各种神话传说和众多古老记录还要多得多。对人类起源的研究，的确是学术上最令人头痛的问题，不论是人类学家、考古学家、历史学家，还是生物学家、化学家，甚至于哲学家、宗教家，都曾对人类起源做过各种角度的解说，然而，探究"人类从哪里来"的意义是什么呢？也许是为了能够厘清"人类往哪里去"，从而把握好我们当下对现实生活的追求。因此，通过不同视角和维度认知人类的自身发展，重要的是寻求人类走向前方的更佳路径。

通常认为原始人群是史前时期的初级阶段，也是人类最早的社会组织形态。时间应该是距今200万—300万年之前，原始人群又可分为"猿人""古人"两个阶段。这一时期在考古学上属于旧石器的早期和中期，在长达数百万到上千万年的进化中，他们生活在杂木丛生、万物相伴的恶劣环境中。在那样的条件下，个人的作用微不足道，他们必须以群体的力量弥补个人力量的单薄。每个群体的成员只有彼此协作，共同采集植物果实，集体进行渔猎，合力防御野兽的侵袭，才能勉强维持生存。在这样的生存共同体中，共同生存，组织劳动，必然导致工具和产品的共有，成果也必然相对平均分配。这时期的原始人基本上靠采集果实和枝叶、挖掘根块、狩猎弱小动物为生，他们属于地球上较普通、较弱小的物种群。原始人群这样的生活状态，我们从今天的蜜蜂和蚂蚁的世界仍然可以得到认知。从完全依赖森林生存的状态，古猿进化发展到人类的第一代——猿人阶段，由于能够借助其他物品作为工具发挥力量，开始自身能力的真正超越，蹒跚学步的人类得以继续向前。

早期人类直立行特征完善于400万年前，但他们是如何运用双手的，研究成果还不多。考古学家和古人类学家在非洲发现的人类化石，距今300万年或40万年，因而非洲被认为是人类起源地。在中国，重庆市巫山县发现的巫山人化石，距今也有200万年，因此，中国的考古学家也提出：东亚地区也是人类的起源地。已经发现亚洲最早的人类使用工具遗迹是在200万年前，此前人类肯定一直使用工具，甚至猿类也会捡取木棍打落各种果实或投石御敌。使用工具和制造工具却是完全不同的事情，从思维的过程讲，首先是不是需要有"采果棍"和"碎果器"这样的概念创意设想呢？人们一旦有了这些概念，就会逐渐发现有些木棍和石块使用起来更称心顺手，于是就会把它们留下携带在身边以便使用。当然，他们使用过的木棍肯定早已没有踪影，只有少数石块留存至今，被现代的人们发现，这是些大块的卵石和岩片，上面还留有反复使用的痕迹。然后是原始人们对这些选定的工具进行加工，使之更为合手适用，更重要的还有一些工具的材质并不是当地能得到的，是经过长距离搬运的，这就是最早的工具制造，由此人类进入了称作旧石器时代的发展阶段。

依据考古发现，当时人类祖先已经懂得使用天然火，改善了生活，应对自然的能力明显提高。但处于当时自然环境的猿人群只能局限于一定的规模，人数太少，难以满足自身繁衍生存的需要；人数太多，又难以在周边获取足够的食物维持生存。这些原始人群喜欢居住在洞窟里或突出的崖壁下，过着迁游不定的生活。男人们出去可以猎取羚羊和小动物，女人们则挖可以食用的植物根，采集含水丰富的野果。根据考古和研究判断，估计原始人大约以数十人结为一个群体，四处迁游，生活在一定的活动范围。各群体间很少交往，处于相对孤立的状态。在当时的环境状态，男女之间的婚配关系也是完全杂乱而不受任何限制的，同辈的兄弟姊妹之间，上下辈的男女老幼之间，皆可自由交配，子女只知生母，不识其父。古代文献对此也有生动、详尽的追述。中国历史上最早的文集之一《吕氏春秋·恃君览》："昔太古尝无君矣，其民聚生群处，知母不知父，无亲戚、兄弟、夫妻、男女之别，无上下、长幼之道。"原始人群的同血缘不固定的对偶婚，使原始人群既是一个生产、生活单位，又是一个内部互婚的血缘家庭。

这个时期的猿人化石非常稀少，到目前为止，世界上较公认的猿人遗迹，仅发现了七八起，即中国的北京猿人、蓝田猿人、元谋猿人；印度尼西亚的爪哇猿人；非洲的阿特拉猿人和舍利猿人；德国的海德堡猿人。

远古人类考古学认为，在距今约10万年到20万年以前，人类进化到了古人时期，体质较猿人明显进步，已接近现代人。从古人的头骨化石来看，已比猿人有了很大进步，骨壁较薄，脑容量增大；但与现代人相比，眉脊还很突出。古人已经分布于亚、非、欧的广大地区。当最近一次冰河期在欧洲大陆结束时，这之前至少经历过三次冰川期，每两次冰川期之间会有大约2.5万年的间冰期，这个期间会有亚热带温暖气候出现。从阿尔卑斯山脉到今日的西伯利亚和阿拉斯加一带，温暖的气候都比较适宜人类活动。在一些洞窟里或突出的崖壁下，目前已经发现许多这样的遗址，大多数分布在西班牙和法国西南部，在中国境内也不少。根据各遗址发现工具的不同和环境差异，学者将这些"穴居人"分为若干类，每类以代表性的遗址命名（见图1-1）。这时期的古人化石和遗迹分布相对早期猿人来讲已经比较广泛，在中国的主要代表有陕西境内的大荔人、湖北的长阳人、山西的丁村人和许家窑人、广东的马坝人等。古人使用的工具仍然是打制石器，但打制的技术有所提高，能制造相对精细的工具并掌握了人工取火的方法。古人在生活上仍然依赖采集、狩猎、渔捕，但是他们已经能在石头上打制出一些尖和刃，工具的种类更加丰富，器型和用途渐趋明确，已有砍砸、刮削等细微差别。狩猎经验也越来越丰富，已能够通过掌握动物的活动规律，并利用地形环境捕捉野兽，能集体围猎大型动物。事实上，远古人类对于动物的了解远比我们今天的认知要贴近，他们可能会模仿动物交流，发出声音引诱动物进入围猎圈。

图 1-1 远古人群的"穴居"生活，
摄于杭州西湖文化广场原始生活馆

1958年，在广东省曲江县马坝乡山洞里发现古人头盖骨的化石，被称为"马坝人"，距今约14万年，属于早期的古人类。1956年，在湖北省长阳县赵家堰山洞里找到了连着两颗牙齿的左侧上颌骨和一颗单独的前臼齿化石，被称为"长阳人"。1954年，在山西省襄汾县丁村发现并发掘了一处古人居住过的遗址，在发掘中发现了三颗古人的牙齿化石，被称为"丁村人"。

在这些遗址中还发现了当时人类制造和使用过的石器2000多件，同时还有大量的动物化石出土。长阳人和丁村人都较马坝人稍晚。这时期的古人的体质形态也比猿人有了很大的进步，他们的头颅骨已经变薄，前额已经增高，上颌骨已不像猿人那样向前突出。他们的体质已经与现代人接近，但比现代人还原始一些，所以称为"古人"。这一时期，他们制造工具已有很大的改进。

他们打制石器的方法，不仅沿用中国猿人常用的直接打击法和碰砧法，而且发明了交互打击的方法，打制出各种砍砸用的石器，这种砍砸器有单边刃的，有多边刃的，最显著的进步特征是有许多石器经过二次加工，比较锋利。石器中除砍砸器外还有球形投掷器，以供打猎之用。另外，还有厚的、大三棱形的和小型的尖状器，以及三角形、四边形或圆形的刮削器，以供刮割兽肉和兽皮之用。我们可以看出古人已经能够根据不同的用途制造不同类型的石器。马坝人和长阳人生活的江南地区，气候温热、湿润，山间森林茂密，丘陵地带大多是碧绿的草地，森林里和草地上也会生活着各种动物，当时的人们不会太缺乏食物。丁村人居住在太行山西边的汾河流域，两岸的草地上应该有成群结队的草食动物，还有河道溪滩里各种鱼类和螺蚌等，有了这些猎捕和渔捞物，他们的食物也是丰富的。这一时期的人数已经增多，分布也日益广泛，原始人群较早前相比已经得到很大发展。

根据西晋皇甫谧的史书《帝王世纪》记载，"天地开辟，有天皇氏、地皇氏、人皇氏"，当时是"淡泊无为而俗自化"。那时的人类头脑比较简单，生活平淡无奇，一切顺其自然。可见在无天灾的日子里，远古人类的生活也不是我们今天认知的那么艰难困苦，我们可以理解他们的生活状态与自然界的飞鸟走兽游鱼一样，自由自在，无忧无虑。

远古人类进入新的阶段，男女交配形态有所变化，这时候已开始觉悟禁止父母辈与子女之间的性关系，原始的氏族组织也出现了萌芽。其实，同辈间的混婚关系在偏远的一些保留原始生活状态的少数民族中延续比较久远。

原始人群内男女两性婚配关系从无限制、不固定的杂乱状态，演进为族群内同辈分的对偶婚状态，也就是性关系圈开始只能在相同辈分族人之间发生，这是人类进化史上的一大进步。这种人类自身婚配关系上的认知突破和超越，是人类与其他社会动物不同的又一重要差别。因为只有把每一代人的进步固化在身体的基因层面，人类的点点滴滴进步才可能实现真真切切的内在代际积累。而婚配关系的变化，说明原始人类在观察适应自然的同时，也在观察人类自身的发展，从自身个体差异中寻找人类进步的真实密码，那就是从人类繁衍生产的路径，追求人类更好的超越。这一突破不仅使人类的体质、体能、智能有明显改善，而且开始形成长幼、辈分的意识。这是人类最早出现的婚姻规则约束，也是人类伦理观念的启蒙。原始人群的组织内部秩序和规则从自我约束开始发展，这促进了人类社会的文明。

随着基因学研究人员的不断探索，科学家已经掌握从数万年甚至几十万年前的人类化石中提取古人类的 DNA，这听起来似乎有些不可思议，但是国际上最新的古 DNA 技术已经完全成为事实。

发表在国际学术期刊《当代生物学》2018 年 4 期的人类基因组，是第一个中国地区古人的基因组，这也是整个东亚目前最古老的基因组。中国科学院古脊椎动物与古人类研究所的研究人员，利用他们和德国合作团队共同开发了一种特殊的基因捕获技术，从北京房山田园洞出土的一具 4 万年前男性的骨骼化石中，将仅有 0.03% 的古人类基因组从富含细菌和真菌 DNA 污染的古人类 DNA 样品中捕获出来，并进行了测序。

通过比较田园洞人和未混入古老遗传成分的欧洲人的基因组数据，研究人员确定了 4 万年前的田园洞人确已呈现亚洲人的遗传特征。虽然田园洞人是古东亚人，但可以判断他们并不是现代东亚人的直接祖先，这也再次说明了 4 万年前亚洲人群的多样性。

古人类学家们发现，虽然田园洞人居住在中国北京房山地区，但他们跟来自比利时的古欧洲人有一定的遗传联系。中国科学院古脊椎动物与古人类研究所研究员付巧妹研究认为，尽管二者存在遗传联系，但基因组数据显示，田园洞人绝不是古欧洲人，而是古东亚人。通过比较田园洞人和古欧洲人的基因组数据，研究人员确定，早在 4 万年之前，田园洞人已呈现亚洲人的遗传特征，在更早时期已经与欧洲先人各分东西。

根据基因组数据分析，早期与田园洞相关的东亚人，很可能曾与一个未知人群发生过基因交流，而这个未知人群可能是从尚未分化的古欧亚人群中的某一亚群演化而来。在未来的研究中，研究人员可能会找到这一神秘的未知人群。

早在2013年，中国科学院古脊椎动物与古人类研究所古DNA实验室已经研究田园洞人的线粒体及其21号染色体。发现与现代欧洲人相比，田园洞人与现代亚洲人的遗传关系更近，应该是古东亚人群的代表。

但是，到了2014年，他们又有新发现，还无法确定田园洞人是否已经是古东亚人。目前付巧妹研究员等人的研究已经解决这一问题，他们明确证实，田园洞人属于古东亚人。同时研究人员认为，田园洞人不是现代东亚人的直接祖先。因为一些田园洞人基因组中的古老基因，在现代东亚人基因组中并没有发现。也就是说东亚人的祖先另有其人，现代东亚人并非田园洞人这一支系繁衍至今。

虽然欧洲和西伯利亚地区都有一些古人类样本基因组被测序，但是在东亚，尤其是在中国地区，被测序的古人类基因组样本非常少。作为整个东亚目前最古老的人类基因组数据，这一成果也为东亚史前人群多样性研究提供了支撑。

2005—2016年，河南省许昌市灵井镇挖掘出了45块古人类头骨化石，分布在数平方米范围内的区域内。中美合作研究者在2017年3月的《科学》杂志上报告说，他们对在河南许昌发现的头骨化石的分析显示，属于距今12.5万至10.5万年前，那时在中国境内生存着一群体质特征非常特殊的古老型人类——"许昌人"，他们的头骨特征表明，有可能是东亚地区早期现代人的祖先。中科院古脊椎动物与古人类研究所的吴秀杰研究员认为，"许昌人"是东亚一种新的古老型人类，目前还无法将其归入任何已知的古老型类群之中。这些头骨化石的发现，最重要的意义证明东亚地区古人类的演化模式，在晚更新世早期，中国境内多种古人类群体并存，不同群体之间有杂交或基因交流。同时，"许昌人"扩大、圆隆且纤细的脑颅结构，已经开始向现代人的方向演化，有可能是东亚地区早期现代人的祖先。

"许昌人"头骨具有几方面明显特点：一方面扩大、圆隆且纤细的脑颅结构更符合整个更新世人类头骨纤细化的趋势。具有东亚中更新世早期人类（如周口店直立人、和县直立人等）的原始特征，包括低矮的头骨穹隆、扁平的脑颅中矢状面、位置靠下的最大颅宽等。同时也具有尼安德特人两个典型特征，包括内耳迷路模式、不发达的枕圆枕和枕外隆凸及其上部的枕凹陷。而尼安德特人生活的繁盛期距今大约 13 万至 3 万年，他们主要在欧洲、北非和西亚活动。

4　诱发基因突变的革命性大迁徙

探索远古人类的迁徙状态较之于人类起源更复杂、更难以推断，是一个更加宏大的课题。因为人类的迁徙活动更具有层次性、反复性，也就是多次迁徙与人群来回反复流动，对于特定人群、特定迁徙路线和事件的解释有很多，当然不同观点之间争议更多，人类学、生物学、考古学、语言学、民族历史学、遗传学等多学科不同学说纷繁复杂。但是深入研究的意义又非常巨大。人类的每一步进化可以说都离不开迁徙活动的作用。简单地说，迁徙在人类进化历史中，就是积累苦难、意志、梦想、见识以及经验的重要过程，这一切对于人类本身中枢神经系统的进化和身体技能的提高，包括基因突变都起着非常直接的影响。

相比固守一方的生活，千万里长途跋涉，必然是人类进化史上最艰难的一段峥嵘岁月，不同路径，经历不同，在漫长的旅途中，远古人类世世代代遭遇不同、抗争不同、积累不同，以致进化的程度和方向也出现一些差异。各种各样的差异化，还诱发各种不一样的生物学的基因突变和非生物学的规则演绎。用现在的认知讲，一方水土养育一方人，走不同的路也锻造出了不一样的个性；而对于人类浩瀚的迁徙历史来说，踏遍的是千山万水迁徙之路，孕育的是一个民族、一支血脉。

　　作为日常性的迁徙，每个社会动物群种一直都在发生，在一定的范围，跟随食物的变化，迁徙活动距离不会特别遥远。但为什么会出现原始人类如此大规模的迁徙，古人类学家们众说纷纭，斯塔夫里阿诺斯比较认同的是，原始人类在当时的非洲达到了一个环境承载临界点的观点。在原始大森林里，完全依赖自然生态资源保持生命的延续，保障族群的繁衍。和蜜蜂、蚂蚁一样，只有繁衍才能够使自己的族群占有更丰富的资源，无论在与同类竞争夺取，还是同其他动物争夺"领地"，都需要足够数量的人口，这也是早期母性崇拜的基础。而随着各原始人族群繁衍能力的增强，即使繁荣富饶的热带雨林也难以支撑下去，特别是遭遇自然灾害的年份，逼迫一些原始人群活动突破常规性的迁徙，而出现一次次未必自觉的革命性大迁移。这就又回到人类物种学界对于人类起源的认知。❶

　　人猿分离之后，地球上出现的人科物种有许多种，人科这一谱系中已知的最古老的人科物种化石是在非洲发现的，是距今大约700万年前南方古猿阶段的撒海尔人乍得种；当然南方古猿并不是现代人的直接祖先。而在亚洲和欧洲发现的最早人类化石都属于直立人阶段，不超过200万年，因此对于人类起源的最初地点是非洲这一论断，世界人类学界是普遍接受和认同的。但是，亚洲的直立人化石和非洲的直立人化石在年代上还无法区分开来，能人是在非洲演化成直立人后迁徙到整个旧大陆，还是演进到能人的后代有一部分离开非洲并且在非洲之外演化成直立人随后再分布到整个旧大陆，对此至今争议颇大。无论直立人是在非洲演化还是在亚洲演化，最早的古人类是从非洲分散到旧大陆的观点是没有争论的，现代人的起源才是人类学领域争论最为激烈

---

❶ 斯塔夫里阿诺斯. 全球通史：从史前到21世纪［M］. 吴象婴，等，译. 北京：北京大学出版社，2006：8.

的问题之一。[1]

对于现代人的起源问题存在争议最多的两种学说："出非洲"说和多地区起源说。两种假说都认为直立人是起源于非洲的东非直立人，然后大致在100万年前走出非洲，迁移到欧亚大陆。多地区起源学说则认为不同大陆上的古人类独立、连续地进化成了现代人，即由各地的非洲直立人、海德堡人、尼安德特人、东亚直立人各自独立进化到现代人类的几大人种。例如，亚洲蒙古人种是由亚洲的爪哇猿人和北京猿人等直立人，经过大荔人和马坝人等早期智人阶段，直系演化发展成柳江人和山顶洞人等晚期智人，再发展到现代的亚洲蒙古人种。还有一些中间学说，比如多地区起源附带杂交，既承认现代人的多地区起源，又认为不同大陆上的古人类有过基因交流。多地区起源说的最强有力的证据来自不同地区保存的从古人类各个阶段直到现代人的完整的化石记录，包括北京猿人和爪哇猿人。古人类学家们依据人类化石和旧石器的考古文化，认为各地区的直立人到早期智人再到晚期智人，在人类骨骼和形态上均表现出了连续进化的特征，因此他们的进化应该是连续的。但坚持"出非洲"说的观点认为现代人类起源于10万年前非洲的第二次迁移，走出非洲以后完全取代了其他地区的古人种。支持非洲起源说最有说服力的证据主要来自分子人类学的新研究成果。基因符号的留痕已成为"出非洲"说的基石。1987年，由古人类学者艾伦·威尔逊等人组成的研究小组提取了来自亚洲、欧洲、非洲、新几内亚以及澳洲土著群体的共147名妇女的胎盘细胞中的线粒体DNA进行研究，并绘制了线粒体DNA的系统树，这个系统树的根部出现在非洲，时间距今约15万—20万年。威尔逊诙谐地说，"我们可以将这位幸运女性称为夏娃，她的世系一直延续至今"，这就是著名的"线粒体夏娃"学说。许多后续研究也支持了这一学说，比如复旦大学金力

---

[1] 王传超. 我们的祖先是谁［N］. 北京日报，2019-11-13.

实验室用严格父系遗传的 Y 染色体证据分析包括中国人在内的东亚人群起源问题。❶

两种学说争论的焦点在于其他古人种能否与解剖学上的现代人杂交及他们对现代人的基因库是否有贡献。对尼安德特人基因的提取研究为解决上述问题提供了一些线索。尼安德特人是已经灭绝了的古人种，他们于 2.5 万年前生活在欧洲以及中亚和西亚的部分地区。化石证据显示尼安德特人与早期现代人极可能共存了 2 万年。如此长时间的共存，他们与现代人的栖居地在中东和欧洲甚至还有重叠，这就极大地增加了这一古人种和现代人基因交流的可能性。然而经过尼安德特人和现代人的 DNA 序列比对，证明尼安德特人对现代人的基因库没有贡献。虽然也存在他们的线粒体基因经漂变而逐渐丢失的可能。到 2010 年，德国马普所帕博教授领导的研究组对尼安德特人全基因组分析得到的结果稍有不同，非洲现代人中依旧没有发现任何尼安德特人的遗传成分，但是在非洲之外的现代人群中，都发现有 1%—4% 的尼安德特人基因组成分。而且，这些基因交流是在大约 7 万年前现代人刚刚走出非洲的时候出现的。所以走出非洲以后分化形成的世界各地的人群中都保存了相同的尼安德特人基因比例。之后 4 万年前生活在北亚的丹尼索瓦人的全基因组也被成功解析，在亚洲大陆上的现代人群中却没有发现任何丹尼索瓦人的遗传成分。反而在大洋洲的新几内亚土著人群中发现了大约 6% 的遗传比例。很有可能新几内亚土著的祖先在迁徙途经中南半岛时接触到了丹尼索氏人群体，发生了基因交流。所以可以确定当时丹尼索瓦人的地理分布很广泛，至少从北亚到东南亚都存在，而且人口不少，有机会把可观的遗传基因流传到新几内亚现代人中。东亚现代人为何没有与丹尼索瓦人发生基因交流，这是一个不容易解释的事实。研究者曾经期待早期的东亚现代人会有更多的尼安德特人或

---

❶ 齐芳. 东亚人：本土起源，还是出自非洲［N］. 光明日报，2014-09-26.

者丹尼索瓦人遗传成分。2013年新发布的北京周口店地区4万多年前的田园洞人基因组，也没有更多尼安德特人或丹尼索瓦人的遗传成分，其线粒体也是"出非洲"的支系之一。由此看来，现代人与尼安德特人和丹尼索瓦人之间的基因交流可能发生过，但是非常有限，对现代人的贡献很少。由此可见在当时"邻国相望，鸡犬之声相闻，民至老死不相往来"的状况是一种常态。古基因组学的这些研究成果并不能推翻由线粒体和Y染色体得出的现代人起源于非洲的证据，更不支持多地区起源说中认为现代人源于各地区古人类的说法。❶

原始人群的迁徙路径和族群分布与远古时期气候的变迁有密切的关系。同时对于不同种群的形成也起了相当大的作用。在距今约1万—11万年之间，也就是考古学上的旧石器时代到中石器时代，地球处于末次冰川期，那段时间的海平面远低于现在，许多现在的岛屿与大陆相连，成为人类迁徙的重要通道。距今2.65万年到1.9万—2万年是末次冰期冰盛期，也是末次冰期中气候最寒冷、冰川规模最大的时期，亚洲的绝大部分、北欧和北美都被冰雪覆盖，人类的生存空间也随冰川蔓延而逐渐缩小。大约1.5万年前，气候开始转暖，冰川开始退却，现代人才迎来了迁徙的黄金时期。

从常染色体来看，世界人群可分为两大类，一类是非洲人群，另一类是走出非洲后的欧亚人群，欧亚人群又分为遗传差异很大的欧亚西部人群和欧亚东部人群，欧亚西部人群主要包括欧洲、中东等，欧亚东部人群主要包括东亚、东南亚、大洋洲等，而中亚、南亚和部分西伯利亚人群基本可以看作东西方混合的结果。

欧亚西部人群，又分为三类人群：西欧的采集狩猎人群、西伯利亚采集狩猎人群（如贝加尔湖2万多年前的古人MA1）以及近

---

❶ 刘力源. 基因能否证明我们的祖先都来自非洲［N］. 香港文汇报，2014-11-21.

东的农业人群。近东的农业人群与采集狩猎人群的区别在于他们有一种来自欧亚人群底层的古老遗传成分，这一成分和欧亚人群是兄弟支系。而1.5万多年前到达美洲的美洲土著是由西伯利亚采集狩猎人群和东亚人群混合而成的，东亚成分占60%—70%。

在欧亚东部，则主要分为两类人群：一类是东亚人群（主要是中国人、日韩、部分中南半岛人群），另一类是南亚和东南亚、大洋洲岛屿上的土著，比如安达曼人、巴布亚人、澳大利亚人等。现在学界争论的焦点是这些岛屿上的土著是按"南方路线"先于欧亚人群到来的，还是仅仅由于适应当地环境才形成他们身体矮小、肤色棕深等独特的体质特征的。

从父系Y染色体的角度来看，全世界的男性都可以追溯到20多万年前的一个东非晚期智人男子。全世界又可以分为20种主干类型，称为单倍群。从这些分类群的基因跟踪发现，有的单倍群一直没有走出非洲，有的单倍群最早来到了澳洲和亚洲，还有的单倍群来到亚洲又回到非洲，一支单倍群则衍生出新的单倍群，在西方形成欧罗巴人种，在东方形成蒙古人种，其中还有一支单倍群成为中国人的主流，还有一支单倍群成为美洲土著印第安人的主流。值得注意的是，全部初级单倍群都是在末次冰期前（约2万年前）分支出来的，并且大部分现在已知的欧亚大陆东部支系是在旧石器时代晚期（1万年前）产生的。进化树上7000年前的分支都是二叉的，这表明在旧石器时代缓慢的群体增长率、瓶颈效应或遗传漂变淘汰了大部分曾经存在的支系。末次冰期之后，尤其是进入新石器时代，有了农业，人群开始大量增长，表现在Y染色体上就是出现了大量的下游分支节点。这三个支系在现在的大部分东亚族群里的频率都很高，总共占到了现今全部汉族的40%，也就是说现在大约有3亿男性是新石器时代晚期三个男人的父系后裔。这三个支系的扩张时间分别是5400年前、6500年前和6800年前，而中国北方全面转入农业阶段的时间也正好是6800年前，也与黄河中游6900—4900年前的仰韶文化、黄河上游6000—4900年前的马家窑文化以及黄河下游7400—6200年前的北辛文化、6200—4600年前的大汶口文化等的时间相契合。由此，研究者认为这三个在新石器时代晚期快速扩张的支系奠定了东亚的父系遗传基础。与狩猎、采集相比，农业提供了更稳定的食物供给，足以养活更多的人口，而且使男性远离危险的狩猎活动，所以狩猎相关的男性死亡率降低了。

从母系线粒体DNA（mtDNA）来看，线粒体DNA的支系分布也是很有地域特异性的，例如，非洲大陆特异地单倍群L比欧亚人群中发现的类型都要古老，有的单倍群是产生于13万—20万年前，其中还留存欧亚人群中的线粒体DNA的祖先类型。而非洲以外的所有线粒体DNA分为由L3单倍群在大约6万—7万年前衍生而来的M和N两大超级单倍群，美洲土著人群的分析则表明他们大多只属于A、B、C、D 4种单倍群，很少的个体属于X单倍群。❶

前面提到父系Y染色体在新石器时代有了农业之后开始大规模扩张，而母系线粒体DNA则是在末次冰期刚结束，也就是1.5万多年前才开始人口膨胀，各类型的地理分布差异也就越发明显。尽管人群差异有那么巨大，但相互间的关联度还是非常紧密。

生命科学家们的研究已经众所周知，基因突变与环境改变紧密关联，生物的进化是因为要倒逼自己适应环境的改变，淘汰不能适应的方面，而能适应下来的基因都发生了变化。从这些基因跟踪分析可以发现，经历了万水千山迁徙成功的人类族群，由于长期处于安全感缺失的紧张状态，进化中容易产生突变基因，并且由此不断遗传。而守留在原始非洲大陆的人类族群处在常态化环境中基因传代复制过程就比较平稳，要延迟数万年以上。而经历迁徙进化因素又是诸方面的，最重要的可以归纳为两个方面。

---

❶ yukitosi. 中国人祖先起源与迁徙史. http://www.360doc.con/content/17/1219/22/144210_714629567.shtml, 2018.

一是勇于迁徙的族群，本身具有坚强挑战现状、谋求自我超越的血脉；二是在千万里、百万年的迁徙征途中因为经历而促进了基因突变进化，而且大迁徙中第一个突变基因出现后，另外的突变便接踵而至，形成连锁突变，大大加快进化的进程。各地的猿人差异那么大，甚至根本就没有进化成为现代人，而只有东非的智人走上了向现代人进化的道路。笔者认为大迁徙的作用是根本性的。大迁徙必定是促进人类文明脚步和基因突变的强大动因，大迁徙的移民汇聚地文明显然起步较早，而偏远、富饶、安居的地方则恰恰相反，守着传统规则留在原地保持原始状态。这一点我们还可以从各类资料对比中发现，迁徙往自然生物资源丰富的热带地区，相对进化速度就会缓慢些，而迁徙去四季分明的气候环境，进化速度就相对较快，这应该和古人类靠原始采集和渔猎为生有关，物种相对丰沛，人们改造自身的努力就会小一些，内在生存压力也就少一些，进取的动力也小一些。由此可见，环境因素和自身能动性的发挥有着密切的关联。

当然，就地球的历史而言，人类的进化并不能简单地以一己认知去评判什么是代表先进和优秀，进化和退化是一个过程的两个方面。从留存至今的部分原始部落情况我们也可以看到，一些土著部落人由于长期保留狩猎的习惯，仍然擅长追踪猎物，他们发现动物足迹，就会锲而不舍地跟踪，无论地形多么复杂，环境多么严酷，都紧盯不放。而且在长期的生活里对动物们的活动规律和习性已了如指掌，甚至能分辨出受伤动物与健康动物的足迹。出门狩猎时，2—6人组成1个狩猎小组，追踪猎物时常常要离开居住地两三天的时间。在猎捕大型动物时，他们还使用带毒的弓箭，箭头和箭杆可以灵活拆分。当弓箭射中猎物后，撞击力会使箭杆从箭头上脱落，但是箭头仍牢牢地嵌在动物体内，这时箭头上的毒药就会慢慢渗入动物的血液。涂抹箭头的这类毒药通常是用剧毒植物、蜘蛛毒、蛇毒制成。这种带毒箭头既可用来狩猎，也可用来抵御入侵。他们除了猎捕哺乳动物外，还捕杀鸟龟、蛇，捡拾鸟蛋、白蚁卵和蚂蚁等动物充饥。女性通常则负责寻找其他各种可食用的食物，如蘑菇、植物球茎、浆果以及各种瓜果作为家庭日常食物。他们的食物构成中80%是植物食物。与肉食相比，植物食物是一种更稳定的食物来源。负责采集植物食物的女性也拥有丰富的植物实践常识，知道什么植物可食用，什么植物有毒，什么季节会长果实，什么季节能开花。而且在采集食物时她们决不会做那种竭泽而渔式的事情，她们常常在各个采集点之间轮换作业。这一点猎捕也同样，在繁殖期，他们会选择保护动物。比起现代人类的活动，他们的生活显得与大自然更加紧密相融。

从上述观察记录我们也就不难理解，当其他人种族群进化的同时，体能和某些技能也在同时退化，特别需要提醒的是原先最强大生命力的人类族群，在漫长迁徙的进化促进中，性功能和生育能力、快乐的满足程度、幸福的获得感，以及自然环境的生存能力都明显地退化了。

从"全世界的男性都可以追溯到20多万年前的一个东非晚期智人男子"和东亚人群中"现在大约有3亿男性都是新石器时代晚期三个从东部非洲不远万里迁徙而来的男人的父系后裔"的基因跟踪，❶ 我们是不是可以说，自古流传的许多传说和神话故事，并不完全是子虚乌有，或许就是口口相传、代代纪念的真实记录呢？中国人作为炎黄子孙都是可以追溯的。

对人类大迁徙进化历史的洞察，有助于我们就现实社会、经济发展、社群管理等诸方面的研判，当然最重要的是对人类走向何方的重要思考。我们说人类面临发展命运的共同困惑，那么又有什么不可以求同存异呢？人类有着兄弟基因的原始祖先，那么是不是存在人类共同的原生价值观呢？人性是在进化中不断演变的人类认知，那么人性的原生属性和变迁属性，哪部分才更加

---

❶ 李辉. 遗传学对人科谱录的重构 [J]. 现代人类学通讯，2013（7）：1-11.

"人"性呢？

我们只有站到能够看到人类漫长而艰难迁徙历程的足够高度，回首过往，才能够体会和认清人类明天应该走向何方，明白我们当下可以怎样选择、取舍。

5 人类大脑生理结构的进化及忧患因子之谜

从技术层面来认知，人类进化的过程无比宏大，从灵长类动物一步一步走过来，我们今天构建文化，创建音乐，用数百种不同的语言交流，回头望望真是让人难以置信。可以说这几百万年的演进历史不仅是适应生存的命运抗争历史，很大程度上也是改变生存环境的历史，最重要的是改变了自己族群在生物界的地位和影响力。

在诸多种群的社会动物世界里，为什么是人类能够从一个生物界处于边缘地位的族群，成为"地球主人"的中心地位，而且随着这种地位的形成，相伴的优越感也与生俱来，使我们许多人在看待其他物种时，自觉高它们一等，表现得自以为是，视其他物种为"动物"，仿佛它们都应该臣服于人类。这种傲慢和冷漠算不算也是人性中变迁属性的内容呢？那么生成这种变迁属性的原因又在哪里？

其实，人类往往自视过高，很多人首先认为我们人类的大脑比其他物种大。但是从深层剖析发现，其实人类"超级大脑"的形成关键并不是大脑的大小，而是更多其他方面的因素。

有科学家专门对各种动物大脑进行对比，研究发现人类的大脑并不是最大的，脑体质量比也不是最高的。人脑的平均重量约为 1.36 千克，约占人体总重量的 2%，而对于体型明显比我们大的抹香鲸和大象，大脑约 8.2 千克和 5 千克，约占身体的 0.1%。另外，老鼠的脑体质量比与人类相似，而在其他动物中，如某些田鼠和鸟类，这一比例甚至高达 10%。可见，人类既没有最大的大脑，也没有最大数量的脑体质量比。用脑质量和脑体质量比来解释人类的"超级大脑"显然是失败的。

于是又有科学家做出研究，提出脑指数（EQ）比较指标，新的测量方式也应运而生。试图从生物体内部结构寻到人类大脑与众不同的地方。所谓脑指数（EQ），就是衡量脑的相对大小的一个度量，即动物脑的实际大小与预期脑的大小比值，常被用来估量动物的智力。它与脑体质量比相似，参考某些异速生长和尺度因素，这些因素与大小尺寸、体型、功能、行为和解剖学有关。因此，脑指数考虑的因素会更全面。

有一个很好的例子是水生哺乳动物鲸鱼和海豚，它们的大脑有很多的脂肪胶质细胞，在寒冷的环境中起绝缘作用，以确保大脑的其他部分功能正常。这些脂肪胶质细胞虽然属于大脑的一部分，但是实际情况中并没有起到大脑的作用。这些细微差别无法用脑体质量比来解释，但脑指数考虑了更多类似这样的因素，从而对物种间的智力比较评判显得更加准确。

从心理学角度讲，还有智商（IQ）和情商（EQ）。大家知道智商（IQ），通常是用来测试我们学习与思考的能力，但作为一种有效的测量工具，很多人认为这种测评方式并没有考虑到社会环境和文化因素。简单地说，它没有考虑教育的实效作用、遗传因素以及与教育相关的文化规范、社会经济水平。情商（EQ）是用来衡量一个人识别、处理、分析、反应、表达和控制情绪的能力。不像一个人的智商，情商可以随着年龄成熟和经验积累有所改变，通常被看作智商的一种补充。

科学家又有新研究，发现大脑功能不同于化学反应，智力高低决定于我们大脑各个区域间的连通性和敏感度。大脑不同区域之间快速有效沟通的能力被认为是智力的基础。大脑的连通性与大脑的大小有某些关联，一个更大的大脑可以提供更多的表面积和内折，从而导致更多的神经元连接，从而表现更高的智力。

人们大脑中"灰质"的体积以及额叶的体积，似乎与智力密切相关,这些组织分布很多突触和神经元,而更丰富的突触和神经元就意味着更快、更有效地处理信息,以及实现大脑不同区域之间更多的连接,从而提高逻辑和推理能力。事实上,智力的开发取决于大脑不同区域的互动交流和信息反馈。❶

人类大脑和其他动物大脑的重要区别在于发达程度不同、脑容量不同、组织形态不同。

(1)发达程度不同:人类大脑皮层相对发达,其他动物大脑皮层显得简单,大部分只具备生理功能。

(2)脑容量不同:首先,人的相对脑容量是最大的,人脑的脑容量大约是黑猩猩的3倍,而且人脑并不是黑猩猩脑的简单放大,在结构上也有明显差别。其次,人脑比黑猩猩脑明显增大的地方是颞叶、顶叶、额叶,顶叶向上向后增大,排挤并覆盖了部分枕叶,导致人的后脑勺更浑圆饱满,颞叶向两侧并向上发展,让脑壳加宽加高,顶叶和颞叶基本是同比例增大的,而最大的变化在于额叶,额叶不仅是简单增大,而是以比其他部分更快的速度增大。

(3)组织形态不同:科学研究发现人类的大脑与动物的大脑除了大脑皮层的表面积、大脑的重量与体重之比占优势以外,最大的区别还在于人有第二信号系统,而大脑又有以第二信号为刺激条件的高级神经活动区域,这是人类的高级智能所在,是任何动物都达不到的。这种高级智能促进了人类对复杂环境和自身深度思维的改造,并发现个体间的差异。

神经系统研究学者近期发现,人类神经系统具有可塑性,就是说由于实践经验可以引起大脑结构的改变。过去的科学家往往认为在婴儿生长完成后,大脑结构就不再发生变化。其实,大脑由神经元细胞和神经胶质细胞构成,这些细胞互相连接,通过加强或削弱这些连接,大脑的结构也是可以发生改变的。神经可塑

---

❶ 卢月儿. 灵长类动物大脑相关基因调控区加速进化的 DNase Ⅰ 超敏感位点的功能性研究与验证[D].《华南理工大学硕士论文》全文数据库,2019-04-23.

性是人类可以实现自我开发、不断突破、实现超越提升的一个核心基础。这对于我们认知人类历史不同种群的形成有积极的作用。

人类许多新发现的确颠覆我们的固有认识,不过看字面意思还是可以理解,神经元会一直生长变化,也说明我们的人生努力有无限的可能性和现实价值,也说明人类的进化仍在不断进行中。所以自我改造显得至关重要,只有改造自己,神经元才会焕发新生,长出新的神经元,对其加以巩固后就是不一样的自己。只要你不改变,就只是在一遍一遍地重复旧有的神经元,过着重复的人生,而且随着一遍遍的重复强化而更加根深蒂固。

科学家的研究或许就是要寻找人类之所以能够成为地球"主人"的种种理由。但是,似乎还没有能够找到足够有说服力的依据。而事实上,人类这个貌似主宰地球的"主人",在治理地球和管理人类自身上,水平和能力都没有表现得那么完美。

然而,人类在地球上已经扮演着非常特殊的角色。我们有理由怀疑是一种特殊的物质激发了原始人类,或者说是在万千年的进化中生成了这样一种特殊的物质。这种物质应该和原古人类的基因突变相关联,基因突变本身也和一切事物同样具有两面性影响,而其中存在的有益方面可能会使物种增强适应性,引导生物向新的方向发展,这就是基因突变促进物种进化的原动力作用。笔者思前想后,是不是可以把这种促使人们强烈自我超越的内在物质取名为忧患因子,是在长途大迁徙中,安全感缺失的紧张状态诱发的基因突变产物。因为人类之所以能够与普通动物拉开差距,就是因为人类有更加强烈的忧患意识。有强烈的危机感,才能够超越自我,这一点即使成为地球"主人",还是没有改变。为什么人类平常的大脑中会有忧患因子存在,难道说几百万年前的原始人类长期处于安全感缺失状态吗?为什么人类总是能够不断地超越极限,不断地突破认知,这显然还是一个谜。难道说其他动物就不是处于安全感缺失状态吗?这显然还是一个谜。

从现实中对社会动物的观察，我们也可以发现，远古人类生活时期的自然环境生物群非常丰富，生存繁衍的压力比较小，自然环境和生物世界保持基本的平衡，生物链基本可以支撑每一个不同物种和族群温饱平衡的生活。当然，完美和谐总是相对的，会出现各种各样的自然灾害和意外困难。据分析，我们可以判断可能发生的意外基本有两类。最常见的情况当然是各种自然灾害，如地震、火灾、洪灾、极端天气等，这在古代的神话故事中有好多类似的传说；另一类情况便是区域内物种间平衡生态关系的打破。某一动物群种的大量繁衍造成自然界失去平衡的情况今天仍然存在，并因此带来各种灾难。这些都可能是当时原始人类大迁徙的重要原因。

而在原始的物种世界里，人类是属于比较弱小的，抵御各种灾难的能力比较差，因此，在适应环境和对环境的观察中，在漫长的演进间生成了忧患因子。或者因为毁灭性的大洪水，特别是冰河世纪，极度的恶劣天气以及过多的古人类繁衍，都会突然地给大家带来生存危机。在种种当时人类根本无法克服的困难等综合影响下，远古人类基因发生了连锁突变，形成了忧患因子。

上述忧患因子的生成猜想应该是可以成立的，而原始人类的革命性大迁徙更加促进了忧患因子和意志力的不断增强。从长期漂泊者的内心世界里，我们同样可以感受到完全不同的波震。

6　原始交流的各表其表，表表与共

人类语言起源的问题，本来是18世纪与19世纪初期人类学家的重要研究课题，不过后来语言学演变成一项实证的科学。语言学家认为这是一个无从解答的问题，也就渐渐为学界所淡化。随着人类对大脑发育的过程有了更深入的了解，语言学研究领域发展到心智现象，语言起源作为社群内外交流的重要技能，该学科课题又再度热起。

其实每种社会动物都有自己的交流方式,相当多的动物有自己的语言,它们为了更好地协同生活,必然要互相交流,比如蚂蚁通过触角对话,靠腹部留下的蚁酸交流信息,所以蚂蚁看似很杂乱,但是非常遵守规矩。蜜蜂则会根据翅膀扇动的频率和飞行的方向告诉伙伴哪里有花粉。

可以想象,原始人类的交流应该和其他接近的动物差不多,各种不同含义的叫喊声、眼神、手势、表演等,当然还可能留下一些体味印记的交流物。最初对语言起源的推论是根据人们的想象,想象当初语音是如何与事物、思维发生有意义的连接。所有的理论都自圆其说,因为他们与想象中的或实际上的语言或非语言行为相吻合,而且智慧较高的远古人类就可能藉这些方法学习语言。

20世纪以来,艾弗拉姆·诺姆·乔姆斯基博士被公认为人类语言生成研究的权威人物,他提出的转换生成说理论背后有三个隐含的假定:(1)人脑有天生的语言机制;(2)人类语言遵从普遍法则;(3)普遍法则是最简单的。转换生成学说为语言研究开辟了一条新的道路,对其他人文社会科学的发展也产生了重要的影响。

乔姆斯基的转换生成学说所研究的不是语言现象,也不是语言运用,而是语言能力,这项成果完全颠覆了当时美国语言学界占统治地位的结构主义语言学理论。转换生成学说的创立,是语言学中的一场革命,乔姆斯基的语言理论,很快成为现代语言学最有影响、最有活力的理论。

该理论假设某些语言特征具有普遍性,这些特征由一组语言表现规则加以表达。而一些语言特征是随各种不同语言的词法和句法而变化,这种差异就是参数变化。儿童被假定为能将他们听到的语言与他们已经拥有的语法结构相匹配;一旦发现某种匹配,儿童将开始使用这种习惯性的语法规则,长期生成,这一过程可以说就是参数设置的过程。这种先天语言能力说可以解释儿童在认知能力较低的情况下，他们只要有潜移默化的环境，总能轻而易举地掌握语言规则系统。可见受基因遗传的影响，大脑神经系统和发音器官使儿童拥有天生的语言能力。只是这种能力在孩子刚出生之时，是不具有足够丰富生动的内容的，所以这种能力还不能发挥一定的作用。基因遗传只是给予孩子们先天的生理基础，不代表儿童直接通过这些生理机能便可以自动产生"普遍语法"的认知性内容。这一点对于中国人更可以理解，因为中国传统教育中一直没有什么"语法"，只讲语感，通过大量朗读、背诵来提高掌握。在语言中我们所表达的都是所感知的，所以儿童必须在对外界的感知与接触中触发先天能力，发展语言能力，在这个过程中进行语义理解，归纳总结各种语法规则，吸收各种语言材料。这样看来，学习语言的能力是我们在与后天环境的交往中发展并发挥作用的。当儿童进入社会后，其掌握的语法往往是学习成长环境中的语法，即使是多种语言环境，孩子们也能够比较好地掌握，却并不一定是我们语言课本里讲授的"普遍语法"。

参考乔姆斯基的研究发现，我们可以进一步推断到，语言形成于原始人类互相交流发出的特定含义的声音。原始人在表达自己的快乐、愤怒、焦急、喜爱等情绪的同时，需要与同类伙伴进行交流，用声音、手势、表情等加以表达，首先是通过群内原始人的理解会意认同，再得到同类沟通的反复积累和相互修补的交流认同，长此以往，约定俗成了语言、手语和共同的表情系列。人类语言经历了一个各表其表，表表与共的漫长生成过程，因此，语言应该是与生俱来的长期交流的结果，当然也是不断进化演变的结果。

而每一次重要的环境变化和人类自身的认知变革，都会对语言系统产生影响，而且不仅是交流认知层面的影响，对人类的大脑和神经系统也同时产生生物性的影响。

语言交流的递进升级对于人类具有非常重要的意义，它使其他交流有了更丰富的内容和更广泛的媒介。特别是源于性快乐本能的许多交流，通过语言衍生开来，从原始派对扩展为原始娱乐、原始仪式，等等。如果说性和劳动这两大本能开启了人类繁衍和生存的大门，那么完全可以说语言的本能生成及进化，开启了人类大脑神经智慧化的大门。与劳动创造人类的观点比较，笔者认为语言启智人类的假定更加有积极意义。

随着人类脱离自然动物世界并越走越远，人与大自然的内在沟通能力在不断退化。原始人类与动物之间的感应交流远比现在人类通灵许多，更能掌握动物的各种习性，并且进行改造性的训练。长期驯养的马和狗能够成为人类的帮手，猪和羊除了提供肉食外，其粪便还可以用于积肥。因为农耕社会需要"日出而作，日没而息"，就把鸡驯化成能够司晨的帮手，狗也从最初的帮助狩猎到后来的看家护院。有时候，笔者在想，是不是过多的工具隔离了我们与自然的交流呢？

7 原始敬畏和天理法则

原始人类和原始动物的生存生活，其实都是共同努力相互适应自然环境。我们从现实观察蜜蜂和蚂蚁王国的组织情况，可以推测原始人群最初分工协作的角色状态，因为这是每个生命体自己没得选择的必然行为。而族群要面对在大自然的生存、生产及生活，内部少不了处理各种各样不可回避的事务。诸如，谁负责寻找食物？怎么选择适合自己的栖身环境？如何应对风雨雷电？怎样对付凶猛野兽的袭击？如何相互合作获取食物？如何分配食物、食用食物？如何相互沟通和对待？如何成为首领？如何与其他原始人群相交相处？等等。

在地球上任何区域生活的原始人类，基本活动情况应该都是接近的。在这一阶段的原始人之所以非常默契地服从族群的规则，自觉遵守族群约定俗成的各种要求，一方面，这时的原始人都生活在小群体中，处于相依为命的状态，大家每天都在一起，共同饮食起居，共同生产劳动，每个人都无时无刻不在其他人的视野之内生活，简单而自觉。一旦有人违反规则，不管是违反习惯成自然的规则，还是违反群体认同的规则，立刻就会被其他人发现，并受到大家的责难。另一方面，这些规则也是生活经历的日积月累，基本上都是自我保护和相互协作的配合，靠老传幼，长带小，耳濡目染形成的习惯习俗而已。所以，在趋利避险的本能下，这个阶段基本上很少有人敢于不遵守规则。因此这个时期的规则，可以说都是出于本能的族群自我保护意识的规范表现。我们称之为自然（天理）法则，就是为了自身和群体生命存在的需要，原始人类大家都自然而然地认知，也必然自觉遵守的适应自然规律的天然规则。因为不遵守这样的天然规则，必定很快受到自然环境和族群同类的严酷责罚，并难以继续生存生活下去。由此可见，这时的人更显得生而平等，一同相抱共生，本能地遵守规则。这个时期，人类认知和遵循的规则更多是以大自然的客观规律为最基本、最直接的准绳。原始人类在充分享受自由和平等的同时，却又得随时随地防备各种生存危机的出现。世界上许多原始氏族和土著部落之所以都有禁止砍伐水源周围的草木，禁止在河流、泉水附近大小便和野合之类的规定，就是源于害怕会因此遭受无名的报复伤害；往往对火也有各种禁忌，如不准向火堆泼水、扔脏物、吐痰，或用刀、棍向火中乱插等，也是畏惧火神的惩罚。如游猎民族通常有在狩猎期接触女性的禁忌，诺贝尔奖获得者、苏联学者谢苗诺夫说："凡存在这种狩猎性禁忌的民族都深信，在整个这段时期内节制性关系是打猎成功的必要条件，违反了这种禁忌必然会遭受挫折。"❶世界上的采撷民族或农耕民族往往禁止在山中乱砍滥伐，是怕触怒山神，影响山珍采摘、谷物丰收、牲畜兴旺；之所以禁止乱放扁担、不允许妇女跨

---

❶ 威廉·麦克尼尔. 世界简史［M］. 施诚，赵婧，译. 北京：中信出版社，2019：16.

过扁担，就是相信前者会使肩膀生疮，后者认为妇女产生阴毒；之所以禁忌踩踏农具、向农具吐口水和烧篮子、烧木犁等，是相信这样会生畸形孩子如缺手的孩子。一直以来，种种禁忌祖祖辈辈传承给子孙后代。

对原始人类来说，维护生命和繁衍是检验规则最现实、最灵验的判断标准，因此，在各种活动中大凡对生命有助的事物就成为崇拜对象，比如性崇拜、生殖崇拜；同时在日常生活中遭遇到给人们带来坏结果甚至是灾祸的做法则遭到严厉禁止，成为原始禁忌。原始禁忌也成为否定性的原始规则，更可能是一些有心人根据经验教训直接归纳出来，在漫长的历史中逐渐约定俗成。因为如果某种做法所导致的后果是严重且惨痛的，原始人就不会重蹈覆辙，让危害反复发生。只有后果危害不是一下就能看清的事情，才会逐渐约定俗成形成禁忌。原始禁忌的种类不一，但起因都是从预防对人们的危害开始。原始环境下，原始人的寿命普遍很短，这些注意事项基本靠口口相传，代代传承。

原始人类的敬畏和崇拜还在于对未知力量或者神奇力量的好奇，这一点和现在的孩子是一样的。而长老或者善于观察思考寻求自然规律的先人，总会在各种实践活动中发现某些客观事物和自然现象，只要人们在生活习惯、劳动方法上稍加变动即可适应，并为己所用，或避其伤害，或变害为益。例如，遇到下雨，知道用树叶遮体；刮风，可以躲进山洞；要在水面上活动，可以借助浮木；采撷，可以获取果实；诸如此类，等等。因此这个时期的神奇和崇拜是非常广泛的，其特征表现为万物有灵，多神崇拜。人类发展进程中遭遇的自然规律和各种现象，人们对其认识和发现是非均衡的，甚至只有极少数人认识到其规律。他们依托这样的认识，结合自己的理解，提出一些顺应规律的适应性方法和约束性要求，并被大家所接受、遵从，这就是最早的规则。而人类最早的认知者或许就是长辈和老人，之后出现了专业的智慧者巫师，这些人成为原始人类最早的规律认知和规则制定的主导者，那些特别擅于观察总结的远古人就成为远古时代的知识阶层。巫师被认为能通神，与鬼神对话，上达民意、下传神旨；可预知吉凶祸福，除灾祛病；还能从事占卜，施行招魂、驱鬼等巫术。他们是人与神之间的传声纽带，在某些场合还被视为神的代言人，这类人享有十分崇高的威望，创造了后来的宗教。对于未知的时空，神的存在自然是最好的解释，一切以神的名义说事也容易让人接受。假如神发怒，就发生地震或风暴来惩罚，人只有在神的怜悯下才能生存，要对神和使者心存敬畏，百般服从。古人对不确定的未来毫无预判能力，对人类来说未来永远神秘莫测，因此古代有预言能力者就无比受推崇，而能把握未来并让未来顺着自己的想法发展才是崇拜的关键。无论是生殖崇拜、气候崇拜，还是医药崇拜都是这样。

一切野蛮和文明都是在自由氛围中滋生的。在一定环境条件下，野蛮是自由的，野蛮往往把人类天性张扬出来，无拘无束，漫无边际，充满着极大的趣味性。当把野蛮约束在一定程度时，文明的脚步才伴随而来。比如，原始人群一起狩猎，没有秩序，谁抢到手里就谁吃，这种自由放任的猎食方式是适者生存；而在某些情况下，散乱无序更可能被狼群偷袭。基于生存本能的要求，原始人肯定会经过争斗和比选推出年轻力壮又富有经验的首领，来保护和协调群体；而首领要指挥和保护族群，必然根据长期经验归纳得出约束和应对办法，明确更加具体的规则，比如禁闭、鞭刑、处死，甚至作为祭祀品供奉等，这就是规则的演进。

当然，通过原始崇拜和原始禁忌维护内部秩序是原始人群渐渐形成的，如祭天、祭地、祭祀各种神灵，可以使用猪牛羊等各种牺牲品，甚至也可能采用人祭。这类供奉食物为主的祭祀方式，应该是当时食物缺乏，大家可以借助神的名义一同享用的缘故。在中国考古学者发掘出了许多古代尸骸，一起出土的甲骨文显示，这些是死于当时人类血腥的祭祀典礼。现代人感觉这梦魇般恐怖而悠长的岁月，的的确确是人类走过来的，这就是文明历史的代价。在殷墟一座宫殿旁边，发掘出100多座祭祀坑，人骨近600具。这些尸骨大都身首分离，是砍头之后被扔到坑里的。两个坑内还埋着17具惨死的幼童，这座宫殿奠基时也伴随着杀人祭祀：所有的柱子下面都夯筑了一具尸骨；大门则建造在15人的遗骨之上，其中3人只有头颅。陵墓区域也有一座人祭场，比操场大两倍以上，出土近3500具人骨，分别埋在900多个祭祀坑中。尸骸很多身首异处，有些坑中只埋头骨，或者只埋身躯，甚至可能还有在挣扎中被掩埋的活人。在差不多的年代，类似的人祭场所还有不少，比如后岗一座坑内，埋着73具骨骸，大多是男性青少年，甚至有10多具幼儿的尸骨。还有河南偃师、郑州的商代早期遗址，江苏铜山也有大型人祭场的遗址。❶ 当然，原始人类也存在相对比较极端的个例情况，但是各种散落的祭祀活动无疑是普遍现象，客观讲没有当时如此不堪的原始认知，或许就没有人类之后的历史。比较于自然、自由而言，任何规则总是残忍的，所谓规则，就是为协调个体、自然、社会之间对内和对外的各类关系，以维护共同利益而形成的基本约定。因为它的约束力总是伤害个体的自由野性，然而对于秩序的形成而言，何尝不是一种文明；因为存在的现状对于规则本身来讲又是野蛮的，而对早先无规则抢食狩猎物的行为，后来出现的野蛮规则其实就是一种文明，人类社会正是经过有组织却又出自本能的种种活动，构成了规则的不断演变。

　　这时候人们相互间的关系相对简单，更多的规则应该体现在处理人和自然环境之间的一维关系，特别表现在适应自然征服自然的愿望。处在原始游迁状态的远古人族群，他们内部没有明确的辈分和伦理等规则，相互之间的关系非常简单。一个人出自哪位母亲，他们是有明确认知的，所以维护共同的母亲和遵循族群内部拥有直接血缘的基本秩序，是大家共同求生存的本能，也是

---

❶ 张浩. 试论原始人类的生活实践与思维 [J]. 湖北民族学院学报（社会科学版），1994（02）.

最基本的族群规则。在族群内部，大家是共同围捕猎物、组织采集、分配食物、相依为命的共同体，但是对于族群外的同类来说，互相之间并不是共有共享的关系。有考古发现原始人类捕获同类作为食物也是常见的情况，一直到部落形成之后杀戮异族的同类还是非常平常的。因此，我们说原始人类这种共生共有共享的共同体是对于相对独立的族群内部而言的，并不是在整个原始人类种群。当然对于同类外族的态度，与对待异类动物差不多，既不需要多交往，也不会产生同类之间的情感惜怜。可见原始公有制是存在于一定范畴的，对于族群外的同类，各个族群一开始就存在各自私有的利益。因此我们把这段历史的组织形态称为"原始集体主义"或者"群落共产主义"是不是更加准确？

章节思考

社会动物就是一群扎堆生活的动物种群吗？从研究蜜蜂、蚂蚁世界可以得知，这是个有负责头领、有保障食物、有维持秩序，分工协调、合作周缜的共同体物种群。人类社会的内在组织状态也同样存在这样的肌理关系，这种肌理关系其实就是各种规则。随着生存环境的改变，人类在适应和改变环境中，社会组织肌理关系也会发生演化，各种规则也在磨合中变迁。伴随这种规则的变迁，人类演进转化。有时人们似乎可以改变它，有时又难逃其强大的卷动力，一切是那么难以确定，不可触摸，一切仿佛又冥冥之中因果轮回。

在我们今天看来，原始人类的生存环境是十分恶劣的，人类族群在当时的动物世界中也属于比较边缘的种群。但是，诸如此类的认知往往都是我们基于现在生活环境比较下的认知，有一种恶劣是现代人认为的恶劣。在当时的人类来说，就是为了活着而活着。当时的采集、捕猎、渔捕等比现在应该丰富得多，而且人口不多，生活在比较散慢却又劳劳碌碌的状态下。但实际上他们的生活应该更加无忧无虑，体能也强壮许多，甚至比现代人要快乐满足。

　　人类在为活着和更好地活着的道路上勤奋探寻，作为社会动物，在族群里做好自己的角色分工。而存在其间的规则似乎看不见，摸不着，却又时时刻刻可以感知，无时无地不被其左右。孟子"生于忧患死于安乐"的告诫，对于社会动物进化研究应该有所启示。

第一章参考及推荐读物目录：

　　1. 戴维·布鲁克斯. 社会动物：受性格和成就的潜在根源［M］. 余引，严冬冬，译. 北京：中信出版社，2012.

　　2. 于尔根·陶茨. 蜜蜂的神奇世界［M］. 苏松坤，译. 北京：科学出版社，2008.

　　3. 夏洛特·斯莱. 动物系列［M］. 焦晓菊，译. 北京：生活·读书·新知三联书店，2009.

　　4. Stewart, J. B., & Chinnery, P. F. Nature Reviews Genetics, 2015, 16 (9): 530 – 542.

　　5. Bliss T. V, Collingridge G. L. A synaptic model of memory: long – term potentiation in the hippocampus［J］. Nature January, 1993, 361 (6407): 31 – 39. doi: 10.1038/361031a0. PMID 8421494.

　　6. 袁珂. 中国神话传说［M］. 北京：中国民间文艺出版社，1984.

　　7. 赵国华. 生殖崇拜文化论［M］. 北京：中国社会科学出版社，1990.

第二章
部落文明

迄今1万年前，也就是地质构造演化的最近一次冰期结束，考古学上称中石器时代，伴随着全球气温的回暖，动物、植被的更迭以及海平面的抬高，动物的生存环境发生了巨大变化，原始人类的演进也出现了历史性的机遇。这个阶段对于人类来说，实在是漫长却又奇迹迭出的岁月。农业的起步、畜牧的驯化、渔获的增多，使远古人类的游迁生活开始转向定居生活，当然这个复杂的过程依然走得极其漫长，然而这个过程对于人类来说的确是转折性的、根本性的，人类选择了一条减少对大自然依赖的道路。

原始人群长期以采集和围猎为维持生存的最基本方式，尽管拜大自然所赐，常态下生活保障没有太大问题，但是灾害和风险还是经常威胁着人们。分散外出活动可能遭受的风险更大，因此不同族群之间总会寻找和抢占自然物产丰富、获得食物容易的有利地域。而善于观察并发现自然规律，尤其是不满足于大自然恩赐的先人，开始尝试起农耕活动。伴随着农业生产的发展，一个个相对稳定居住的原始部落渐渐形成。自然，新的生存环境和生活状态是由新的生活规则伴随和支撑的。有了部落这样一个大宅子，"宅者，人之本。人因宅而立，宅因人得存"（《黄帝宅经》），人类历史翻开了崭新的一页。从此，原始人类族群可以不再迫于大自然食物采集的局限，而分散为规模较小的族群，更多的繁衍也成为可能，当然在这样一个渐进而漫长的时期，定居部落的人们仍然处在原始群婚的生活状态。

1 定居部落的转折性起步

在人类文明尚处蒙昧时期，原始人类群居的生活形态非常简朴，用现代的判断标准评价，生存环境十分恶劣，他们随时随刻面对死亡的危险，遭疾病，遇野兽，甚至被同种类的其他原始人群剿灭，因此寿命都不会很长。由旧石器时代转入新石器时代，虽然过程持续了上万年，但今天去看仍然可被称作一场革命，这场革命大约于公元前一万年前后出现，在这一万年的过程中，人类成功地驯养了动物，种植了粮食，开始掌握制作各种复杂的工具，逐渐懂得如何用自己的劳动保障食物的供给，而且以部落组织的形式开始长久定居下来。原始人类走出洞穴，跳下大树，住进房屋，结束了原始人群长期迁移、颠沛流离的生活。安定下来使大家有更多时间相互交往，为种族繁衍，为农牧业生产创造了更好的条件，安稳的生活更加有助于人类大脑的自我开发。农业的发展逐渐使人口聚居数量增多，增强了生存安全保障，减少了各种死亡威胁。新的生活方式在漫长的岁月中积累，带来许多重要的新工艺和新发明——制陶术、编织术、纺织术，以及用木、砖和石头建筑房屋的基本方法，同时，需要新的规则和组织方式来保障秩序。

当然从发现植物可以栽培、动物可以驯养到实实在在地推广普及原始农牧业，从开始轮作生产和采集捕猎的半定居游耕状态到完全安定的农耕生活，同样经历了一个非常漫长的过程。没有多次经历受困挨饿的特殊困难磨砺，任何人也不会轻易放弃自由采摘、捕猎时期那种自在逍遥的生活。从现存的原始部落生活状态，我们也可以发现，人类的每一步所谓的进化，实在是被眼前的困难和强大的忧患因子所逼迫出来的。

与远古时期迁游人群的研究比较，对原始部落的研究相对客观许多，因为目前已经发现地球上还有一些人类群体过着旧石器时代的原始生活。现代社会的人类也接近过一些原始部落，他们多数分布在热带非洲、南太平洋群岛和南美洲的一些偏远地区。有学者认为"原始"是一个不恰当的词，认为它极其错误地暗示着什么。但是这些部落人群的确具有人类发展最早阶段的一些特点，又没有更恰当的词，只能沿用"原始"一词作为一种生活方式的约定俗成的名称。原始实质上意味着处于自给自足、靠天吃饭的部落生活状态，其社会和政治的基本单位是村落或部落，而不是城市或国家。他们通过恪守自己的习俗和传统实现社会的延续，也并不一定使用文字记录，所以他们的历史多数是口口相传。地球上现存100多个与世隔绝的原始部落，亚马孙丛林深处估计分布70多个，安达曼群岛有几个，其余的分布在新几内亚偏远的雨林中。还有些部落与现代文明有所接触，但生活方式仍保持在狩猎采集这种纯粹原始状态，不过他们被归列到了极端贫困落后地区之列，或许这种归列在他们看来是可笑的。

由于原始部落坐落的地方通常都非常隐蔽，导致他们在长时间的生存活动中，始终没有和外界进行良好接触。目前存在的原始部落一般是十几个人或者百来个人一同群居，甚至只有几个人群居的情况，多数的原始部落维系着父系关系，父亲主要负责组织、狩猎、采摘等觅食活动，而母亲主要负责照顾族人，承担其他一些零散的事情；也有的原始部落仍然保留母系的关系，族中以母亲为主要"当家人"，虽然说父亲依然还做打猎等活动，但是家族中大的事情是由母亲负责组织的。在一些原始部落中，有的还是一夫多妻制度。比如，在巴西有一个部落，他们族群内部的人中存在一个非常特殊的基因，这个基因导致族中的很多男孩子在很小的时候就会死去，而且比例相当大，慢慢地就导致族中的男女比例严重失调，于是不得不实行一夫多妻的制度。也有的原始部落保持着一妻多夫制度，不过根据调查，这样的原始部落比较少，通常这类原始部落还处在母系社会关系，由女性选择男性进行性交，根据她们的眼缘和心情，被挑选的男性不可以逃避。

现在留存的这些原始部落，因为交通非常不方便，没有现代人去开发，导致他们处于靠山吃肉，靠水吃鱼，靠地吃素的自然状态。有研究学者深入部落考察发现，其实对于简单常规的农业生产，部落里的人们基本都已经掌握，偶尔也有实施，但是在热带雨林丰沛的物产基本可以满足生存需要的情况下，他们仍然喜欢以打猎或采集获取日常食物。当然随着各处原始森林的不断开发，野生动物越来越少，动物的迁徙规律也越来越难以把握，他们的生存再次面临危机，而要他们很快改变长期养成的生存方式还是非常困难的，所以他们的生活开始艰难起来。原始部落的人寿命都比较短，但是他们有自己部落的强烈归属感，多数原始部落非常不欢迎外界人群的靠近。一方面可能是感受到外界的威胁，担心出现冲突事件；另一方面可能也是担心现代人会打扰原始部落的安乐生活。

通过这些现存的原始部落来研究人类历史还是非常有意义的，基本可以了解部落文明时期以及更早期人类的一些生活状态。比起现代人，他们对于周边环境及自然物种的知晓和掌握要细致得多，可以说完全融合在大自然之中。他们同样也养成了自己解决生存矛盾的一些基本规则，特别是出现食物危机时，同类相食现象也曾经出现。《自然》杂志发表有关学者的研究成果认为，欧洲原始人洞穴中就找到了大量证据，有学者对出土于西班牙格兰多利纳遗址的人类遗骸进行深入研究，骨骼分属7个不同的个体，但这些骨头上居然全部出现被啃食的迹象。准确地说，都有用工具切割的痕迹和人类牙齿的咬痕，以及使骨髓暴露的刻意骨折。这些包括被称为"格兰多利纳男孩"的原始人显然是被自己的同类给吃掉了,这些遗骨与其他9种哺乳类动物的骨头混杂在一起,经过估算,大约有22只动物被屠杀和食用。考古人员认为,人类之所以会食用同类,主要是因为,与猎杀其他大型动物相比,同类的捕获难度更小,更容易成功。从考古学家对同类相食的考证,可见原始人类在延续生命、解决生存危机中已经生成他们自己的行为规则,比较习惯于自由自在的生活状态。

人类基因组近年最新研究成果证实,随着时间向更早期推演,远古人类中游迁生活人群的数量超过部落定居人群数量的比例越来越大。研究者也感慨:人类从游迁生活转向部落定居,实在是文明的一次艰难跃升,而且,定居的范围越大、人口越多,文明跃升的动力往往就越大。就在2014年9月,作者的家乡浙江义乌市因为高速公路建设,发掘到一处新石器时期的古遗址,墓葬清理出陶器等各种器物1000余件。这个被命名为桥头遗址文明的考古发现,进一步证实中国东南地区农耕历史已经近万年(见图2-1)。对于原始人类来说,选择部落定居的方向,其实是一条相对艰难的道路,并不是快乐、舒适、自由自在的路,却又是脱离野蛮蒙昧的重要开始。

图2-1 桥头遗址出土的部分文物

伴随农业的不断发展演进，部落文明也开始日益繁荣，并一直过渡到之后的氏族文化，延续为家族、宗族聚居文化。远古人类自迈入部落聚居，便开启了实实在在与其他动物分道扬镳的旅程。而农耕作物在不断丰富，直到公元前1500年左右，玉米、水稻等一些主要作物的产量大大提高。考古证实，大约1万年前西亚地区"肥沃的半月形地带"和中国的黄河、长江中下游地区是世界农业的发源地。可以说人类实现农业革命成功的同时，也基本截断了自己完全回归大自然的后路，扬起了人类历史上的第一锹尘土。

2 神奇的阿卡人

中国西南部有个跨境活动的族群，他们自称阿卡，阿卡人被称为是哈尼族的一个支系，也叫爱尼人，属于汉藏语系藏缅语支的一部分，长期处于半迁游半定居状态，主要在中国云南省南部、缅甸东北掸邦、老挝北部、越南西北部和泰国一带活动。他们的祖先最早生活于青藏高原，靠打猎为生，属于比较典型的生活于高山环境的民族。阿卡人又分为尖头阿卡和平头阿卡，生活在云南普洱市孟连县境内的阿卡人是人数不多的尖头阿卡，他们一直保留着原始刀耕火种的生产方式，主要种植旱稻、玉米、甘蔗等。在泰国、缅甸的阿卡人则以种植鸦片为生。在云南与越南、老挝两国接壤"一眼望三国"的江城，也有两个阿卡族人居住的村寨，一个叫作姎或上寨，另一个叫作个寨。阿卡人的生活方式还处于母系氏族和父系氏族交替的一个特殊时期。

阿卡人中流传着这样的传说，最早的时候寨子没人管理，很混乱，第一代的祖先用三个鸡蛋孵化出三个人，也就是头人、祭师和铁匠，他们成了管理寨子的人。所以阿卡人的部落村寨至今仍是"三权分立"，一个萨满祭师，一个头人，一个铁匠，三个人的权利是相互制约的。每个姓氏都有一个"寨老",相当于族头,族头作为代表参加由祭师担任召集人的议事会。而这样的议事会就是阿卡人的最高决策机构,有什么事情就开会,喝点酒,抽两根烟,讨论决定。祭师一宣布,这事就成了"法律"。很民主的一种方式,不存在一个人说了算的绝对权力,大家都可以提出不同意见。❶

阿卡人共同的价值观是一切平均分配。在议事会决定了大的规则框架下,寨子的内部事务,依循老祖宗的习惯由他们自己来管理,这些乡规民约比政府的规则要细得多。他们的头人叫"攀车"。有一年,部落村寨里生了一对双胞胎,这在他们看来是恶鬼降临,于是遵从祖训杀死双胞胎,举寨搬迁;有人死亡时,祭师会沿着阿卡人千年前的迁移路线,把死者送回祖先居住的地方。

阿卡人一直传承泛灵论的宗教信仰,信奉万物有灵,所以对食物、繁殖、死亡、祖先、自然万物都要祭拜祈福。阿卡人认为万能的神阿婆米耶创造了天神和许多神,给这些神以力量,让他们保卫太阳、月亮、地球与阿卡人的祖先,以及现在的阿卡人、牲畜和庄稼。阿卡人原来是和神住在同一个世界,后来他们分开了。俗人住在上面的世界和村庄,神灵住在下面的世界和森林。

这些古老而奇特的阿卡人喜欢无拘无束、简单古朴的生存方式,他们住的茅草屋也非常简单,每家每户小孩很多。他们定时烧林开地种植旱稻,一季的庄稼收成只够吃四个月,其余时间全靠上山打猎或采摘野果、野山芋维持,当森林烧完时就全寨迁徙。阿卡妇女结婚前一般穿上衣,从怀孕之日起就要裸露左边的乳房,一直到孩子两岁。乳房裸露在外,自然、透气,在阿卡人眼里这是美和荣誉的象征。通常她们都要生育6至7个孩子,因

---

❶ 庞海红. 泰国的阿卡人[J]. 东南亚研究, 2006 (02): 20.

此，她们的乳房也就常年裸露在外，因为她们信奉乳房只有裸露在外才能吸取天地之甘露，孩子吸奶之后才能健康成长。即使已经穿着现代服装的女孩，也会不时撩起上衣接受阳光和空气。阿卡人的结婚习俗是女人要先怀孕才能结婚；据说阿卡女子身上佩戴的牛骨和金龟子越多，说明曾经追求喜欢过的小伙子就越多，婚后也一直佩戴，以炫耀曾经拥有的魅力。阿卡女人结婚后，几乎要承担所有的家务劳作，包括上山砍柴、种地，家里的大事、小事却是由男人定夺。阿卡男人和女人终生不在同一个床上睡，房子中间有一个叫"露卡"的东西隔开，男人睡一边，女人睡一边。女人走女人的楼梯，男人走男人的楼梯，好像女性地位特别低，其实完全不是，只不过男女间角色分工很鲜明，女性还拥有特别的权利，祭祀祖先的祭台，必须设置在女人这一边的房间里；女人要出嫁，必须获得这一姓最年长女人的同意，才算合法出嫁，才能受到这一姓氏人的家族庇护。

20世纪初，部分阿卡人开始从缅甸向泰国迁徙，泰国的第一个阿卡人村寨就在泰缅边境。泰国的阿卡人根据服装、语言和习俗不同分为3个支系：黝倮阿卡人、倮咪阿卡人、帕咪阿卡人。这3个支系虽然语言有很大不同，但彼此之间可以交流。阿卡人没有文字，他们的历史是靠譬玛记忆中的传说记下来的。据说阿卡人有一部包含了特殊密码的口述《阿卡史诗》，讲述的是一场非常神奇的远古战争。在史诗中，人和鬼是一娘所生的亲兄弟，他们从第一代祖先开始就一起生活，直到第十四代祖先时，人和鬼就分家了。分开以后的鬼，由于好吃懒做，老是偷人的东西吃，人和鬼因为抢东西，就发生了战争。开始，人族打不赢鬼族，就到祖宗天神那里告状。据说第一代的祖先为了约束这些鬼，就派了他的坐骑，一只叫阿吉的鸟来巡视天下，让这些鬼不能出来捣乱。但是，这个神鸟阿吉是个瞎子，祖先神明就干了一件很残酷的事，他把自己的眼珠挖出来，给了瞎子神鸟阿吉。安上去的眼珠很厉害，那些鬼魂军团只要被阿吉的眼睛看见，会怎么样呢？会立刻化为乌有，如同现在科幻电影的激光扫射一样。其实这传说故事和中国民间许多传说一样，都是通过生动形象的情节来阐述扬善去恶，积极向上的人生哲理。

阿卡人的亲缘和族群观念非常强。血缘和姻亲是阿卡人最主要的社会关系。依靠这种关系，阿卡人可以编织成广泛的社会网络。有学者认识这样一位阿卡人，他有八个孩子，四个孩子和中国人结了婚，两个孩子嫁给了泰国人（两位女婿一个是阿卡人，一个是傣族人），一个孩子和缅甸人结了婚，那个未婚的孩子则在曼谷工作。这个家庭建立的亲戚关系既跨国家又跨民族，老人对家里这样的婚姻关系很满意，把个人社会关系编织成了强大的商业网络。有了这样的网络，无论是经商还是做别的事情，都会给家庭生活带来很多便利。可见阿卡人住地偏远，观念却是开放的。

族群关系则是阿卡人另一条重要交往纽带。阿卡人的文化认同感很强，两个素不相识的人，只要都是阿卡人，彼此之间的距离就会拉近很多。阿卡人还很喜欢和别人结拜兄弟姐妹。年龄相同或者相近的人，如果志趣相投，就会结成兄弟或姐妹。有的人兄弟姐妹少，感觉自己孤单，也会和别人结拜，这样自己就不会受欺负，社会圈子也扩大了。

其实从阿卡人的生活态度和处事原则中，不仅可以领悟到人类原始部落时期的生活状态，还可以衍生更多跨时空的思考，可见自然生存和社会生存从来都是相对的，有人类处就有江湖，阿卡人是不是可以教会我们一些道理呢？这是一个和现代文明交往融合比较契合的部落群体。

3 亚马孙部落的佐伊人和乌惹人

相对于阿卡人的生活状态，绝大多数生活在热带雨林里的原始部落人类则是另外的一番景象。

佐伊人生活在一个很小的部落，位于巴西北部的亚马孙热带雨林。早在1975年就有一架探矿飞机在丛林中发现了他们的住处，1982—1985年一些基督教传教士与他们进行了短暂接触，1987年教会组织在附近建立了基地和一个简易机场。传教士用铁锅、刀、钓鱼工具等现代用品诱惑，使平时较为分散的佐伊人聚集在一起与外界建立起了联系。不过，教会组织的这些措施很快酿成了一场悲剧，在缺乏基础设施保障的原始热带雨林状态下，密集的聚居显然很不合适，流感和疟疾突然蔓延开来。幸亏政府组织FUNAI派遣了专门医疗队前来救助，但还是有四分之一的佐伊人在这场灾难中死去。1991年FUNAI要求教会组织撤离该地区，并劝说佐伊人回到他们原来分散的居住地。2009年，当地政府还特别批准了他们对自己领地的专属占有和使用权。

佐伊人都住在简易的草棚中，婚姻形式以一夫多妻制为主，但如果丈夫同意，妻子也可以同时再嫁给别的男人，有两个或更多个丈夫，他们并不在乎孩子的父亲是谁。可能是由于这种小型部落的男性死亡率比较高，搭伙抱团更能生存下去才是最重要的。长期以来佐伊人从不与其他部落发生接触，截至目前部落中只存在一种A型血。

他们最明显的标志性特征就是每个人都在下嘴唇插入一根圆木棒，而这根木棒取自当地叫"普图卢"的树，是佐伊部落的一种标志。他们每天要更换一次木棒，一有空还清洗或者用河里的流沙打磨抛光，认为这样的标志是一种魅力。如果下唇没有这根木棒，佐伊人似乎就不认识自己了。因此通常在女孩7岁、男孩9岁的时候用尖锐的猴骨刺穿下唇，并随着年龄的增长不断更换大的。在他们眼里，那些不带"普图卢"的外族人显得非常丑陋（见图2-2）。佐伊人对这根木棒爱护有加，完全作为一个身份标志物来认识，如果去世，亲人也会让这根木棒一同随主人而去，否则就不是佐伊人。

图 2-2　在他们眼里，那些不带"普图卢"的外族人显得非常丑陋

佐伊人已经能够制作不少工具，用来围猎各种小动物，箭是他们赖以生存的远距离猎食工具，射出去以后即使卡在 30 米高的树上也都会不怕辛苦地找回来，他们用植物的茎编一个绳圈套在脚踝并爬得很高。寻求食物是成年男人平常最重要的活动，他们通常成群结队地出去，围猎时都是分工协作，有人负责驱赶，有人负责射箭，还有人负责追捕，他们总是锲而不舍，直到捕获。如果不是生擒活物，佐伊人会在野外先把猎物的内脏掏空，毕竟热带雨林的气温是非常容易腐坏的。幸运的话只需要半天就能找到食物，不然可能得好几天，偶尔能猎到鹿、犰狳这种大家伙。他们不会浪费任何东西，会将犰狳的皮做成盘子。

佐伊人最喜欢吃猴子，一种叫蛛猴的灵长类动物，是这个部落的重要食物。佐伊人知道自己和大自然物种的紧密关系，尽管他们以捕猎为生，却不随意捕杀其他小生灵，猎物的繁殖时节，是他们神圣的禁猎期。他们根据打猎地点的变化也会经常搬家，可以说他们还处在没有完全定居的部落时期。他们对于生擒回来的动物更加爱护，就像多了一个伙伴，当作宠物一样喂养，甚至可以说非常尊重，当然最终还是要作为食物吃掉。除了捕猎，他们也会种植一些农作物，像胡椒一类的调味品，需要种植。他们还能用椰子树来制造盐分调味，把烧完的椰树灰烬在水中浸泡一夜水就是咸的了，真正的植物椰盐。因为不是每次打猎都能获得足够的食物，他们也经常挖掘植物根茎、采集水果，此外还吃各种蛋类和昆虫，还挖野木薯加工淀粉。因此，各种丰富的自然食物已经足够补充他们的营养。

佐伊人保持了自己严格的就餐顺序，他们会让女人与小孩先吃。他们所使用的东西都来源于大自然，用树叶和树皮做成装盛食物的篮子、盘子，用巨大的植物果实的壳做成盆和水桶，用棕榈纤维或棉花编织绳索。常把胭脂树的果实磨碎给绳索染色，编织成可以睡觉的吊床和背小孩的网兜，也涂抹在脸上和身上用来装饰、防晒和防蚊虫叮咬。佐伊人常年都不穿衣服，但女人会用植物汁液粘起来的羽毛做头饰，而男人则用棕榈叶子编个圈装饰下体。包括女人在内，他们通常都是直接坐在泥土地上面，有时坐在乌龟壳、树干或编织的席子上面。佐伊人总是尽情享受生活，到了晚上，女人们会围坐着听男人们唱歌，看天上的月亮和星星，在他们简朴的原始信仰中，认为那是过往者的灵魂，夜里来陪伴自己。

政府组织已经建成了一个拥有小型医院的基地，并筛选控制外部人员进入，佐伊部落的人口规模逐渐有所增加，现在已经达到了约250人。但外界采摘坚果的人、猎人、矿工也经常闯入他们的领地，还有传教士和一些公益人士会来联系他们。各种牧场的边界也离他们越来越近。佐伊人也开始有了对外部世界进行更多了解的愿望，2011年2月他们首次前往巴西首都并向政府提出了一些要求，包括渴望适合他们的教育方式、培训卫生人员以及参与到土地和森林的保护计划当中。应该说FUNAI组织在支持关心佐伊人部落工作中是非常人性的，做到了既尊重他们也实实在在给予其帮助。

同样是生活在亚马孙雨林里的乌惹部落规模比较大，2010年已经达到487人，这里巨大的房屋组成的村庄围绕着中央广场建成，这个部落是德国民俗学家1884年发现的，他们虽然与外界联系较多，但仍然保持原始的生活方式。

在亚马孙河中部区域的乌惹人有了几个明显的变化，首先他们已经不直接席地而坐，屋里有了板凳、房屋外面也会有树干做成的长条凳，供人们在室外休憩。虽然仍然沿承一夫多妻的传统，但更多的家庭已经选择一夫一妻，在交谈家庭恩爱和性话题、调侃男女之间关系的一些事情时没有那么忌讳。他们的部落集体娱乐活动和各种节日比较丰富，小家庭的生活也更紧密而多彩。男孩女孩都需要经过成人仪式的洗礼，女孩需要隔离一年完成净化，在家里学习相应的生活技能并掌握一些出嫁女人必学常识之后才能嫁人。他们种植木薯面积已经很大，这是他们的主食，食物加工与搭配方式也更加丰富，还能用黏土制作各种样式的陶器。

乌惹人的婚恋过程不再那么直接简单，与现代人的进展程序已经差不太多了，已有自由恋爱的过程，但小伙必须征得女孩家长的同意；如果女孩怀孕或与男孩一起发生四次性关系，那么这桩婚姻就是强制性的；每个姑娘和小伙的自主意识越来越强，相貌、生存技能、个性、追求的诚心、沟通能力等也都在双方综合考虑之列。但乌惹人仍然不希望他们的女儿嫁到部落以外的世界，也不想变成一个混血部落。

随着与外界联系的增多，乌惹人逐渐使用上了外界提供的日常用品，包括不锈钢锅、衣服、自行车等，通过发电机和卫星天线看电视，也有年轻人希望到城市中去赚钱，他们对于外部这个光怪陆离的世界充满了无尽的好奇。

从科考人员的各种研究报告看，所谓的"原始人"与文明世界的"现代人"并没有什么生理本质上的不同，更多的差别来自长期所处的生存环境，包括他们自己选择的习以为常的这种生活方式。于是就产生了这样一个严肃的问题：究竟应当如何面对和善待不同群体的人类呢？

4 原始部落是"现代文明"的镜子吗？

目前在地球上尚有不少地方存在原始部落，分布非常不均匀，生存状态也各不相同。

2014年，7名亚马孙丛林深处的部落成员出现在秘鲁边界的一个村庄附近，其中两人与附近村民发生了接触。最后搞清楚了他们不是因为食物缺乏，而是因为恐惧而走出来的，他们遭到了暴力袭击：老人被屠杀，房屋被焚毁。据说可能是与贩毒分子偶遇发生了冲突而引起的，巴西政府组织 FUNAI 在附近的一个监测站点，也于2011年由于贩毒活动的增多而被迫关闭。可见各种人类活动的干扰是他们最大的困惑。

在探索这些原始部落的过程中，最为知名的可能就是归属印度安达曼群岛的北森提奈岛上的森提奈人了，据说，这个部落已经在岛上生活了6万年。他们皮肤黝黑，身材矮小，是世界上最后几个拒绝与外部现代世界接触的族群。他们的语言与安达曼语中的其他语言显著不同，表明他们可能在几千年之内都没有与外界发生过任何联系。森提奈人的知名之处在于，他们对一切外界的接触都强烈抗拒，并攻击所有试图靠近他们的人。2004年海啸过后，印度当局派遣直升机察看他们的生存状态时，一名森提奈人就试图用弓箭射击直升机。1974年一个纪录片剧组被他们袭击，导演的大腿被弓箭射中。曾经因失事或故障漂泊到这里的船只，与岛上居民发生有限接触，多以冲突和悲剧结束，还有一些人被岛民杀害。

现在多数关于森提奈人的信息都是通过在弓箭射程之外的船上观察获知的，他们制造一种带有外沿的小独木舟，在平静的浅水中使用。森提奈人有过人的身体素质，长期的下海渔猎让他们在力量和速度上远优于外界的人类。有记录的第一次接触是在19世纪末期，安达曼群岛的行政官莫里斯·波特曼曾经带领一支队伍登岛希望与森提奈人取得联系，当队伍进村时，整个村庄空无一人，显然是刚刚离开，在几天之后才遇到一对老年夫妇和四个好奇的孩子并将他们带回了安达曼群岛首府布莱尔港。可是大人很快就生病死亡了，之后，波特曼把四个孩子送回了小岛，并赠送了他们一些礼物。

20世纪70—90年代，印度政府也试图与岛上部落建立友好接触，曾定期在弓箭射不到的地方留下一些椰子、香蕉和铁器制品等礼物。1991年似乎取得了一次突破，森提奈人第一次在没有携带武器的情况下走近了海滩，甚至下到海里去捡拾更多留给他们的椰子。但这种情况并没有出现第二次，大多数时候森提奈人仍然还是会用弓箭瞄准外界来接触的人，始终保持着足够的警惕和敌意。是什么原因造成森提奈人这么抗拒，无人知晓。事实上社会各界也有很多人怀疑进行联系和接触的意义，以及会否像当年教会联系巴西佐伊人那样，造成疾病散播等悲剧性的后果，因此一些环保团体和人权组织呼吁不应该强行接触。1996年，在多方压力之下定期送礼物的行动也停止了，并划出了隔离区禁止任何人靠近。2004年海啸之后的两次观察表明，森提奈人的健康没有受到多大影响。可见他们在大自然的生存能力是非常强大的。于是，印度当局宣布不再尝试进行接触，只定期在安全距离处观察森提奈人的存活状况，并明确宣布任何靠近该岛屿的图谋都属于违法行为。实际上北森提奈岛很小，面积只有72平方公里，被珊瑚礁环绕，除了海滩之外几乎完全被茂密的热带雨林所覆盖。2006年，两名印度渔民因过于靠近该岛而被杀害。直到如今，这座岛屿依旧是排外区。国际生存组织于2014年报道，他们接到报告称有渔民靠近森提奈岛区域，并有7人被印度海岸警卫队逮捕。

原始生活状态的模式相对静寂淡寞而不是喧闹狂动，不像现代社会急功近利的追求和标新立异的虚张。他们乐于老死不相往来，抵制外来影响，或许就是基于过往历史的经验教训，知道脆弱的人与自然间的平衡，一旦接触外界文明就会遭到损害和冲击。现在更多的国际公益组织也多方呼吁和推动此类保护，认为应该保护他们的栖息地，维持这种融合在自然中的生活方式，避免现代疾病对他们的侵染，不要进行任何形式的接触与改变，并称他们为地球上最后的自由人。

　　然而,部落生活的人们对待外部世界的态度也是各不相同的。在非洲撒哈拉大沙漠里,有一片非常广阔的绿洲,坐落在姆班吉姆河河畔,首先映入眼帘的就是绿草茵茵的草地上一幢幢风格迥异的建筑,乍一看这里和外界好像并没有什么区别,但是在这里生活着一些原始人群。他们没有文字,但有自己的语言,所以只能通过他们部落内部人员沟通。如果想要和他们对话,就需要找一位当地的向导,否则难以了解他们并与其交流。他们的黑发短而弯曲,皮肤黝黑,是那种可以发亮光的黑,身材矮小,椭圆形的脸庞,扁平的额头和鼻子,厚厚的嘴唇向外翻起,在黑色皮肤的映衬下,他们的牙齿显得格外整洁亮白。令人诧异的是,他们常年在风吹日晒条件下裸露的皮肤,为什么会那么黝黑而又细嫩,在这原始部落里即使那些上年纪的人皮肤也非常细嫩且润泽,他们具有典型的非洲人长相特点。平日里,他们仍然不习惯穿衣服,赤身裸体,也有的原始部落里的人会将树叶等串起来披在身上遮掩,或者只是用花草叶子来遮挡一下。当地的女人在知道有客人来访时就会围上一块花布做裙子,以示文明,但更多的时候听当地向导说还是会赤身裸体。这里的饮食也非常简单,部落里的人们爬树本领都非常强,随时可以攀爬到高高的树上采摘芒果和香蕉用来充饥,他们也会由部落首领安排,靠开采荒地或者分配别的劳动获得一点报酬。看得出在这里等级制度还是非常森严的,部落首领依然披金戴银,过着一呼百应、享受奢华的生活。而原始部落的平民们时刻都可能遭受饥饿,在外人看来是非常不公平的生活状态。

　　当然,他们的真实生存环境和内心世界实在是处在现代文明的人们难以体会的。他们还会为吃蜂蜜而去攀缘上树,冒着可能摔死、蛰伤的风险。他们时刻要提防被毒蜘蛛、毒蛇袭击,在野外如果受到严重致命伤基本是没有救治的希望。至于儿童营养不良、疾病、挨饿的情况更加普遍,这种看起来自由自在生活的客观环境是缺乏良好保障的。但若是出于人道主义，对他们进行救助，引导其进入现代社会，也不那么现实。很多理想主义者忽略了一个关键性问题：一旦对他们开始救助，身份就会从"被保护的原始状态人"转变为"穷人"。而"贫穷"在这个世界上是一个更为广泛、普遍得不到良好解决的巨大问题。更有不少生活在文明世界边缘的村落，那里人们的生活方式与这些未进行接触的部落一样原始、一样依靠自然资源填饱肚子，但在没有条件发展农业，也没有足够工作岗位的情况下，他们的生存同样极为艰难，并因与新设立的许多动物保护区重合而不能继续捕猎，非法盗猎要坐牢。他们就是属于极端贫困落后地区的穷人，因为与外界世界相通而失去了领地和资源。❶

合理的解决方法在于尊重和保留属于他们的活动领地，同时，可以让他们进行自主选择是否接受有限的帮助，外界可提供一些自愿走出森林的服务保障，毕竟都是人类成员。特别是因为无休止的开发，他们的聚居地已经越来越小，工业发展、采矿开发、森林砍伐、农牧业、偷猎等各种外界的直接影响和间接影响越来越大。他们的种群规模本身不足，食物资源缩减、近亲繁衍等问题，都可能导致人口削减到不可持续的状态。当然对于他们自身来说，没有外界人类面对的那些烦恼，甚至可能在拥有现代文明的人们出于各种原因抛弃地球，或遭受巨大灾难性的毁灭性打击之后，他们却仍可作为人类的火种在地球上留存下来。谁又能保证诺亚方舟的故事不会再重新上演呢？

这的确是一个需要慎之又慎的两难课题，事实上也是人类需

---

❶ 大地. 地球上还有原始人么［EB/OL］. 知乎网，[2019-10-22]. https://www.zhihu.com/tardis/landing/360/ans/239121113.query=%E3%80%8A%E5%9C%B0%E7%90%83%E4%B8%8A%E8%BF%98%E6%9C%89%E5%8E%9F%E5%A7%8B%E4%BA%BA%E4%B9%88%EF%BC%9F%E3%80%8B&mid=afb24c658d3b39f3530ea1a73b918e0c&guid=6E05976217C38BD494B13E3C2A254650.1586988861779.

要面对和思考的往哪去的问题。原始部落人群的生活状态，真是可以照见现在忙碌人们内心的一面镜子。

5 原始农牧业、工具进步和人类的走向

农牧业的出现是人类社会发展史上第一次最重要的生产革命。因为随着农业、牧业的产生，人类获得食物的方式开始由单一的自然界采集转向改造自然，自己组织生产；而人类的生活方式也开始从迁游状态逐步转为长期定居。人类的经济生活实现了从攫取性经济到生产性经济的质的飞跃，人类借助和发挥外力提高到一个新水平，自然也深刻影响其他各个相关方面的演化。

研究界通常认为，近东地区是世界最早的农业发源地。那么，到底是哪个人群发明了农业？近年，三个不同小组的古DNA研究成果从不同方面指向两个遗传差异较大的近东人群，认为是他们各自独立发明了农牧业，并把农业技术传播到亚欧大陆和非洲。

2016年8月25日，一篇发表于《自然》的论文报告了科学家们对生活在距今1.4万年前至3400年前的亚美尼亚、土耳其、以色列、约旦和伊朗的古人类遗骸所做的古DNA基因组分析，第一次从基因的角度审视了农业革命时的人口结构。研究由哈佛大学医学院的大卫·赖克教授团队和爱尔兰国立都柏林大学的罗恩·平哈西团队完成。

研究人员发现，生活在肥沃新月地带西端黎凡特地区（大致范围是地中海东岸），向南部包括现在以色列和约旦的农业人群，安纳托利亚（安纳托利亚高原，位于土耳其亚洲部分）的农业人群和生活在肥沃新月地带东端伊朗西部扎格罗斯山脉（伊朗高原西南边缘山地）的农业人群，这三地的原始农业人群基因差异很大。分析结果同时表明，黎凡特和扎格罗斯山脉的农业社会与各自附近的狩猎采集人群基因相似。研究者认为，这就为该地区的农业属于本土起源，而不是外部传入提供了新的证据（见图2-3）。

图 2-3　打磨精细的新石器在许多博物馆都能够看见

大约 1.1 万年前，居住在肥沃新月地带的人类群落开始不再以狩猎和采集植物为生，过起了定居生活。这些最早的农民和牧民驯化了绵羊、山羊、猪等动物以及小麦、大麦等植物。人类有了固定的定居点，文字和城市才成为可能，今天的文明才有了开端。

欧洲气候凉爽，有利于 DNA 保存，迄今为止，大部分的古 DNA 采集于欧洲，研究也相对集中，呈现出一定的欧洲中心化的趋势，而西亚的炎热气候使古 DNA 研究乏善可陈。为了克服 DNA 储存条件的劣势，科学家们利用了两种新技术。科学家从颞骨岩部旁的一片小耳骨取得的样本可以产生近百倍于其他部位的 DNA。另一项技术的溶液内杂化，可以富集 DNA 并过滤微生物 DNA 和没有信息的人类 DNA。这些都促进了研究的成功。

考古学的证据显示，黎凡特和扎格罗斯山脉的两个人群驯化的动植物也有所不同。扎格罗斯山脉的农民驯养山羊并种植二粒小麦，而黎凡特海岸的农民种植大麦和普通小麦。约 9500 年前，这些农牧业技术开始传遍中东，技术和人群都在如今土耳其东部的安纳托利亚高原相遇。他们长期地活动交往，相互学习打制石器，交流农业技术，基因也得到交流，人群开始融为一体。而农业技术则随着更多人更大范围的交流从这里传播到欧亚大陆的各个角落。当然，每个地方的环境和具体情况不同，技术的传播是有得有失、有取有舍的相互学习过程。

最早的农业到底来自哪里？另一派学者则表达了不同观点。哈佛大学的著名考古学家欧弗·巴尔-约瑟夫认为，农业起源于黎凡特地区，就是古叙利亚一带，然后沿着肥沃新月地带传播到近东各地。他指出，黎凡特地区的农业遗址年代最久，早于肥沃新月地带的其他遗址。

中国科学院古脊椎动物与古人类研究所研究员、中国科学院·德国马普学会古DNA研究中心主任付巧妹博士是上述《自然》论文的唯一中国籍作者。她主要参与了实验设计和分析工作。她认为，在近东农业起源时，没有发生人口取代。农耕人群与周围的狩猎采集人群非常相似。农业技术是文化扩散，而非人群扩散。

这项研究的另一个发现是不同人群的迁徙方向。伊朗地区的原始农民迁入今俄国草原和南亚次大陆。黎凡特农民迁入非洲，土耳其农民迁入欧洲。

另一篇2016年8月9日发表在《科学报告》中的论文分析了生活于扎格罗斯山脉的一位女性牧民的全基因组。该论文表示其与土耳其农民的基因有较大差异。而2015年7月29日发表在《科学》的一篇论文则分析了生活于扎格罗斯山脉的另外4个古人类个体样本。研究者们发现，这4个古人类是现今部分巴基斯坦人和阿富汗人的祖先，但和安纳托利亚高原西部的农民基因相差甚远。

哈佛大学医学院的一则新闻显示，《自然》杂志论文的共同资深作者之一、哈佛大学医学院遗传学教授大卫·赖克说，我们发现今天亚欧大陆西部包括欧洲和近东相对同质的人群分布与几千年农业起源时大不相同。当时的人们彼此差异就像现在的欧洲人和东亚人那样大。到青铜时代，近东的遗传多样性就和现在一样小了。

而在中国中石器时期的一些遗址中发现，湖南道县玉蟾洞、广西桂林的黄岩洞、广东英德的牛栏洞、广西柳州大龙潭鲤鱼嘴、江西万年仙人洞等遗址出土的考古物品，已初步证实中国早期人类农业生产的确定性。

根据考古发现和留存部落的研究，这一时期的农业生产工具已经有较大的进步。考证记载，大约公元前8000年时，巴勒斯坦地区的纳图夫人就已经开始使用一些简单的挖掘和收割工具了。而挖掘棒或锄头一类的工具只是被用来犁地。他们也会使用一种类似镰刀的农具收割野生、种植的谷物。大约在公元前6500年，一种名叫ard的原始犁在近东地区开始被使用。这种重要的农业工具是由一种简单的带手柄的挖掘棒演化而来，人类最初使用这种原始的挖掘棒在土地上反复犁耙。这种原始的犁头相应地演变成埃及犁，把一个像牡鹿角或分叉的树枝作为犁头固定在一个杆上，这样就可以耕地了。❶

从各地考古研究可以认识到，农业和工具的发明并不是在单一人群完成的，存在条条道路通罗马的契合。各地原始人类在农业发展和工具使用上的演进，大大提高了人类的生产效率，保障了人类积累的提高。同时，工具的长期使用促使人类不断增加对工具的依赖，各类工具在替代人体原生功能以及形成现代人类自然功能退减方面，也起到了很大的作用。笔者认为，从人体神经科学研究可知，长期习惯及行为可以影响神经系统的某些变化，那么原始工具的选择和演进是不是同样在一定程度上引导了人类神经系统的结构和功能的变化呢？同时，使用工具时需要的合作状态和技术操作的能力大小，也带来人类个体间差异的出现及扩大；漫长的日积月累必然也影响部落内部规则的变化，就像技术工人和普通工人的区别一样。总之，随着农业技术的开展，人类的个体差异越来越大，不仅有来自人体内在基因的差别，同样也

---

❶ 威廉·麦克尼尔. 世界简史［M］. 施诚, 赵婧, 译. 北京：中信出版社, 2019：24-25.

有来自社会关系方面的个体差别。那么这些因素是不是也在潜移默化地左右人类发展的现实走向呢？人类创造工具，工具也反过来影响人类，事实就是如此。

6　生命敬畏时期的最高规则：原始崇拜和原始禁忌

在前一章我们说过原始人类的敬畏和崇拜往往都归于对神奇生命力的崇拜。人们还往往将一些不能解释的自然现象如风、雨、雷、电以至土地、河流等归于神力的存在。由原始崇拜一直留存至今的萨满教，就常赋予火、山、树、雷电、云雾、冰雪、风雨、彩虹、日月星辰及某些动物以人格化的想象和神秘化的灵性，视为主宰自然和人间的神灵，这种崇拜偏于自发性，所以他们拜火、拜山、拜日月星辰、拜风雨雷电，认为万物有灵，其实是对自己内心的一种约束方式。特别是由祖先亡灵所形成的鬼神观念以及人间的各种疾病与死亡造成的敬畏，是萨满教神灵观念的核心。原始崇拜都认为各种神灵同人类一样有意志、愿望和情欲，更有善恶之分，不能违拗、触犯。各类神灵具有不同的属性和功能，各主其事，各行一方，地位大体平等，极少统属，绝大多数尚无等级差别。祖先崇拜是生命来源崇拜的升华，在原始崇拜中具有最持久的特征和最强大的凝聚力。当然原始世界由众多互不往来的部落组成，祖先崇拜形式各异，表现方式也各不相同。比起万物神灵崇拜和祖先亡灵崇拜，更早出现的应该是自身生命来源的崇拜，诸如婴儿从母体中诞生，自己在性交过程中的身心俱醉以及妇女怀孕等未知探究产生的神秘和敬畏。现代人知道的常识，两性生殖器的相互接触、性交、生殖是紧密联系的。可是原始人类在漫长的时期内还不能把这些联系在一起，而对其充满了神秘感。他们对生殖、性交存在神秘感，继而对生殖器产生神秘感，这样就出现了生殖崇拜、性交崇拜与生殖器崇拜，这三者构成了生命来源崇拜的主要内容。我国著名学者闻一多说，在原始人类的观念里,婚姻是人生第一大事,而传种是婚姻的唯一目的。结子的欲望在原始女性是强烈得非常,强烈到恐怕不是我们能想象的程度。个人的存在是为他的种族存在而存在的,一个女人是在为种族传递并繁衍生机的功能上而存在的。在某种社会状态之下,凡是女性,生子的欲望没有不强烈的。可不要把它和性的冲突混杂起来,这是一种较洁白的、闪着灵光的母性的欲望,与性欲不同。❶

我们今天从孩子出生成长的认知过程可以观察到,所有的认知总是从身边最熟悉却又最好奇、最不可思议的事物开始的。对于原始人类来说,最神奇、最深刻、最使人敬畏的自然属性是生育和生殖能力,这魔术般的生命创造力必然使原始古人膜拜不已。因此,我们也完全有理由相信,远古人类的太阳崇拜和生殖崇拜两大信仰,归根结底都是生命崇拜,太阳崇拜是大自然生命来源的浓缩,而生殖崇拜是人类生命来源的具体化(见图2-4)。后者的崇拜应该比前者还早一些。当代著名历史学家、《世界史》杂志主编杰里·本特利认为,旧石器时代表达了对增强繁殖能力的渴望。新石器时代的宗教同样反映出对繁殖力的兴趣。❷ 远古时期的人们最初一定认为生育是女性单独完成的,因此,早期的生殖崇拜和对女性的崇拜是紧密关联的,这也是母系文明、女性崇拜的重要基础。这个时期族群和部落的大小事务皆由女性首领决定,男性没有地位和发言权,只不过是一个处理重体力事务的帮手而已。

从考古挖掘发现,在新石器时代的彩陶上多有倒三角形的花纹,那些就是崇拜女性生殖器的象征。倒三角形仿佛女性长有阴毛的阴阜,被用来表示女性生殖器。在世界其他文化中,用来表

---

❶ 闻一多. 重开经典之门:闻一多说神话[M]. 南昌:江西教育出版社,2012:15.

❷ 杰里·本特利,赫伯特·齐格勒. 新全球史:文明的传承与交流(公元1000年之前)[M]. 魏凤莲,译. 北京:北京大学出版社,2014:29.

图 2-4 原始生殖崇拜总是把阳光、火作为生命之源

示女性生殖器的除倒三角形外,还有橄榄形、椭圆形和菱形,这后三者其实都是女性阴户的象征。在已经发现的原始人早期的雕刻都以女神为主。古印度民间有祭祀女神的习俗,祭祀时以一裸体女人作为代表,其性器接受祭祀人的瞻仰膜拜。叙利亚民间则有"子宫节",也举行类似的祭祀仪式。这些都是远古人类流传至今的对女性生殖崇拜的遗存。中国古代还有一个独特的女性生殖象征,那就是各种鱼纹,在西安半坡等多处母系氏族社会遗址出土的陶器上,都绘过或刻有鱼纹。鱼的象征意义来自鱼较强的繁殖力,而且与原始人的崇拜生殖、重视种族繁衍直接相关。关于这个问题,闻一多先生还专门写过一篇《说鱼》的文章。原始古人应该观察到鱼腹多子的现象,他们渴望通过对鱼的崇拜,即对女性生殖器的崇拜,将鱼的旺盛生殖能力转移给自身,祈求人丁兴旺。这类寓意成为一直延续至今的文化。蒙古族萨满教在远古时期把女性生殖器看成人类繁衍的源头,其性崇拜直接表现为对女性生殖器的崇拜,并一直流传。生殖崇拜是一种遍及世界的历史传承和文化现象,在世界各民族的传统文化中都存在生殖崇拜。黑格尔认为重视生殖力是东方传统文化的重要特征,东方所强调和崇敬的往往是自然界的普遍的生命力,不是思想意识的精神性和威力,而是生殖方面的创造力。特别是在印度,这种宗教崇拜是普遍的,它也影响到佛里基亚和叙利亚,表现为巨大的生殖女神的像，后来连希腊人也接受了这种概念。更具体地说，对自然界生殖力的普遍看法是用雌雄生殖器的形状来表现和崇拜的❶。中国传统文化中同样保存丰富的生殖崇拜文化。

到后来，善于观察的人们逐渐发现，如果男子没有与女子性交，女子就不会生出孩子。于是继而转向认为，男子才是创造生命的主宰，女神崇拜同时出现男根崇拜。中国自古就有祭祖的习俗，而有学者分析认为"祖"字来源于"且"，在甲骨文、金文中，"且"的写法完全是一幅男根图，男性生殖器的象形文字。男性生殖器崇拜还表现在艺术品、建筑物及其他诸多方面。古希腊神话中的生殖之神普里阿普斯是爱神阿芙洛狄忒和酒神狄奥尼索斯之子，其神像的最大特点是有一个雄伟异常、大到不成比例的阴茎，形状也极为别致。公元前3—前2世纪，古希腊人曾制作和供奉硕大的男性生殖器石雕用来祭祀崇拜。据考古取证，古代叙利亚妇女曾把木雕的男性性器佩带在身上作为护身符。古犹太人立誓时则一手向天，一手握性器以示庄重；他们还素有割礼的习惯，往往将割礼同祭上帝的仪式一起举行，通常是在割礼之后将割下的包皮祭上帝，以示衷心诚意。有学者还认为，古埃及最著名的金字塔，也代表男性生殖器崇拜，认为金字塔的形状和男性阴毛的形状极为相似，与女性的阴毛则有显著的区别。类似男性生殖器造型的建筑物至今在世界上的许多地区都能见到，如印度的佛塔、印第安人的图腾柱以及中国的华表等，无不带有男根崇拜的象征意义。其实这样的认知，今天仍然为许多艺术家视为创作的表现内容。

在喜马拉雅南坡的门隅地区自古流传着一个神话。那里的居民至今还保留着崇奉屋脊神的习俗，这个屋脊神就是一个生殖之神，形状就是一个木雕的男性生殖器，他们每一家住房都有这样的神像，其被隆重地放置在每个屋脊上。当地人认为它不仅可以

---

❶ 黑格尔. 美学：第3卷上册［M］. 朱光潜，译. 北京：商务印书馆，1979：40.

用来表示人丁兴旺，还可以用来避邪。不管什么妖魔，见到了这个无比强大的生殖之神都只能逃之夭夭。在藏东偏僻的布久乡，有一个喇嘛岭寺，寺内供奉着红教祖师莲花生大师，寺庙山门和大殿前树立着男性和女性生殖器的放大造型，来这里祭拜的人一拜佛主，二拜生命。被漆成红色的男根立在地上，就像从土地中生长出来的蘑菇一样，显得生机勃勃。在巴松措的红教寺庙中供奉着男女生殖器雕像，阿里地区的齐吾普岩画中也有许多夸张的男女生殖器官的图像。生殖器官崇拜的例子在世界各地依然可以找到。❶

原始人类对生命力的崇拜，源于眼见为实，见到从妇女腹中生出一个新的生命，必然认为其中有一种神奇的力量。同时，由于当时社会生产力的极端低下，人是生产力的全部，人口的多少、体质的强弱决定氏族或部落的兴衰，所以人们对妇女分娩更是十分重视。当有妇女分娩时都要举行隆重的祝祷仪式，要到野外去分娩，认为这样可以接受天地神灵的护佑，可以使土地肥沃。如果妇女因分娩死去（这在原始环境下是经常发生的），就要为死者举行英雄的葬礼。

在世界各国的历史上有关女神的传说比比皆是。中国传说的女娲造人更加具体生动，中国古代的生殖之神则多为女性，如送子观音、送子娘娘等；中国神话中的商祖简狄吞玄鸟卵而生契，周祖姜嫄踩巨人脚印而生弃。法国、奥地利等欧洲国家出土了许多原始女性偶像，这些偶像的共同特点是：不注意面部的刻画，主要强调肥大的躯干，突出表现的是硕大的乳房、大肚子和生殖器，体现原始人对生殖的巨大热情。❷

在实际生活中人们对女性的生育能力也达到了极度崇拜的程度。原始农业中播种一类的农活由女性来承担，还有许多神秘的仪式。在东普鲁士，妇女要裸体到田里去播种。日耳曼人的播种

---

❶ 杨学政. 揭秘原始性崇拜密码［M］. 昆明：云南人民出版社，2008：139-141.
❷ 赵国华. 生殖崇拜文化论［M］. 北京：中国社会科学出版社，1990：126.

工作则由已婚妇女去做，而且最好是由孕妇担任。还有些地方，甚至把母乳直接倒入地里以求丰收。这些今天看来没有任何作用的行为，在当时就是"科学"，说明原始的崇拜和禁忌是无处不在的。

人们发现男性在生育中的作用以后，男性在生育和生产中的地位便日益得到加强。人们想到种子不再联想起女性，而是男性，正是因为男性的播种，才使女性生育，据此又产生了许多令人眼花缭乱的习俗。如在爪哇一带，当水稻孕穗开花的季节，农民总要带着自己的妻子到田间去看望，并且就在地头性交，目的是为了促进作物的生长。在印度尼西亚的安汶，当丁香园的收成可能不好的时候，男人们就在夜里裸体到丁香园给那些树授精，跟他们使女人怀孕的做法相同。中非的乌干达人强烈地相信性交与丰收之间的关系，如果他们的妻子不能怀孕，他们认为会影响果园的丰收而把她休了。相反，如果一对夫妻生了双胞胎，就表明他们的生殖力特别强。在孪生婴儿出生后不久，要举行特别的仪式，让妈妈在房屋附近的茂密草丛中仰卧，采下园内一朵大芭蕉花放在她两腿之间，然后请她的丈夫用阴茎把花挑出去，其目的就在于将他们旺盛的生育力传给园内的果树。虽然今天的人们会以为这是一种近乎荒唐可笑的行为，但是对于他们来说是非常严肃认真的一个重要仪式，谁又能保证千万年后的历史评说对今天的许多行为做如何认识。

在中国等东方国家中，文化表现相对含蓄，但是这种原始崇拜的传承还是非常明显的。人们常以性交图作为辟邪器物，保佑家宅平安。日本的《摄津国风土记》也有记载，日本直到近代所流行的狂欢节，就是性交崇拜的最好证明。日本丰后国日田郡夜明村，在每年八月十五日的盂兰盆节上，全体男女举行拔河比赛，同时凡少女不论是谁都必须和男子性交，否则就会被视为残废者，会影响日后的婚姻大事。❶ 伊予国上浮郡国渡村每年二月初卯日举行新田八幡宫例祭。这天夜里全村妇女都要戴着白手帕，到郊外自由地与任何一个男子性交。在西方国家如古希腊和古罗马，人们也都有类似的性风俗。

具体的生殖器崇拜、生育崇拜到性交崇拜都是对生命力的崇拜，包括之后出现对太阳和月亮的崇拜，再到对阴阳太极的认知，崇拜就是人类认知探究周边世界的开始，然而认知探究终究成为破解崇拜的钥匙。我们选录了一些文字，绝对不是哗众取宠，更不是对原始人群的亵渎，我们必须以万分恭敬的态度来对待。因为基于生命本身的崇拜是具有普遍性的，也是对人类规则的演进具有最核心影响的。

对生命的亡归与对生命来源的崇拜是有紧密关联的。在赤道非洲的加蓬，有许多土著部落将先人的头颅集中于一个大瓮内，由雕像守护，这些大瓮就成了公用的祖先灵魂安息地。他们还用光亮的黄铜包裹雕像，使其更添威仪。雕像除头部之外，整个造型都被平面化：躯干和四肢变成了中空的菱形，头饰呈扇形，脸部则像椭圆的盘子，一双球形的眼睛和金字塔状的鼻子挤在盘心。整体效果营造得平静、有序，各种形状配合得十分谐和。当然这类部落的秘密是不会轻易示人的，因此，可以观察和了解到的情况都未必能说明这些巴科塔守护神像的真正含义，或许只是为了表达灵魂世界的诡秘。原始人群的各类活动与自身直接相关的往往就是生命的诞生和辞别。

文明由积淀而生成，从来就没有无由来的习俗，大凡日积月累道法自然的传承不仅是合理的，而且往往是经典的。人类社会中最先形成的规则就是通过各种各样的日常风俗活动，通过各种仪式有意无意地实现族群人与人之间的认同交流，从而自然而然地形成原始规则。这种规则属于自然法，应该得到最基本的尊重

---

❶ 冲森卓也，佐藤信. 出雲国風土記［M］. 東京：山川出版社，2005：83-85.

和保护，而这样的一些规则认知因为由来已久，在万千年的进化进程中已经融生在我们的血液、神经和灵魂中。

原始人类从游迁生活状态进入相对定居的生活，前提条件就是占据一片周边环境足以基本养活所有人的土地，这样才能保障他们的生活安定下来，同时赖以生存的土地和环境对日后的差异化文明产生深远的影响。我们可以推想，原始人类最初选择的这片土地，周边环境应该不外乎以下几类：一种是依托土地肥沃、灌溉便利、基本旱涝保收的地段，慢慢发展种植业；一种是伴临河海江湖、浅滩近水、水产丰富的位置，依靠渔获为生；再一种就是低坡草原，游牧方便、地域辽阔的地方，逐渐发展成为游牧业。不同的自然环境促成了不同的生产生活方式，而不同的生产生活方式又形成了不一样的自然规则，一方水土孕育一方人，这时人类规则的演进路径出现了较大的分岔口。当然这种大分岔口的出现，肯定不是不同人类族群之间规则的分道扬镳，他们共同的基本规则应该是永续传承的。这个问题我们在后面再述说。

随着生产力的发展、生活的稳定，特别是部落人口聚居的增加，人类族群以往那种单一的人与自然的关系开始相对复杂起来，人与人之间的社会关系出现一些微妙变化。我们说人际关系环境的变化，引导远古的人们在面对大自然生存挑战的同时，也需要面对适应氏族社会和部落环境的生活。用今天人类常规的认知回观原始人类的文明，在许多具体细节上显然是难以接受或者不可理解的，但是我们不得不承认，那是因为人类世界自己变化的结果，这种变化具体是进化还是退化应该是属于意识形态的话题，各人自有各人的理解，我们不进一步讨论。但是，考古者的不断发现、研究者的大量记录、叙述的历史情况都值得我们理性地思考面对，更值得我们对人性到底是什么的问题做一些深刻的认知。

就笔者个人对原始先人们这些崇拜方式和生活规则的思考理解，可以感受到先人对生活的珍惜和热爱，他们对生命力给予充分赞美；同时感恩并崇拜生命的源起；这包含对生活美好快乐的探寻及人们最初始对爱的包容与交流；通过这样的崇拜构建族群坚强的亲情凝聚及良好的和谐秩序，实现人类种群繁衍和生命延续的保障。

原始人抱团生活的族群本身就是一个有着血缘亲情关系的小社会。因此可以说原始人群中，人与人的关系首先就是亲缘关系，而后男女间又成为亲密的伴侣关系，这样层层叠叠、反反复复，愈加形成了浓重深厚的感情，所以说人情法则，原始人类与生俱来，本着人与人感情友好，互惠互利、互帮互助的基本特性和交往原则。这应该也是人性之美的别致体现，应该受到足够尊重。当然随着人类内部关系的多样化、复杂化，人们对人类社会自身内在规律的认识也在不断发展，由此可以理解人类规则已经不像前期那么简单、纯粹，社会现象和社会规律也直接检验和左右人类的行为规则。

现代神经科学研究已经可以证实，反复的仪式可以影响和塑造神经系统的构造生成和敏锐程度，完全可能实现认知的控制，现代心理学研究也有许多同样的成果。这种人类规则的演进就出现了人体内外两种影响途径。一种通过内化积淀为人体自身的基因传承的影响，另一种是基于习惯、风俗等言传身教和约定俗成的影响。我们说所有这些原始禁忌和崇拜，本身就是当时的巫师或者长老用来实现族群团结凝聚和良好秩序的规则引导。

人类原始文明的规则体现在共同拥有一切，包括生命，所以他们崇拜生命，又可以奉献生命，对同伴既是极其苛酷的，又是无比包容的，当然这一切都是自然本能的原生认知，也是族群意志。应该承认，天理法则和人情法则都是基于人性本真的原始规则的认知。一切规则首先以自然和社会的客观规律为基础，相适应就顺势发展，相冲突必生各种动荡，因此人类理性感知客观规律的重要性就越加显得重要。

7　母系文明的极盛与割礼由来假想

在原始族群阶段和部落社会的早中期,男女仍旧处于群婚生活。从《吕氏春秋》记载中的一段话得知:在当时的社会,不管哪个氏族的成员,他们都只知道自己的母亲,而对父亲一无所知。这就是建立在以母系为主要血缘关系上的氏族组织。氏族内部有共同的血缘,崇拜共同的先祖;氏族成员生前共同生活,死后葬于共同的氏族墓地;财产共同所有,劳动成果平等、合理分配;公共事务或重大事项由族长牵头和大家商量决定。当然大家共有的范畴显然限于氏族内部成员,氏族和氏族之间肯定要争夺利益,甚至是争斗。

一直以来,包括部落形成的前中期,采摘和狩猎仍然是人类重要的食物获取方式,相比于男子从事的狩猎工作来说,女性负责的采摘野果则更稳定也更容易。女性还需要加工食物、生儿育女、照顾弱小……所以就发挥的作用来说,人类历史进程中女性的重要性始终是明显的,在原始人类阶段则更加突出。因此,原始人类早期氏族婚姻和氏系关联始终以母系血缘关系为纽带。特别是婚姻形式在早期还是群婚,包括后来逐渐演变到外婚制,到了母系氏族繁荣期,出现相对巩固的对偶婚,许多丈夫还是迁到妻方的氏族从妻而居。子女也仍然从母居,属母方氏族成员,世系和财产继承随母系计。中国古代关于女娲氏炼石补天、积灰止水的传说,也一定程度反映了母系氏族社会受人尊崇的妇女地位。内婚制虽然能保持原始人群的相对稳定,即亲上加亲的关系,但婚配的男女之间血缘关系太近,致使繁育的后代不及外婚关系的优良,或体质不良,或智力低下,与自然界抗衡的能力因而减弱。这一现象被渐渐认识到。诚如《左传》所言:"男女同姓,其生不蕃。"内婚制在人类历史上延续的时间甚长,这也可能是原始人群阶段发展缓慢的一个原因。不同的血缘家族之间男女通婚所生子女，无论在体能和智力上都优于同一血缘家族男女婚配所生子女。不同血缘男女之间，在当时基本上都是战争掳掠的外族女子作为战利品奖给勇士做妾做奴。所以，由于传统习惯和利益关联的强大影响，内婚制向族外婚的转变十分缓慢，跨越了漫长的历史。开始，只排除血缘最近的同胞兄弟姊妹间的婚配，以后又排除血缘较近的旁系兄弟姊妹间的婚配。最后，血缘家族内的男女，不论是否同辈皆禁止婚配。这样，一个内部不能婚配，又保持了严格伦理秩序的血缘亲属集团——氏族便产生了。

对于原始人类是不是存在母系社会这么一个完整的时代，历史学家有许多不一样的认知，但是母系氏族群体和部落是肯定存在的，处于定居群婚生活状态的部落肯定是母系氏族发展实现繁盛的土壤（见图2-5）。在这个时期母系文明走到了极盛，并因为生产力的不断进步，男性的创造力更加显现，逐渐向父系氏族过渡，即从强调母亲血统的延续转向强调父亲血统的延续。

图2-5 母系文明时的首领特别受大家膜拜

族外婚，通常是一个氏族的一群兄弟和另一个氏族的一群姊妹之间的交互群婚。男子与外族女子交好，外婚到另一氏族部落，死后又埋在自己本氏族的公共墓地里。这种婚姻关系仍然是非常不稳固的，但毕竟使氏族后代明显有别于过去的血缘家族。在这种群婚的形态下，子女仍然是只能确认生母而难以完全确认生父，氏族成员的世系也只能根据母系的血统来决定。同一始母祖生下的若干后代，便形成一个氏族。这时母系血统就是维系氏族存在的基本纽带。氏族扩大之后，也可以再分离开来，另建立新氏族。也有彼此通婚的氏族组成部落。部落既有单一氏族的，也有多个氏族组成的。古代的许多地方风俗中仍留存母系氏族社会时期的族外群婚痕迹，这种群婚多是以野合形式进行的。在《周礼·地官·媒氏》中记载："中春之月，会合男女，于是时也，奔者不禁。"在《贵州通志》卷七中记载："花苗每岁孟春，会男女于野，谓之跳月。择平壤地为月场，鲜花艳装，男吹芦笙，女振响铃，旋跃歌舞，谑浪终日，暮挈所私以归，比晓乃散。"壮族的"歌圩"、布依族的"赶表"、黎族的"放寮"、仫老族的"走坡"、傣族的"泼水节"、侗族的"行歌坐月"等，存留了古老的群婚制和外婚制的遗风。"歌圩"是文献记载的称谓，壮语则称为"窝坡""埠坡""埠峒"等。每逢圩日，青年男女，身着盛装，女子以甲村为一个单位，男子以乙村为另一个单位，用唱歌的方式寻找对象。当某对男女唱得情投意合之时，便离开集体，私下幽会，盟誓终身。明代岳和声在《后骖鸾录》中，谈及万历年间柳州城外的"搭歌"时，曾说："遥望松下，搭歌成群。数十人一聚。其俗女歌与男歌相答。男歌胜，而女歌不胜，则父母以为耻。又必使女先而男后。其答亦相当，则男女相挽而去，遁走山隙中相合，或信宿，或浃旬，而后各归其家，取牛酒财物，满志而后为之室。不则宁异时再行搭歌耳。""歌圩"实际上是青年男女自由恋爱和婚配的场所。古老拉祜族在农闲时，甲寨男青年同乙寨女青年，白天唱歌，夜晚在乙寨附近燃火集体过夜。有时甲寨青年男女与乙寨青年男女混合一堂，甲寨男人对乙寨女人，乙寨男人对甲寨女人集体过夜。广东某些瑶族，在旧历除夕至正月初二的三天中，凡是成年男女，无论已婚与否，均可"在山峒间，山岗树林底下互相酬唱民歌，自朝至暮，唱至情投意合，互相依偎发生性关系"。这种原始群婚在华夏民族也曾非常盛行。春秋时期，上至天子后妃，下至庶民百姓，仍保留群婚之遗风。孔子的身世在《史记·孔子世家》中记载："纥与颜氏女野合而生孔子，祷于尼丘得孔子。"据《月令·仲春之月》中记载："仲春通淫"之时，人们停止工作，祭祀求子之神"高禖"，天子、后妃也须参加。入夜，男女皆寝于庙后。从这些实证可见，族外群婚文化曾经是普遍存在的，由此可以窥知母系氏族社会时期的婚配形态。❶

其实从遗传学讲，族外婚是人类婚配关系史上的重大进步，比内婚制下的同辈婚配的进步更具有深远的影响。可以想见演进至族外婚的氏族，其成员的智商高、体质强，族群的整体实力应该远远优于依然实行内婚制的血缘家族。而且不同生活经历人群的融合和交往，也大大拓展了交流范围。不少考古发现揭示了母系氏族社会初期人类活动的遗迹。山顶洞人被考古学者认为过着母系氏族社会的生活，他们居住在北京周口店龙骨山山顶东北部，海拔170米的一个天然山洞里，洞长约12米，宽约8米，面积为90多平方米，可容数十人生活。洞里自然分成"上室"和"下室"。上室在洞口处，是他们的公共居室。下室在洞的深处，是他们的公共墓室。山顶洞人的成员都是平等的，遵守共同的习俗。他们生前互相保护，死后也埋葬在一起。山顶洞的下室里，埋葬着一个青年妇女、一个中年妇女和一个老年男子。他们的尸骨上撒布赤铁矿粉粒，随葬有燧石石器和穿孔兽牙等装饰品。对于去世的老年人，尤其是妇女，将其生前使用的装饰品随葬，反映氏族成员对妇女的特别尊重。

根据美国著名人类学家摩尔根的考察，原始氏族部落都有遇到重大事务经过族群内部或者部落内各氏族代表讨论表决的习惯。我们可以推断，存在这样固定的议事程序和方法，必然有一定的规则，最初也只能是通过充分发表意见后，由平时比较受大

---

❶ 赵国华. 生殖崇拜文化略论［J］. 中国社会科学，1988（1）.

家尊重的权威首领最后拍板确定。我们今天已经无法复制或重现原始人类当初的生活情景，但是可以肯定的是原始人类必然也是需要处理大事和公共事务的。因此，大致可以肯定，那些要求所有成员共同遵循的行为规矩，应该都是在原始共商制度下形成的，包括集体生产的组织及安排、男性狩猎女性采集的分工、两性结合的婚姻方式、成年社会成员共同决定社会大事的决策方式、产生氏族首领的方式、氏族首领在平时处理集体事务和领导集体行动的管理方式、惩处违反重大禁忌的方式，等等。每个有劳动能力的人都自觉地参加劳作，懒惰被视为非常可耻的行为，在这么一个熟悉的亲缘社群环境里，处理公共事务的规则体现为：重大事务由氏族代表共同讨论决定，氏族首领也须经过一定的推选形式产生，当然可能也会随时撤换，任何人都必须也必然服从集体的决定。而这个很重要的基础就是彼此间的充分信任。

当然处在原始人类时期的这种民主程序恐怕也不是像我们今天表述的那么风平浪静，多个氏族的部落内部为争夺这个"当家人"或者"话语权"，也可能出现各种不为人知的血腥，然而这一切对于大多数氏族成员来说应该未必都明白；还有，借助长老和巫师的力量应该更加常态，毕竟大家都处于一个非常熟悉的人群环境里，彼此之间似乎非常了解，其实也许隐藏着许多秘密。

通过探究世界上至今留存的许多行为习俗，可以找到远古文明流传的痕迹，并且借以判断当时的社会关系和状态。比如，现在仍然广泛分布于全球各地的割礼习俗就是一个很特别的范例。早期割礼普遍使用的是石刀而非金属刀，由此可知其历史之悠久。关于割礼的由来，说法很多，笔者始终认为《创世纪》中记载的仪式应该是出自远古母系文明繁盛时期的文明。

目前发现最早的有关割礼的文字记录是在埃及，在一段出土的埃及文献提到了割礼的来源，意思是行割礼是为了增强性能力。根据英国著名人类学家维克多·特纳的考察，保持割礼习俗的族群对生殖力是崇拜的，认为割礼使男性气慨清晰可见❶，只有接受这一神圣仪式后，男孩子们才作为净化了的，在社会上享有成熟了的部落男人，❷ 而很多没有受过割礼的男孩子，会感受到道德上和身体上的不自在。❸ 希腊历史学家希罗多德在《历史》中叙述了埃及人的这个风俗，他认为埃及人割礼不是为了让夫妻生活更加和谐，而是为了干净卫生。其实，现在很多男性为了预防相关疾病也会选择先割为净。按照希罗多德的说法，埃及人几乎是当时世界上最卫生、最健康的民族，他们对卫生十分重视。在希罗多德的记叙中，埃及还是另一个行为的起源地，那就是灌肠，据说埃及人隔三差五就灌肠以保持肠道卫生。可见，对埃及人来说割礼并不是宗教仪式，不过是个简单的手术而已。无论是起源于埃及还是非洲部落，割礼是古代闪米特民族流传了很多年的习俗，这项仪式至少有数千年的历史。

然而，《圣经》等古老经典赋予了割礼以神圣的意义，割礼也就成为一些宗教不可违抗的使命。而后来诞生的犹太人祖先以撒，则是一出生就被施行割礼，所以犹太人的割礼都是在小孩刚出生不久进行的。可见，对阿拉伯人和犹太人来说，割礼就是一种向伟大祖先致敬的方式（见图2-6）。割礼确实在许多非洲和澳洲原住民部落的传统中，被视为成年礼的一部分。其实，在原古文明中诸如此类的约束仪式很普遍，要从男孩变成男人，在身体上进行某种改变作为象征，就像佐伊人把自己的下嘴唇刺穿安插一根木头作为标志一样。肯尼亚的吕欧族人在施行成人礼时是将男孩下排门牙拔掉。刚果民主共和国利斯族人的成人礼比较轻松，只为接受成人礼的男孩施行理发。尼罗河流域的民族，如南

---

❶ 维克多·特纳. 象征之林[M]. 赵玉燕，欧阳敏，徐洪峰，译. 北京：商务印书馆，2017：253.

❷ 维克多·特纳. 象征之林[M]. 赵玉燕，欧阳敏，徐洪峰，译. 北京：商务印书馆，2017：370.

❸ 维克多·特纳. 象征之林[M]. 赵玉燕，欧阳敏，徐洪峰，译. 北京：商务印书馆，2017：378.

迪人每隔几年举行一次割礼，同一批接受割礼的男孩们则被视为同一辈分。

图2-6　神圣的割礼仪式

通常施行割礼的用具都是铁制或钢制工具，却也有特殊的，汤加人会徒手将包皮撕下，不过有时候也会使用竹片或蚌壳。希伯来人的历史档案中有使用硬石块进行割礼的记载。而后圣经时期的犹太法律则允许使用玻璃或除了芦秆之外的其他任何器具实行割礼。还有一些地方，人们则把割下的包皮干燥处理，再由原来的所有者作为护身符戴在脖子上，或给这个男子的母亲作为亲情的纪念品，这与婴儿的第一颗牙齿，或第一次理发时从婴儿头上剪下的头发留做纪念没什么两样。更多的地方是作为一个神圣的仪式，像非洲和澳洲许多原住民都把割礼作为人生的里程碑。

比之男性，女性的割礼作为一种仪式，一般是在4—8岁进行，据说目的是割除一部分性器官以免除其性快感。有关资料估计，全球大约有1.3亿名妇女接受了割礼，而且每年还以200万人次在增长。埃塞俄比亚、厄立特里亚以及冈比亚三国，这项痛苦万分的手术仍然是女性们的必选项目，在印度尼西亚、巴基斯坦与菲律宾，接受割礼的人数依然很多。

有考古发现，几千年前的埃及木乃伊中就有受过割礼的妇女。而在犹太人中间，女性割礼也是履行与上帝的立约、确定犹太人身份、进入婚姻许可范围的一种标志。但大多数人认为，女孩割礼是贞操观的体现，去除女孩性敏感部位，封闭女孩阴道，使她们失去性欲及其条件。在非洲一些部落，女子割礼被认为是真正成为女人的标记，是贞操的凭证和社会的需要，也是女子进入成年、走入社会的重要仪式。在非洲不少国家，判定少男少女是否成年，不是根据其年龄，而是看其是否举行割礼成年礼。❶

此类割礼常由自家年长女性操作执行，过程中不仅未有任何麻醉措施，且所使用的器具可能是铁片、菜刀等，遑论清洁消毒作业，因此很多女孩在行割礼途中便因失血过多或事后感染致死。

而按现在通常的说法，对少女施行割礼只是提供给男人可靠的"验贞"方法。他可以通过检查新娘的外阴情形判断她是否是处女。性交时女人伤口被撕裂，然后愈合，然后再撕裂，就这样周而复始、苦不堪言。当丈夫外出放牧或务工时，这种割礼功能亦可用于检验妻子是否忠诚。有些部落给女孩行割礼，是要让男性在性爱中获得更多的满足。

经历过割礼的女性说：逃得了今天也逃不过明天，部落酋长的户口簿上清清楚楚地记载着每个女孩的出生年月，每年的12月都要清理一次并进行登记，一个也逃不了。在我们塞比尼部落一个未举行割礼的女子被认为是背叛者，永远不得嫁人，即使幸运有人娶了她，也被禁止给奶牛挤奶，禁止进入丈夫的牲口棚，甚至禁止从家庭的玉米地里获得食物，让你一辈子抬不起头来。割礼不仅残酷痛苦，整个过程也是非常令人害羞的，因为你的父亲、兄弟、邻居，有时甚至公公都会被邀请观看手术。

然而原始宗教的禁欲戒律却认为"女子两腿之间有肮脏的、致使男人堕落的东西"，认为"女子不应该对性有兴趣，这是恪守贞操的根本"。也有一些医学家证明，在生理学意义上，被施

---

❶ 维克多·特纳. 象征之林：恩登布人仪式散论［M］. 赵玉燕，欧阳敏，徐洪峰，译. 北京：商务印书馆出版，2013：206-213.

割礼的女人可以给男人造成更大的性快感，因为她们的阴道口永远都是很小的。从索马里沙漠走出，成为世界顶级名模的华莉丝就根据自己经历写了反抗这个习俗的传记小说《沙漠之花》。在引起许多人同情、共鸣的同时，一样也遭到许多人的反对。可见，一个传统习俗的传承有其强大的生命力。

有观点认为，对女性的割礼与宗教信仰、父权文化对女性的身体控制有关，许多保留施行女性割礼仪式的族群相信，割去女性的阴蒂、小阴唇，将使女性因为无法感受性快感而守贞。所以直至今日，即使埃及、肯尼亚等国家已立法禁止对女童进行割礼，但仍难以撼动深入骨髓的顽固陋习。

男性割礼和女性割礼，前者被现代医学认定有其合理性；后者却被完全认为是野蛮陋习，成为现代人类明确宣布的违法行为。然而今后的人类发展究竟会怎样评说，又有谁能够预言呢？这种从原始文明遗留下来，又没有具体记录的规则，我们是不是可以从社会动物的生存环境来考证一下，发现一些蛛丝马迹。那么，到底是什么原因，使这些在我们局外的现代人看来不可思议的行为，会作为重要仪式得以延续呢？笔者比较了各种说法和记录，并提出自己的猜想。

其一，割礼仪式应该缘起于生殖崇拜的原始群婚时期，人类后期文明只是延续了文化习俗，所以不少地方依然保持此类公开仪式。

其二，关于男性割礼的推想。应该是从日常偶然发现开始，逐渐被首领们提升固化到原始仪式。源起可能有三种，即迎合女性需要、个人卫生需要、因感恩及崇拜而以最重要的部分敬献先人。可以推断，原始人类总是在日常生活遭遇中发现这样那样的的因果关联，从非洲民间传说和一些记录可以了解到，经过原始古人长期归纳和总结，前两个起因完全可以成立，毕竟，性交流的需要和卫生疫病的防范都是原始古人最重要的生活内容。而女性首领们为了巩固自己的地位和保持部落族群的信仰力,也满足自己的身体感知,通过一定程序,把割礼演化提升为庄重的仪式,与长大成人和致敬先人联系在一起,也是完全可以解释的。

其三,关于女性割礼的推想。我们在前面社会动物的世界中已经发现,蜜蜂和蚂蚁中大量的工蜂和工蚁都是雌性,但是都神奇地失去了生育能力,偶尔私下产卵,还会受到同类的严酷惩罚。我们的确不可想象,然而这就是事实存在的社会动物世界的游戏规则,它们也是为了自身种群的生存和繁衍,一切服从于此。那么,远古人群是不是也可以有同样的简单思维呢?女性首领为了巩固和保证自己在族群的控制地位而采取的一项极端的措施。因为一方面族群生存特别需要女性作为优秀的劳力,尤其是照顾怀孕和生产期间的族群母亲,这在温饱难以保证的原始环境,可是件天大的事情;另一方面又需要高度统一的管理协调,使自己成为拥有唯一生育权的最高统治者,而最好其他女性都没有生育功能,和男人一样只会劳动,更好地保障族群的存在。出于这样的极端考虑,处于首领地位的女性,对其他女性实施残忍的手术,因为在他们看来,小生命是从这里出来的,割干净了,就是实行了绝育手术。或者说女性没有了性交流的体验感和愉悦度,就可以更多地从事劳动。处于原始状态下,我们分析这样的缘起理由还是比较现实的。当然,与男性割礼同样,长期的规则演进中,通过一定的程序,把割礼演化提升为庄重的仪式,也是后来的事情。至于,进入男权文明后,男性对女性割礼的认知和体验,又发生了自主的变化,成为男权世界认知女性"贞操"和自己身体感知愉悦的需要。倘若当时实施割礼的目标实现,人类今天是否就是和蜜蜂、蚂蚁同一状况的社会动物呢?

其四,关于原始规则的形成。随着原始人们认知的提高,和部落首领之间肯定出现越来越多的新状况,这就需要更多的新规则相适应。因此,规则怎样产生、形成非常重要,除了约定俗成的习俗和大家共商一致的公约两种形式以外,还应该有强力争斗的征服和借助神灵赋予的巫术。原始人类在一切行为之前，总会寻求或借助神灵的力量。原始规则的四种形式中，前两种是由下而上的，后两种则是由上而下的。

德国哲学家尼采说过："没有真相，只有诠释。"笔者只能说这些只是从自己反复观察判断得出的一些观点罢了。当然，我们从原始人类规则演进的艰难和残酷，也可以看出人类每走一步所付出的千辛万苦。同时也可以认识到人类内部控制与抗争的人际关系同样是很早就已存在。在我们多数人眼里，这种割礼对女性的摧残是可怕和罪恶的。但是，仍然有许多割礼的受害者们认为这是光荣的，她们还将继续保持这样的传统。因此，对待任何一种文明行为和现象，最重要的是尊重吧。

8　穿透灵魂的艺术记录

人类的艺术创造起于何时？是什么原因促使他们去创造？最古老的艺术创作是什么样子？艺术史总是从这些问题开始讲述，但是又不得不承认难以自圆其说。因为这些问题，和人类何时开始有了生活规则、什么原因需要他们制定规则、最古老的规则是什么样子，都是同样无解的。这一点笔者在 20 世纪 80 年代学习艺术理论时就与学友争论，笔者始终认为，有人类即有艺术，有生活就有创造。同样，人类的艺术和规则也正是伴随人类同步变迁的，因为这些都是人类文明的基础内容。

我们今天已经发现的最早艺术品是旧石器时代晚期的创作，这一阶段处在 3.5 万年前，这些艺术品已经表现得相当成熟而且精美，不像初学者的作品。因此，有理由相信在此之前一定已经经历了成千上万年的缓慢发展，只不过至今我们还没有新发现。

当时生活在欧洲西南部并创造奥瑞纳文化和马格德林文化的人应该是热爱艺术、具备杰出艺术天赋的古人族群。阿尔塔米拉岩画和拉斯科岩画都是旧石器时代的杰出作品，这些被刻凿、绘制或堆刻在洞壁上的动物形象栩栩如生。如洞窟里的《受伤的野牛》，垂死搏斗的野牛伏在地上，已不能站立，牛头则防卫性地低拱着，神态刻画入木三分（见图2-7）。画家敏锐的观察，准确有力的轮廓线，精心运用阴影突出块面和体积的微妙手法，都令人惊叹。但更令人叹为观止的或许还是画面中表现野牛濒死挣扎中倔强的生命力，仿佛创作者和野牛的内心世界是相通的。

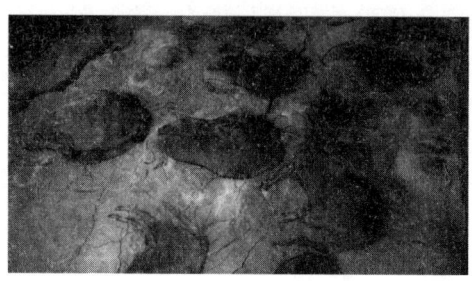

图2-7　受伤的野牛

法国拉斯科洞窟中的动物绘画虽然在细节上不如前者，但同样也给人留下深刻的印象。野牛、鹿、马和牛等飞奔竞跑，布满洞壁和洞顶，林林总总，人好像就沉浸在动物世界中。有些仅用黑线勾画，也有一些涂了鲜亮的矿物颜料，所有的形象都展示了令人热血沸腾的生命张力，而且经过几万年还能够保存得如此完好。这种令人赞叹的精美创作是用来作什么的呢？这些作品的位置都远离洞口，是在很不容易发现和损坏的幽深处。有的洞段甚至还要爬着才能进去，通道也错综复杂，如果没有向导引路还真找不到。拉斯科洞窟的发现就是纯粹的偶然事件，1940年，附近的几个孩子偶然被一只顽皮的狗带到了这座地下宫殿，这才引起世人瞩目。

这些神奇的艺术作品为什么要画在这么隐蔽的洞穴里，到底是要完成什么特殊的使命，也让今天的人们有了无限的想象空间，或许是为了祭忌仪式，或者为了存放什么特殊的物品，也可能是某个爱好者日积月累的创造。绘画上代表矛和标枪的线条射向动物，而且这些图像非常独特、无序地相互叠压，强大的力量冲击动物。或许他们认为动物一旦被画成图像，就已经被人震慑了，这样杀死动物的创作，可能是要杀死动物的精神。而组织各种杀戮仪式是不是为了借助神灵之力，以围猎到更多的食物，或者给年轻的捕猎人壮胆助威，保佑他们更加顺利。

马格德林文化期的洞窟壁画又是另外一番景象。不再是杀戮动物，而是促进动物繁殖，不知道是否和季节性仪式相关。在动物旁边画的好像是植物图像。马格德林人在地下洞窟里画下这些动物繁殖的图画，画面非常逼真，但用意很难推测，可能也是希望有更多的猎物，但是毕竟创造这样的动物形象，比起仅制作杀戮的动物，难度更大。

后来发现的一些洞窟壁画动物形象创作还借助岩壁的天然起伏，利用壁面的隆起表现躯干，轮廓尽可能与石纹或岩缝相重合，真是巧夺天工。这至少说明那个时期的人类艺术灵感已经和今天相差无几。这仿佛是一个石器时代的猎人，心中惦念那些赖以生存的各种猎物，端详洞壁时自然而然产生的幻想。也许起先他只是用余烬中的木炭勾略了一下轮廓，以便别人也能看清楚。

《裸妇》作品发现于法国佩讷的拉马德格林洞窟，是旧石器时代艺术中罕见的人物形象之一。她的腿与躯体是沿天然的岩石边缘刻凿的，看起来像是从石头里幻现出来。因为没有适当岩面可以借用，右臂只是依稀凭感觉可见，头部则完全省略了。人们惊叹于远古先人巧夺天工的艺术创造，也好奇于这些创作的用途。后来在西西里巴勒莫附近发现的阿杜拉窟洞壁上，发现了更独特的旧石器时期绘画，证实可能存在有动物和人类增殖洞穴仪俗的存在，那么这些艺术洞窟其实就是远古人类的"庙宇"和"神殿"了。这些画用简洁却准确的线条刻在石壁上，人物表现的是舞蹈的姿态，周围还有一些动物陪伴，与拉斯科洞窟一样，这里再一次出现图像层层叠压的现象（见图2-8）。

图 2-8　岩画的内容丰富而形象，是最生动的生活记录

　　除了大规格的洞窟艺术，旧石器时代晚期的人们也已经熟练掌握燧石工具刻凿骨、角、石块，制作手掌大小的刻制画。德国西南部洞窟中发现的猛犸象牙雕刻，距今约 3 万年，雕刻得相当精致。其中一件马的雕刻曲线优美匀称，令后来的雕刻家们赞叹不已。

　　石器时代早期的人们喜欢收集天然、象形的各种卵石，他们认为一些特定自然形态能够带来魔力，这种想法反映在后来一些经过充分加工的作品中。有些原材料的形状恰巧与艺术家要创作的形象相似而被选择并加工成雕像。奥地利被称作《威冷道夫的维纳斯》的雕像，就是表现女性生殖力的典型作品，她饱满圆润的身体仿佛就是个巨大的蛋，展示整个形体中心的肚脐恰好利用了石头上的天然凹陷（见图 2-9）。另一个例子是用驯鹿角精心制作的《野牛》，它紧凑而富有表现力的轮廓在于鹿角本身的掌状外形，它们绝不比前面提到的拉斯科洞窟中精彩的动物形象逊色，一样惟妙惟肖，生动逼真。在欧洲许多山洞中也发现了类似的涂色岩画，有学者认为这可能同氏族崇拜或者已故先人灵魂崇拜有联系，这种砾石可能是已故亲属灵魂的寄身处，所以被仔细保存在洞穴中。

　　我们今天能够看到的欧洲旧石器时期的这些绘画艺术，标志着当时生活状态的较高成就。现在南非的布须曼人和澳大利亚土

图 2-9　出土于奥地利摩拉维亚的威冷道夫。约作于公元前 1.5 万年至公元前 1 万年之间的旧石器时代。该作品是举世闻名的女性神雕塑，被人们称为"原始的维纳斯"，又称"母神雕像"

著的艺术仍然可以看见带有旧石器时代的某些特征。北澳大利亚树皮画的精巧程度虽远不及欧洲洞窟壁画，但对运动的兴趣和对细节的深入观察则是共同的，表现生命力是他们的主题，只是表现的对象是大洋洲的袋鼠而不是野牛罢了。

在发现的史前杰里科遗址出土了一批精彩的雕塑头像，这是一处受人瞩目的新石器时代遗迹，年代约为公元前 7000 年。这些头像由真人头盖骨制成，面部则用染色的灰泥裹覆，眼睛用海贝镶嵌而成。它们的造型精巧准确，脸面细致优美，骨感和肉质感都表现出来了，而且头像的五官不是千人一面，而是个性鲜明，怎么也想不到它们是遥远古人的遗存。

1961 年，在安纳托利亚的萨塔·胡伊克发掘了另一个新石器时代的村落，大约比杰里科晚 1000 年。这里的居民居住在围绕天井建筑的砖木房子里，因为房屋无门，所以没有街道，人们显然是由房顶出入的。遗址中已经有不少目前人类认知最早的神庙。在黏土粉饰的墙面上有最早的人工壁画，画面表现奔跑的人物围猎巨大的野牛和牡鹿的场面，人物画得很小，显现出旧石器时代的影响，这表明当时这里的新石器时代刚刚开始。但是画面反映的重点已经有所改变，这种狩猎活动似乎是祭祀男性神的仪式，野牛和牡鹿是祭神的圣物，并不是人们赖以生存的食物。

与洞窟壁画中的动物形象相比，萨塔·胡伊克的动物是简化和静止的，猎人的形象却处在剧烈的运动之中。与母性神相关的动物表现出更加固定的规则，两只豹子头部相抵，标准对称；另一对豹子则构成了生殖女神宝座的扶手。在萨塔·胡伊克的壁画中最出人意料的是村落图，上面还有一座正在喷发的火山。排列紧密的长方形住宅区采取俯视的角度，山是平视的，山坡上布满了代表岩浆的斑点。只有出于对大自然神力的敬畏才能产生出这样一幅介于地图和风景画之间的作品。

直到公元前数百年，一些中欧和北欧居民还过着简单的小型部落生活。因此，新石器时代欧洲社会的发展远未达到杰里科和萨塔·胡伊克的水平，前者有砌筑建筑，后者则发展了房屋密集的城邦。然而欧洲发现了巨石建筑，这些建筑由巨大的石块和圈石组成，不用灰浆，故称为"巨石文化"。它们应该是宗教祭祀的场所。很显然，只有在宗教权力的作用下，才可能出现这种持久的协作，完成一项无异于移山的工程。即使在今天，这些巨石文化的建筑仍然笼罩着一种令人敬畏的神秘气氛。

欧洲许多地方还留存着中石器时代的岩画，西班牙拉文特的岩画同旧石器时代的岩画已经明显不同，画多在悬岩上或者浅表小洞里，大多数是小型图像，人的形象平均也只有5—10厘米高。画通常一般只用单色，或黑或红。但是留存的创作普遍充满生命力，人与动物的形状往往被画成飞速奔跑状，甚至整个身体是腾空在飞的状态，可能是希望自己能够像鸟一样自由自在。这些画都有些故事性，表现得细腻纤巧，可以看出当时欧洲原始居民生活的状态：男人多数裸体，偶尔在特殊场合，穿上长不及膝的短裤；腰部和膝部的穗子或绳带也画得非常清楚，可能是当时引以为豪的装饰物；男人也有头饰，有的是几根羽毛插在头发上，有的是把头发对称编成发卷，还有的扎着飘带或花结；女人一般身着大摆长裙，胸部裸露；还有使用弓箭、标枪，带着猎狗的猎人们猎捕赤鹿、大公牛、山羊、野猪、野驴和犀牛。

对西亚和欧洲新石器时代人类生活的研究有多方面的收获，重要的一点就是加深了对现代文明渊源的一些认知。我们对原始社会及其生活方式的了解基于制作较晚的一些材料和工艺，但这些材料同遥远的新石器时代惊人地相似，由于在原始艺术中有大量的相同现象，据此就能更好地理解杰里科的颅骨崇拜。在新几内亚塞北克河流域发现的颅骨与杰里科颅骨非常相似。在那里，仍然把祖先或者重要故人的颅骨以杰里科的方式进行处理做成塑像，包括用海贝做眼睛。死者的身份不依赖于肖像特征，而是通过绘在脸上的部落纹饰来辨别。这些头颅与当地那些出色的祖先木雕像包含同样的意义。雕像的整体造型设计集中在头部，两只贝眼紧紧注视前方，躯体却像原始艺术品中常见的那样，简化到仅作支撑物的地步。四肢则蜷成胎儿的姿态，这是许多原始部落常用的埋葬方式。木像头后生出一只大鸟，巨翅平展，象征着顽强昂扬、生生不息的灵魂生命力。从外形看这是军舰鸟或某种飞翔能力很强的海鸟，鸟的翱翔之态与僵硬的人物形成对比，成为动人的景象。因而，我们发现自己常常身不由己地同一些艺术品产生灵魂的共鸣，不禁感叹艺术家不同凡响的想象力，其完全超出常人的思维。

还譬如复活节岛，有用整块火山岩石雕刻而成的巨型祖先石像，在高高的平台上列成一排，就像巨人守护神一样，被认为具有辟邪消灾的巨大法力。巨像面孔长削，特征鲜明，而后脑则被全部削平，这些形象反映了与欧洲巨石文化建筑相似的创作动机，充满强大的震撼力。

至于歌舞声乐的艺术表现，我们可以探寻的原始部落还是不少。在巴布亚新几内亚的巴列姆山谷，生活着传说中的食人族部落达尼人、亚力人和拉尼人。当考察者走近达尼人的村寨时，一个头领模样的达尼男人便敏捷地爬上村寨门前的瞭望树，随着一声长啸，周围突然集聚起一群手持弓箭和长矛的达尼武士。手持武器跃动的武士，嘴里还发出各种奇怪的呼叫，这就是达尼人迎接来访者的一个仪式，仿佛一场部落间战争的舞蹈。对于难得有访客的达尼人来说，有外界人来访显然成为他们的重要日子，展示传统的舞蹈不能缺少。

舞蹈是在寨外的空地进行，由裸体男性组成的武士队伍分为两个阵营，反复地表演进攻与防守的各种动作。这种在村寨外迎接外来者的仪式，除了表达欢迎之意，恐怕也隐含着表现武力并震慑不怀好意者入侵的意思。这与文学作品中古代的山寨场景有些相似。原始战争操练舞蹈结束后，访客们才被允许进入村寨。女人和孩子早已等候在各自的门前，女人们上身没有穿衣服，下身围着草裙，孩子则全身赤裸。他们围着来客旋转奔跑、欢叫，在这样的气氛里，客人很快也会融入其中，渐渐兴奋起来。

母系部落文明因为人类生活条件的改变，人们的创造力更加显现出来，艺术创造也更加丰富起来。但是无论是为各种仪式的群体创造还是个体创造，艺术总是走在规则的边缘，仿佛是为规则争自由，又好像是给自由生规则，始终张扬着浓浓的野性。除了人类艺术与生俱来的认知，我们还相信行为艺术是一切艺术的始祖。因为行为的表达和表达的行为交织成艺术的长河，艺术往往是最生动、最真切的记录。在今天现代文明无止境泛滥面前，大多数原始社会状态环境都摆脱不了束手无策的悲剧性命运。然而，原始人的习俗、信仰、传说、音乐已为越来越多的民族学家记录下来，其文化遗产丰富并影响着现代文明。

章节思考

也许有朋友会好奇，原始人类如此丰富的崇拜和禁忌中，本章为什么偏偏主要针对的是性习俗及其相关的内容。事实上，笔者在研究中发现，原始人类的各种崇拜和禁忌中，与人类自己身体器官相关的并不多，也就是说人类在敬畏自然和生命的种种专注里，发现最神奇最难以认知自己，还不是头颅，也不是眼睛、鼻子、嘴巴等感官器官，恰恰是他们认为创造生命的女性器官，以及创造梦幻般快乐的男性器官，这应该是由当时人们的认知决定的。这也是我们在研究人类规则变迁时，发现早期文明演进中人类自身作用力的重要方面。关于这个问题，美国哈佛大学政治学博士弗朗西斯·福山同样认为，我们不应低估，性和俘获女人在造就政治组织方面的重要性。❶

所以说，从求生存的本能到探寻快乐的觉悟，使人类在各种繁多而普通的社会动物间脱颖而出。寻求快乐的探索历程艰难无比，从大脑结构的演化到生活规则的变迁，人类在与大自然抗争的同时，更与自己抗争。特别是农业生产效率的提高，食物有所结余，这些都会在规则的演变中产生一些影响。人类社会已经从相对单一的人与自然的关系转向同时存在人际关系的二维环境，有征服自然的愿望，同时也有族群社会互相征服的愿望。这实际就是人类通过一定的规则约束自己、约束大家、约束人类与自然万物的探索。为了活着而制定规则，为了更好地活着而演绎规则。为了快乐地活着，人类走向何方？这是我们接下来该思考的重要问题。

第二章参考及推荐读物目录：

1. 韩东屏. 习惯、规则与强制：人类社会是如何形成制度的 [J]. 江汉学刊，2019（10）.

2. 艾弗拉姆·诺姆·乔姆斯基. 变换律语法理论 [M]. 王士元，陆孝栋，编译. 香港：香港大学出版社，1966.

---

❶ 弗朗西斯·福山. 政治秩序的起源 [M]. 毛俊杰，译. 桂林：广西师范大学出版社，2014：73.

3. 闻一多. 重开经典之门：闻一多说神话［M］. 南昌：江西教育出版社，2012.

4. 哈里斯. 古埃及生活：人类生活图卷系列［M］. 张萍，贺喜，译. 太原：希望出版社，2006.

5. 李方. 浅论礼法传统的社会历史根基［EB/OL］.［2019-10-23］. 国学网. http://www.lwlm.com/guoxuelunwen/200812/208094.htm.

6. 维克多·特纳. 象征之林：恩登布人仪式散论［M］. 赵玉燕，欧阳敏，徐洪峰，译. 北京：商务印书馆，2013.

7. 内蒙古发现一批生殖崇拜文化［N］. 人民日报，1988-07-26.

第三章
父权文明

  在人类漫长的部落文明时期，父系氏族社会作为一种新的社会文化体系，是人类历史上又一深刻变革。人们已经开始普遍使用磨制石器，发明了制陶技术、青铜冶炼技术，驯养了绵羊、猪和牛，借畜力牵引驮运，学会了用石磨磨面、用纺轮织布的技术，用泥、石、木头筑修房屋，于是部落逐渐扩张，简单的城堡也开始形成，交换和贸易出现萌芽。多数学者把父系地位的提高这种变革归结于男性在生产力方面发挥的作用，认为随着农业和手工业的进一步发展，男性在族群社会中的核心地位开始形成。这其实还是比较片面的。从母系文明社会发展到父系文明社会，是社会生产力发展的必然要求，也可能是男女生理差异的必然结果。

  远古人类在相当长一段时期里，母系和父系的氏族文明是同期并存的，也就是说各部落是女性当家还是男性当家，未必完全相同。但是我们可以判断，母系氏族的人口繁衍远远不及父系氏族的发展速度，这就势必造成母系文明在部落兼并争斗中失去胜出的人口基础。同时，男系首领形成的聚合力、控制力，往往也是女性首领很难实现的，女性在孕育和哺乳期间需要付出的代价都影响女性在内部掌控中的竞争力。可以说，父权演进成为人类社会长时期的主导文明是生存环境倒逼、物竞天择的结果，也是大自然对男女性别分工的必然。

1 母系文明衰退与生育限制猜想

盛极而衰的规律，在原始人群母系文明时期同样没能例外，从考古发现分析，大约在距今5000年，远古母系氏族文明就逐渐为父系氏族文明所超越，人类开始慢慢步入男权处于主流的时代。这一历史时期的文化遗存，在中国发现的有仰韶文化、黄河下游的大汶口文化、龙山文化和马家窑文化，长江流域的屈家岭文化、良渚文化以及珠江流域的石峡文化等；在西欧发现的有法国北部沿海和英国一带以巨石建筑物为典型特征的青铜文化，中部欧洲则有乌尼蒂茨文化等，都比较明显地表现出父系氏族文明的痕迹。父系氏族文明按男方血统区分族群世系，在父系氏族社会里，男子开始成为族群和人类社群的主导者，财产由男方血统族群世系继承，妇女在族群内部降为从属地位。可以说，生产力的提高和物质条件的改善是促使母系氏族文明向父系氏族文明转化的重要因素。但是同样可以肯定，因为这些只是外部条件因素，不是最直接的原因。然而，父系文明的开启为人类长远发展打开了丰富的想象空间。

早期人类的父系氏族和母系氏族应该是同时并进、相互衔接又互相竞争的两类组织形态。通常状态下，原始男性们的工作以捕猎大型哺乳动物为主，如野猪和鹿，或者从蜂窝中收集蜂蜜等需要攀高的危险性劳作；而原始女性们则从各种植物上采集野果和昆虫幼体，挖掘植物根块作为食物，同时照料孩子等。为了保证带回足够多的食物供大家享用，男性们经常会连续多日在外追逐动物，在这种情况下就显现出这样一个事实：一方面，男性们的体能消耗和肉食摄入比女性相对会多一些，长期下来体格变化就出现差异；另一方面，女性的收获则比较稳定，基本能够每天得到保障，丰富的植物果实能够使女性自食其力地养活自己和孩子们，但也不可能有更多的收获养活其他人。所以，我们可以判断：第一个阶段，原始人群迁游生活初期，各族群依据血缘抱团，基本上听天由命，抵抗灾害的生存能力极弱，相互间认同生和育的母亲关系，族群首领有男有女，但是大家在恶劣的生存环境里，谁有本事组织大家吃饱，大家自然也就跟谁混，这样的丛林法则在社会动物中是常规状态。上一章也讨论过，因为女性的食物获取能力比较稳定，又加上母亲先天的孕育和哺育亲情，女性的地位和作用得到了充分发挥，这一阶段的母系氏族与父系氏族相比较有优势，母系文明得到发展和壮大，这样的情况应该一直发展到原始人类进入部落定居的"前半场"；第二个阶段，随着农业、畜牧业的进一步发展，特别是轮制陶器和畜力利用等工具的创造和提高，物产不仅有了剩余，而且能够储存，这样，人口的生产力显得更为重要，而大家聚居和血统认同很自然地促使母系氏族向父系氏族文明的全面演变。

考古研究发现，在中国黄河流域的氏族部落已经使用石、骨、蚌、木等多种质料的农业工具。在河北邯郸涧沟遗址出土了穿孔蚌锄和扁平长方形的石铲。河南陕县庙底沟遗址也曾发现双齿木耒的痕迹。长江流域则流行石制的生产工具，有石耜、石锄、石犁等。这些耕耘工具，提高了开垦能力。各地发现的收割工具种类则更多，有石刀、陶刀、石镰和蚌镰等。收割工具的广泛使用，表明农作物的收获量有较大的增加。

农业的发展促进了家畜养殖。牧养和饲养的家畜有猪、狗、牛、羊等，尤以猪的数量最多。邯郸涧沟的一个灰坑中就有21个猪头骨。河南陕县庙底沟遗址，26个龙山文化灰坑中发现的家畜骨骸比168个仰韶文化灰坑中的家畜骨骸还多，可见社会财富积累上了一个等级。游牧部落在这一时期也有了较快发展。

即使在同一个原始部落中，趋利的本能使人们自然而然开始转向农耕产业，耕地不断扩大，而狩猎和渔猎的范围日趋缩小，收获也更少，男人们也逐渐参加到农耕生产中来。农具的改进，尤其是犁耕的劳动强度，也需要身强力壮的男性。他们没有生育的负担和孕哺的牵挂，也更擅长改进种植技术，创造新的工具，逐渐在生产中发挥更大的作用。

制陶业和青铜的冶炼技术进步最为显著。在过去慢轮修整陶器的基础上，人类又发明了快轮新技术。不仅制造的陶器形状更规则，厚薄均匀，而且大大提高了劳动生产率。扩大了窑室，可以容纳更多的陶坯，火膛加深，火口缩小，支火道和窑箅孔眼增加，使热力能够充分利用。目前发现最早的"龙窑"是商代窑地，位于中国浙江上虞境内。人们已经掌握了封窑技术，因而烧制出大量的灰色陶器。制陶业生产程序多，工艺复杂，尤其是采用新技术以后，逐渐发展成颇具规模的独立手工业生产部门。从事制陶业的劳动者也脱离农业生产，日益专业化。制陶业技术性强，体力消耗又大，已非女性力所能及，一般都由男性承担。制陶业是父系氏族文明最重要的手工业之一，也确立了男性在手工业生产中的主导地位。制陶工人是人类历史上早期的产业工人。

考古发现，在公元前7000年西亚人就有冶炼青铜的试验，到了大约公元前3000年青铜工艺传播到欧洲的爱琴海地区，青铜开始作为制造工具和武器的材料。后来多瑙河流域以北地区成为青铜铸造业高度发达的地方，到公元前20世纪中叶，这里的青铜器制造技术已达一定高度。各种宝剑、战斧、满布精细花纹雕刻的各种装饰品和器具，由多瑙河流域的作坊广泛散布到邻近各地区。青铜镰刀和马勒等遗物说明，当时的农业已发展到相当高的水平，马匹也已驯化为骑乘。当地出土物品中还有来自东地中海区的珠子和首饰制品，也说明这里已与外地发生了活跃的交易关系。

青铜时代的欧洲人，绝大多数处在原始社会向文明过渡的时期，许多部落已实行父系氏族社会。从出土青铜物品图案看，在早期农业部落那种盛行的丰产女神和母神崇拜已降到次要地位。此时崇拜男性祖先，尊敬神化的英雄和有功绩的军事领袖已居首要地位。此外，与敬仰太阳有关的崇拜兴盛起来。青铜器等工具的普遍使用，使人类生产力有了提高，促进了族群集体的劳动向个体家庭劳动的过渡。

中国发现的大量青铜器（见图3-1），多是深埋地下的随葬品，保存非常完好，在河南安阳妇好墓里就出土了468件青铜器，其中礼器210件，主要用作祭祀用品。1975年偃师二里头遗址出土的长流爵，为商代早期遗物，被称为中国最早的青铜器。长流爵是古代饮酒器，胎壁较薄，器表粗糙，纹饰简单，确为中国早期青铜器的特点。

图3-1　河南安阳考古出土的青铜器

中国大汶口文化墓葬，出土的男女随葬品的差别很大。男性随葬品以农业生产工具和木作工具居多，女性则主要是纺轮。男女劳作分工的变化，除生儿育女之外，妇女仅从事纺织、炊煮等烦琐家务劳动，处于从属地位。

新材料、新技术的开发应用为经济条件的改善提供了保障，更为人口集聚创造了条件，工具技术的发明又对劳动力提出了需求，这一切逐渐酝酿人类社会即将发生变革。

虽然最终影响文明兴衰的不仅是人口数量，还有人口质量、组织能力和凝聚力等方面的因素,但是人口数量仍然是基础,一切文明总是伴随人口数量的上升而扩散开来。虽然人口多并不一定表示强大,但人口急剧萎缩则必定预示着衰亡。任何文明或种族,不论其科学、文化或社会发展的成就有多高,如果在繁衍后代上长期处于劣势,最终必将没落。西方社会学之父孔德就曾断言,"人口即命运"。最古老的犹太教就特别强调,婚姻和繁衍后代是人的神圣义务,犹太教义鼓励教徒结婚和多生多育。甚至犹太律法禁止女子在其月经来后12天内与男子同房,这间接促进了夫妻在女子排卵期进行性生活,从而达到多生的目的。那时的土地和山头都是要靠人手去抢占的,并逐渐形成先到先得的规则,要多占山头,就必须多生子女、多占地盘,近处适合耕种的山头占稳了,再往外扩张、争抢。而母系文明的部落,由于一个母亲的生育周期和生育能力所限,即使一妻多夫也无助于女性生育更多的子女,也不可能生产大量的血亲子女队伍。而父系文明主导的部落就完全不一样了,一夫多妻可能创造的人口要多得多。特别是男女间选择配偶还存在根本性的习惯差异,那就是男性往往追求配偶的数量,而女性则更加关注配偶的品质、能力、外貌等,这两种择偶差异导致的人口繁衍结果完全是相反的。如果说物质生产力使男性得以体现优势,那么,人口生产力更让父权的族群发展占据了天机。❶

由于环境的变化和地域的不同,一些规律也会有差别。认识的世界大了,接触的事情多了,会影响一个人的认知,这就是眼界。男性在外追猎的空间比守在一隅采摘育儿的女性要大许多,所以眼界也会更宽广。他们遭遇的新问题和新情况会更多,解决问题的经验也会日益丰富。因此,在形成新的规则时就有了更多的发言权,这也是男性逐渐成为主导地位的原因之一。

当然原始人群在扩张和集聚定居的过程中,最直接面对的就

---

❶ 弗朗西斯·福山. 政治秩序的起源:从前人类时代到法国大革命[M]. 毛俊杰,译. 桂林:广西师范大学出版社,2019:39.

是婚配方式的变化演进。学术界关于最古老、最原始婚配方式的研究成果和争议颇多，在共同认知群婚形态下，仍有一些不同的观点，比如，一定程度的婚配方式的垄断制。那么，这种垄断制和群婚制又有什么差别呢？在原始群体生活状态，婚配伴侣不是充分资源，必然存在一定的竞争，而垄断制的竞争是摆在明面上的肌肉以及相应的作用力，群婚制是暗地里的性能力竞争。当然母系文明阶段，这也是女性处于优势地位的重要条件，因为需要多个男性提供足够的食物才能够生存下来，婚配的主导权天平自然倾向女性，然而女性受条件限制非常大，因为再多的伙伴交配对于身孕和繁衍是不会更多受益的。而随着食物的丰富，一个男性足够保障一个甚至几个人时，婚配的主导权天平必定倾向男性，而且男性没有孕期和哺乳的牵挂，在繁衍子嗣上就有了优势。假使任由女性自主，强壮的男性必然更有可能在交配权的竞争中胜出，而落败的男性则无奈他何。性能力越强大产生的后代越多，这些后代再进行婚配，久而久之，那些性能力较弱的同类就被自然淘汰。因此，对于原始人类婚配关系的进化研究，生物学家和社会学家的认知明显不同，生物学家认为，婚配方式通常是由群婚制向垄断制（即一妻多夫或一夫多妻制），再向一夫一妻制进化。但是也可能出现倒退的情况，比如由一夫一妻制退回到垄断制。生物学研究发现，在整个地球上大约有4000种哺乳动物，而这些哺乳动物中只有3%选择了一夫一妻制，如果将研究范围再缩小一点，灵长类动物中一夫一妻制占18%，这个比例可以说已经相当高了。群婚现象越严重的物种，每个雄性都有与每个雌性交配的权利，但是每个雄性拥有的后代是绝对不均等的，这取决于雄性的性能力，与智力发展及族群内部公平关系没有直接关系。那么，是什么动力推动人类形成一夫一妻制的婚配规则？显然不是女性，几乎所有女性天然喜欢个头大、思维敏捷、有强健体质的男性，这是自然基因的选择。那么拥有垄断主导权的男性首领和勇士显然拥有自己丰富的选择权，而那些不能够满足平等婚配权的人们想要让首领阶层达成妥协，就必须拥有与强大的首领抗衡的力量，就必须借助工具。

当然男子还必须确认自己的子女，才能够保住自己血脉的延续，这就改变了大多数部落世系以女性血缘为主的传统，男子把财产和管理的地位传给自己的亲生子孙并使男性世系的部落越来越强盛。人们在漫长的观察归纳中逐渐，认识到男女性关系与生育之间的必然联系，因此，随着这种性关系专属权和子女亲缘的确定，形成了家庭观念，催生了人类社会私权的原始萌芽。

母系氏族文明的衰退，虽然和经济条件、生产力发展有必然联系，但是女性繁衍生育的先天约束应该是限制其进一步发展壮大的根本性原因。马克思和恩格斯很早就提出了人类社会发展的两大生产理论，即物质资料的生产和人口的生产。虽然马克思没有对这两大生产关系做更进一步的研究，但是现代科学逐渐认识到两大生产思路是人类认识世界和认识自身的重要方法论。

2　大家化小家与个体权益意识

前文已经提及，在原始人群和部落氏族社会初期，人们的生产活动和抵抗自然灾害的能力极端低下，必须集体协作，才能维持生存和繁衍。在这样的状况下，族群内部没有剩余食物，大家没有财富的观念，也没有婚姻的束缚，亦无从产生个体私有意识。族群内部的人们过着共同劳作、共同拥有、群婚无束、听天由命的日子。部落繁盛时期，农业、畜牧业、制陶业、纺织业逐渐出现，人类的生活条件明显改善。人们劳作所获的产品，除维持基本生活需求之外，已略有剩余，而且能够加工和储存，这些剩余产品一开始还是属于氏族或亲族集体共同所有。马克思在《摩尔根〈古代社会〉一书摘要》中指出，原始群团为了生计必须分成小集团，它就不得不分成血缘家族，仍实行杂交；血缘家族是第一个"社会组织形式"。因此，对于原始人类婚姻关系的深入研究可以认识当时的社会组织状况。我们说，进入氏族文明时，原始人类的两性关系就开始脱离原始群居的群婚状态，父母辈同子女之间的两性关系已被禁止，而开始了只限于同辈男女之间的两性关系。这种按照辈分区分的婚姻关系叫作血缘婚姻，它构成了"血缘家庭"。

通过婚姻形式的变迁我们可以发现社会组织的演变。到了母系氏族文明的繁盛时期，婚姻形态已由自由群婚转化为有相对固定目标的对偶婚，当然当时的配偶关系并非完全固定，男方可以另寻女伴，女方亦可别觅男郎。只是男女间对于性交往的对象有了更高的认知，开始出现选择性的追求。这种追求本身，其实就已经与原始共享原则产生了背离，明显就是个体个性意识产生的表现。这个变化出现的前提是物资的相对剩余使个人有了属于自己的闲暇空间，更多的是有了自我表现的平台。到母系氏族文明的晚期，由于男性在生产中的作用增大，社会地位日益凸显，个体自主意识也必然提高，更重要的是父系氏族的后代繁衍能力完全可以超越母系氏族。男子成为维系氏族血脉的中心后，两性婚配又出现了一些新的状况，主要有两种：一种是族外抢婚，另一种则是交换婚。

族外抢婚和交换婚，首先开端于氏族或部落的首领以及勇敢善战的武士。上古部族之间经常有争斗，胜的一方可以通过俘获对方的男女和牲畜扩大势力。战败的部落男性通常被杀、被驱散或者被奴役，貌美的女性则用以奖励表现突出的小群体或者个人，作为侍妾，生育子女。其实最原始的部落争斗有的是为了掠夺女性以克服婚配资源的不足，因为当时生产力水平根本不足以养活每个人，还需要捕猎和采集作为补充，也没有其他财产可以侵占。外族掠得的女性虽然地位不平等，但是子女是一样的，人们会发现不同族婚配的后代要明显优于同族婚配的后代。这时，婚配规则渐渐发生变化。一个重要原则就是禁止同族同姓同宗婚配，见《国语·晋语》："同姓则同德，同德则同心，同心则同志，同志虽远，男女不相及；畏黩敬也。黩则生怨，怨乱毓灾，灾毓灭姓。是故娶妻避同姓，畏乱灾也。"后来力量强势的氏族部落就组织从敌对部落掠夺妇女的行动。于是，抢婚逐渐发展成为某些部落的一种婚姻形态。中国一些边远少数民族还曾延续抢婚习俗，甚至到近代仍遗风不绝。当然不是所有的部落和氏族都有足够的实力采取硬性争抢，更多的友好部落或氏族之间就出现了交换婚，有互送女子，也有支付实物等不同形式。

互送女子的交换婚，早在母系氏族社会初期即已存在。长期通婚的两个氏族，甲氏族的女子必为乙氏族男子之妻，反之，乙氏族的女子亦必为甲氏族男子之妻。即使到对偶婚阶段，因婚配的男女双方关系仍然不稳定，婚姻形态仍保留一定程度的群婚性质。但是到父系氏族社会的交换婚，则有了根本的改变。随着男子经济地位的提高，自主独立意识和对女性及其子女的占有欲开始出现。男子往往以本氏族的一个姐妹交换通婚氏族的女子为妻。这样的交换方式，一直延续了很久。

其实族外抢婚和交换婚两种婚配方式的出现，也是原始人长期观察发现，不同族群间性交往后繁衍的后代显现各种优势的结果。因此，人类发展的历史首先是大脑思维的自我突破、自我超越的结果。由于族外婚配的扩大，人类的交往范围也不断扩大，许多单一部落大家庭也走向了多氏族的部落，于是出现了最初的城市。

现在中国边远地区仍然有少数民族保留这样的通婚规则，同氏族的男女之间不得婚配，通婚的氏族，则组成联合部落。云南省西盟佤族即实行父系氏族外婚制，一般是两个毗邻而居的不同氏族间互相通婚。佤族以交换婚为常见，有学者调查了40对夫妻中，有半数就是氏族外的交换婚。并且还有一夫多妻的现象，包括同时娶姊妹为妻。但是一妻多夫的现象已经不存在。佤族另一种婚姻形式是转房。如妻子过世了，丈夫可以续娶妻子的姊妹。而丈夫过世了，妻子则转嫁给丈夫的兄弟。如果不转嫁给丈夫的兄弟及其从兄弟，则个人必须付出一定的财产作为身价赔偿给夫家。所以，妻在转嫁还是赔偿二者之间，多选择转嫁。因为她本人一般无力赔偿身价，而转嫁之后，其身价可由续娶她的男子承担，这一习俗没有给出嫁的女性过多的自由选择。此外，还有一种抄婚的形式比较特殊。就是同已订婚或已婚女子定情私通，都要冒被抄家的风险。而已订婚或已婚的男子则因获得财物上的补偿而不再追究。也许这种习惯法的产生，正是基于保护男子财产的目的，其实也是化解、调解村落内部矛盾的一种民间方式。父权的各种彰显，使女子在家庭中的地位明显下降，已沦为男子的个体私有财产。

佤族的婚姻形式虽多，但是都要遵守氏族外婚这个基本原则。对违反原则的人要进行严厉惩罚，不仅会被本氏族抄家，开除出氏族，而且还会被驱逐出村社。这个朴素的优生优育观念，甚至笼罩着神秘的宗教色彩，如久旱不雨，狂风肆虐，雷电击人等一系列的天灾，都可以归罪于同氏族内的通婚行为和相关人。如果同氏族的人发生性关系，也要举行祭祀赎罪。同族通婚已经成为绝对不可以犯禁的天条铁律。从现存这些尚处于父系文明族群的情况，我们可以感受到几千年前人类社会的实际情况。

凡事分分合合，合久必分应该是大自然的客观规律。随着对偶婚逐渐向比较稳定的夫妻婚姻转化，剩余产品最终成为家庭的私有财产。个体之间因为能力的差异，占有财富的多少开始出现差距。而越来越多的财富需要传承，又刺激男人们必须对自己的孩子有更大的确认性。那么，男人们之间慢慢达成了谁也不侵犯别人女人的默认约定。群婚时代终于过去了，慢慢就演变成相对专偶形态的父系文明。私有制的出现和婚配关系的演变应该是交织并行的，但是，大家族集体意识转向小家庭私有意识的变化大大加速了历史进程。可以说，原始个体差异造成的贫富差异才是私有制产生的客观基础。荷兰著名汉学家高罗佩在研究中国古代婚配关系时发现，地位不同婚配形式也有很大差异，"统治阶级成员的婚姻叫作婚","平民的婚姻叫作奔"。婚比较严肃,有些约束,奔却比较自由,因此《诗经》的诗歌很多"都与生殖崇拜有关",表现奔放的求爱与交媾。❶ 可见有财富者和没有财富者的差异,前者的婚配是对女性的拥有,后者的结合是平等的取暖。

作为早期人类社会规则,私有制是人类文明的一大新起点,是对个体差异的承认和尊重,同样也进一步激发了人类自我表现和自我超越的内动力。

在西欧的远古居民堡寨遗址考古发现,他们已经制造了质量优良的青铜制品。墓葬中,有的葬物简陋,有的豪华,说明社会已出现贫富分化。从考察大汶口墓群的随葬品也可以发现,当时的贫富差异已经非常明显。有的随葬品十分简陋,甚至一无所有。而某些大墓,不仅使用木质葬具,随葬大量的陶器和石、骨器,还有精致的玉器和象牙器。用猪头或猪下颌骨等随葬的墓,在大汶口墓群中有 49 座,约占 133 座墓总数的 37%。13 号墓随葬猪头多达 14 个。猪作为饲养的家畜,本是氏族或亲族的集体财产,用于随葬,显然已属于私人所有。

莫尔在《乌托邦》中说私有制是人类历史的万恶之源。从原始婚配关系的变化,男性们出现对配偶的垄断意识开始,就注定了私有制的产生。相对于群婚而言,垄断婚就是私有意识,同时就有对亲生子女的特殊关注。随着生产能力的提高,对性和人的感情态度很快延伸到剩余的物产,因此说私有制也是人类加速发展的动力之源。然而私有制仿佛剪破了原本捆束人类族群从容演进的网,人们逐渐地变成脱缰之马,各自奔腾起来。

如果把私有制界定为大家对资源或物品可以归个人所有的共同规则,那么一旦有了私有物,也就有了私有制。只不过物品的私有化,肯定有一个从无到有的过程。所以,私有制也有一个从简单到丰富、从单个到多项的转化过程。

---

❶ 高罗佩. 中国古代房内考 [M]. 李零,译. 北京:商务印书馆,2017:22.

对于私有化是从哪一类物品开始的，学界讨论比较复杂，一般认为从工具类物品开始继而发生于生活用品，这方面马克思和恩格斯也有提及，马克思说："武器和衣服最早成为私有财产的对象。"❶ 恩格斯说，在氏族社会，男女分别是自己所制造的和所使用的工具的所有者，男子是武器、渔猎用具的所有者，女子是家庭用具的所有者。❷

但是就笔者研究发现，如果远古独属性关系的假设存在，那么最早的私有物品也许是装饰物。在族群共同生活的集体，一切包括工具在内的有实际价值的物品，大家都会有强烈的共享意识，甚至异性伴侣。那么，为了博取欢心，除力量展示之外，情调展示也很必要，这是大自然一切动物的本能，好比孔雀开屏。所以，一些在当时没有特别实用价值，如捡拾的漂亮贝壳、骨制品以及好看的石头，甚至小花小草，都是最早生成的私有物品。这一点，我们从现在的许多原始部落人群可以观察到，他们除了身上佩戴和嵌入肉身的一些私人财富以外，并没有其他物品，甚至也没有占有的意识。而那些看起来没有特别实用价值，却具有一定纪念意义的物品，假如由个人所有，其他人是不会有任何异议的。事实上，在早期原古墓地也有类似物品的考古发现。1986年8月，考古工作人员在舞阳县贾湖遗址考古挖掘，一座年代在7000—9000年前的新石器时代墓葬，发现一根动物骨头做成的笛子。又过了一年，经过中国科学院生物专家的检测证明，这个骨笛是折下丹顶鹤翅膀上的骨头，经过人工打磨钻刻后制作而成。这是中国迄今为止发现最早的乐器，也是世界上最早的笛子。这类物品当时应该属于私有物。

---

❶ 马克思，恩格斯. 马恩全集：第45卷［M］. 北京：人民出版社，2003：210.
❷ 马克思，恩格斯. 马恩选集：第3卷［M］. 北京：人民出版社，2012：201.

3 从父系文明到男权规则的巩固

男人们私有意识的萌芽，面临的不仅限于配偶及财产等属于个人的私有财产，还涉及其在氏族或亲族内部的相应地位和影响力的继承问题。一方面，男子在生产劳动中发挥日渐重要的作用，另一方面，属于他们的私有财产愈益增多，所以男子迫切需要改变以女性计算世系的传统观念，以确保财产由父系亲子继承。这是父系文明不断强化巩固的一个过程。

在远古，女性也成为男权最重要的私有财富。中国西南部云南少数民族中，早先原始的支付妻子身价的形态是交换婚，这种形态当时广泛流行于佤族村寨。佤族两个氏族根据姑舅表婚的原则，双方实行人换人的交换婚姻，代替对妻子身价的支付。如果一方，无论是舅方还是姑方没有可通婚的对象，便等到下一代再偿还。这种赊欠最终以一家的女儿偿还身价而完结。同时还有用生产、生活用具和家畜等实物支付妻子的身价，云南一些少数民族曾长期延续这种做法。独龙族很早就用从外族输入的铁锅、铁三脚架、猪等实物作为支付妻子身价的手段。各个民族处于不同的社会经济水平，对妻子的身价认识也会逐步变化。沧源佤族，经济发展水平较高，他们依据所娶妻子的体力强弱进行议价，低者值三头牛，高者则十余头牛。怒江的傈僳族和怒族也多根据女子的体力和面貌而议价。

云南某些边远少数民族地区，到了近代，生产力还很低下。男子为娶妻，虽尽其所有仍不能一次支付其妻的身价，只能分期支付。贡山四区木千旺、孔登和学娃登等地的独龙族通常是分两期支付妻子的身价。在付完头期身价后，男方可以将妻子接到家中小住，但不能超过 10 天。只有在付完全部身价后，男方才能将妻子正式迎娶过来长相厮守。随着岁月流逝，沧源的佤族以人换人支付妻子身价的做法，也逐渐被支付实物方式所取代。如果婚前无力付清妻子的身价，则婚后继续支付，甚至自己这一代付不完由子孙继续支付。还有一些边远地区民族为限制妻子与丈夫离婚，对提出离婚要求的妻子讨还身价。碧江的怒族规定，妻子必须加倍退还身价方可离婚。已经失去财产而且本身已成为男子私有财产的女性，无力退还身价，这使女性实际丧失了自主离婚等人身权利。

有的地方还保持着以力役支付妻子的身价，这也是交换婚的一种形式。云南西盟佤族的男子在婚前到妻子的父母家参加一定时间的劳动。婚后，夫妻每月还要帮助女方的父母劳动数天，补偿由于女子出嫁，婆家失去劳动人手的一种交换。女子还要把婚后所生的一个女儿嫁给自己兄弟的一个儿子。可见，远古时期的父系家庭和男权文明的确立也是经过一代代男性艰难的努力逐步完成的。

在男权社会中，妻子被视为是丈夫的私有财产，所以又产生了男子对女子贞操的要求，这也是男子为了能把自己的财富传至确定血统的子嗣的需要。在传统文明中，无论是婚前贞操、婚后贞操、寡妇节操，还是妻妾殉葬制度等，贞操观对女子的控制十分惨烈，且影响深远。

婚前贞操就是指女子在出嫁前必须是处女，否则就要接受严酷的惩罚，而且做法极其粗暴残酷。例如，马来群岛的琅波克人如果发现未婚女子和男子曾经发生性关系，就把这对男女背靠背绑着投入有鳄鱼的河中。古代印度若发现少女在婚前怀孕，就要处以绞刑，而且要由本人的母亲作为行刑者加以实施。许多民族鉴别女子是否是处女，都用检查处女膜的方法，当然现代科学证明这是很不科学的。印度尼西亚的尼亚斯岛上生活的土著人如果发现女儿婚前处女膜已经破裂，就要把她活埋，一些少女无辜蒙冤。有些民族鉴别处女的方法也十分荒诞，如匈牙利的齐格纳人，新郎于新婚之夜令新娘赤脚踏上一块菩提树制的小圆板，他们认为失贞的女子只要踏上去灾难就会马上发生。在欧洲一些国家，则有在新婚的第一次性交前和性交后的次日测量女子颈围的验测法，说如果是处女，那么她次日的颈围会比前夜粗些。中国古代的测验法是点守宫砂，以验证女子贞操，据说只要拿它涂饰在女子的身上，终年都不会消去，一旦和男子交合，就立刻消失。为了防止少女婚前失贞，有些民族还采用"阴唇闭锁法"摧残她们，即对刚发育的少女用外科手术缝合她们的阴唇，如中非的尼格鲁人，苏丹和努比亚诸地居住的加拉族、索马里族，阿拉伯的某些民族和印度的某些土著民族等，都承袭着或存在过这种风俗。

婚后贞操指防止妻子和其他男子私通。世界上许多民族对失贞的妻子处罚都十分残酷。❶ 中国有的边远地区直到20世纪初还存在把婚后失贞的女子处以沉塘、活埋或以乱石砸死的野蛮陋习。北美洲落基山脉东侧的印第安人如果发现妻子不贞，就用刀削去鼻子，使其丑陋。无独有偶，埃及也曾有与此相似的风俗。乌干达人则把通奸罪定的比杀人罪还严重。中世纪的西欧国家有把私通的女子捆绑起来，用火烧其臀部的残忍行为；也有赤裸着缚在马上游街示众的羞辱法。据苏联作家高尔基的记载，在俄罗斯农村，直到19世纪末还有这种做法。欧洲中世纪时期，丈夫如出门远行，还有令妻子戴上铁制贞操带的做法。据说是一个德国皇帝叫铁匠给皇后铆了这样一副贞操带，像一个铁框子锁在小腹部，以保证他在率领军队远征期间皇后保持贞操。中世纪在欧洲王室贵族中，通奸被认为是一种与叛国罪一致的罪行，并且一般会被处死。但同时，男人却经常发生通奸，并且有时他的伴侣和情人能住在家里。在东罗马帝国是这样确认妻子通奸行为的：只要未经丈夫允许在外过夜，或者有一个非丈夫的男人陪伴旅行，或者频繁参加公共洗浴和宴会，则可定罪。❷

---

❶ 斯塔夫里阿诺斯. 全球通史：从史前到21世纪［M］. 吴象婴，等，译. 北京：北京大学出版社，2006：62-64.

❷ 世界贞操观史话. https://www.xzbu.com/6/view_2416899.htm. -2019.

寡妇守节指丈夫死后妻子不能再嫁，当然也不能和别的男子私通。在中国古代特别突出这项约束。从宋代到民国初期，无数女子从年轻时就守寡，一辈子受尽煎熬，青春虚度。四处树立着的那些烈女祠、贞操牌坊下面，不知埋藏了多少女子的血和泪。在古代印度众人眼里，妻子的首要任务是"取悦于夫"，如果丈夫逝世，妻子就失去了存在的意义。寡妇不能睡床铺，需睡在地上，每天只能吃一餐，也不能有肉、蜂蜜、酒和盐，不能穿红戴绿或化妆。

相比之下，妻妾殉葬制的习俗更加残忍，丈夫死后要求妻妾为自己守节还不保险，便要求妻妾殉葬，希望自己在死后仍能奴役和享用。这种规则实在是灭绝人性，还分有杀殉（杀死后陪葬）和生殉（活埋）两种。英国古时科曼德人，夫死则杀其妻。加利福尼亚的印第安人，妻要和夫的尸骸一同埋葬。日本古时也有不少妻殉夫，还作为荣誉加以表彰。印度直到现在还在少数地区保留丈夫死后妻子要跳入火堆与丈夫尸体共焚的惨事。在古代中国，对"贞操"的推崇到清朝达到高峰，《大清会典》有规定，"守节十五载以上，逾四十而身故者"，"一律旌表"，而对再嫁之妇，清代规定不得因夫或子贵而请求封爵。普遍认为"饿死事小，失节事大"。仅清初80年间自尽的"贞妇烈女"即达1.2万人，甚至父母都会为"贞洁"而逼迫自己的女儿自尽。

相对稳定的夫妻制家庭，是父系文明替代母系文明的产物。当然，这种家庭未必是纯粹的一夫一妻形式，只是突出了夫权地位。妇女从夫居住，因而失去了原氏族的依托。男子是生产和家庭事务的主持者，并掌握了经济大权。女性陷于烦琐的家务，被排斥于社会生产之外，从此失去了与外界的交流。在父权的支配下，妻子必须履行生儿育女的义务。不育女的妻子随时可以为丈夫所遗弃。因为儿子要继承父亲的财产，所以有无子嗣，便成为决定妇女命运的头等大事。东方文化中"不孝有三，无后为大"的观念一直流存至今。在父系氏族社会出现了象征男子生殖器的陶祖和石祖，陕西、山西等地的龙山文化遗址中多有发现。已婚妇女对陶祖或石祖顶礼膜拜，祈祷自己能生儿育女，子孙绵延不绝。

稳定婚姻关系相对应的生活单位是稳定的小家庭。这种小家庭依附于父系大家族。生产力进一步发展后，小家庭便有了更多的独立性和自主性。家庭成员之间关系并不平等，丈夫居于统治地位，掌握经济大权，也享有对妻子和子女的控制权。"父"，《说文解字》释曰："矩也，家长率教者，从又举杖。"所谓"教"，即对家庭拥有绝对的支配地位和统治权利。手中所举之杖，正是家庭权力的标志。父亲没有一定权威，家庭就缺少秩序。《礼记·表记》云："母，亲而不尊。"在父权的统治下，母亲虽是子女最亲近的人，但在父权的威严下，失去了母系氏族社会时期的尊贵地位。妻子必须严守贞操，以确保子女的父系血统。丈夫却可以在外任意寻欢作乐，妻子无权干涉。亲生儿子是家庭财产的直接继承者。夫妻制婚姻明显比对偶婚阶段稳固，家庭也不易破裂。这样，氏族文明走到了瓦解的边缘，逐渐开始向家庭文明过渡。当然，这个过程也是十分漫长的，而且氏族和个体家庭同时存在的时间也非常长。从两性婚配关系的演变进程看，早期人类社会走过了迁游群婚阶段、氏族部落对偶婚配阶段以及以家庭为细胞的阶层文明阶段，不同的阶段影响着社会内部人与人之间的相互关系。

两性婚配关系的演化和夫妻配家庭的出现，使丧葬制度也发生了重大变革。由于妻子已属于夫方氏族的成员，因而夫妻非同氏族成员不能埋葬一处的障碍已被拆除，妻随夫合葬普遍化。在中国大汶口、柳湾等氏族墓地都发现多座男女成年合葬墓，尸体都是一次性埋葬的。通常状况下，男女同时死去的可能性并不大，为什么会同时埋葬呢？研究人员认为，只能是在男子死去时，或许就把女性作为殉葬者处理了。不论男女是夫妻关系，或者是主仆关系，当时男尊女卑的事实可以得到确定。这也是人类社会已进入父权制阶段的重要标志。

父权制的确立,表明远古社会已由母系氏族的相对强盛过渡到父系氏族的不断兴旺。父系氏族是以父系血缘为纽带组成的世系族群。氏族成员,包括同一个男性始祖所生的子孙及其配偶。妻子虽然与丈夫非同一血统,但仍属丈夫所在氏族的正式成员,这是父系氏族与母系氏族的重要区别。每个氏族都占有一定的地域范围,氏族成员共同所有,集体耕种土地,共享劳动成果。氏族内部有严格的族规,由长老执掌族内事务,各分支房派又有房头,是个小家族。个体家庭虽然已经开始拥有粮食、牲畜等私有财产,但是对于集体劳动所获的物品,依规分配。氏族的财产由集体继承,氏族成员有互相救助的义务,男女择偶均实行族外婚。每个氏族都有自己的公共墓地。

云南西盟佤族长期延续父系氏族制度。有学者对此进行深入的调查与研究,这里的父系氏族通常以祖先姓名或地名命名,以此标明共同的血缘关系。例如,大马散的永欧氏族中的"欧"和亚木氏族的"亚木"就是祖先名,斯库氏族的"斯库"是地名,阿芒氏族的"阿芒"则是祖先的职务。西盟佤族传说的共同祖先是阿依俄或格末旦。马散、岳宋部落所属的各氏族普遍供奉阿依俄,翁戛科氏族则供奉格末旦。历史上随着氏族人口繁衍,不断分裂,反映许多分支氏族之间具有较近的血缘关系。

佤族氏族内有许多一夫一妻制个体家庭,由夫妻及子女组成,少数家庭还包括养子。他们居住在竹木结构的干栏式楼房内。楼上有主火塘和鬼火塘,主火塘是家庭成员休息的地方,鬼火塘是供奉死者灵魂及其他各种精灵的地方。个体家庭之间在婚姻、丧葬、建筑房屋等活动中仍保持互助的传统习俗,大家会向事主赠送粮食、酒、酸牛肉和建筑材料。个体家庭内部还保持分饭的习俗,主妇把煮熟的饭放在一个木盒里,并待她分给围蹲在火塘四周的每个家庭成员一份,吃完仍需由主妇盛,其他家庭成员自己不能盛饭。主妇掌控大家的温饱饥饿,家庭成员可以申请,但必须服从。在举行重大的宗教祭祀和婚丧活动时,牺牲品的分配也是有规矩的。牛头归主人,牛大腿、牛尾巴分给同氏族的成员或主人的兄弟,前腿或牛颈分给岳父或舅父和姑父,每人一块,牛肠、牛肚煮熟后集体分吃。这些点点滴滴的仪式习俗规范着家家户户的行为,也使该民族保持相对的自主独立及封闭。

4 从斗性活动、首领争夺到世袭传承

在动物界,雄性为了吸引配偶有千奇百怪的表现,也不乏为争夺配偶而拼死决斗。

有人类学家在非洲科考时发现,埃塞俄比亚南部有个叫苏里的部落,每年都要举行一场叫"斗公"的活动。参加比拼的男子必须赤裸上阵,而男男女女围观评判,之后再相互比斗,获胜的勇士或者表现突出的参与者,不仅会引得一片叫好,而且重要的是获得芳心(见图3-2)。因为勇士们都知道,姑娘们就是通过这个活动平台观察和选择配偶。当地政府在1994年曾经叫停了这样的拼斗求偶活动,但是这种基于人性本能的古老传承还真不是轻轻松松用一纸公文就管制得住的。

图3-2 参加比拼的男子必须赤裸上阵

其实这类斗性活动在原始族群时代属于非常普遍的常态生活,具体形式不可能完全一样。一方面是基于原始崇拜的娱乐生活;另一方面就是原始人类繁衍优生的一种本能的选择方式。中

国古代的比武招亲,以及现在一些少数民族留存的赛马会,比的都是男人的勇气、智慧和体能,可以看作各种远古斗性活动的延续演化。

如果说这种打斗活动属于综合性的实力比斗,那么还有更简单的就是性器官的直接比斗了。在非洲一些部落,这里留存戴阴茎鞘的习俗,与其说是保护,更像是装饰的炫耀。阴茎鞘通常选用一种长条形葫芦,将中间瓜肉挖掉,再直接放到火堆中烧烤,切下瓜头和把儿,制成长短不一或形状各异的"套"。现在也有用竹木、骨牙、金属等材料加工的,制作更加考究。人们把这种称为瓠瓜套的东西用绳系在腰部,佩戴后给阴茎起固定作用,睾丸则还露在外面。

在远古时期,这些斗性活动,说到底就是由于资源的稀缺而进行的交配权和生育权的争斗,强大的一方享受更多的交配权和生育权,而落败的一方则无可奈何。因此,原始的共有共享其实也是在野蛮的实力争夺中实现的相对公平。恩格斯所指的垄断婚应该就是这个意思。无论在母系部落,还是在父系部落,交配权这一资源是极其宝贵的,不仅意味着可以满足感官的快乐并克服孤独,而且意味着生殖繁衍意义上的胜利。因此,这类力量和智慧的角斗,就是部落内部利益平衡的重要方式,也是族群内部和平共处的重要规则。

随着人类社会的发展,在对各种规律的认知方面形成了不同门类和领域的规律认知先行者,他们成为相关规则的制定人。他们既是人类社会的积极推进者,也可能是相关利益的获得者。

而这一切又直接影响族群内部成员之间的亲疏关系,同时维系着每个个体在部落的地位。在部落这个熟人社会,色性对当时人类来说是与"食"同等不可或缺的内容。

与游迁族群时期的原始人群共同体比较,部落生活作为人类初期文明的族群共同体明显扩大和提升了。那么,部落内部首领的产生,必然也是综合实力争斗的结果;而随着婚配关系的改变,首领的选择也从单一的力量选择过渡到偏重血缘长尊关系、婚配关系等族群内部组织力、影响力的选择。我们可以想象,物质条件没有任何保障的条件下,一切服从于生存安全的需要,不会顾及过多的其他要素。而经过漫长的部落文明,生产发展相对稳定,基本保障有了一定基础,那么类似于现在宗族族长、头人这样的产生方式也就自然形成了。

在中国古代部落的杰出首领中,一直流传禅让制的说法,中原一带华夏部落联盟通过大家共同选举才德高尚者担当联盟首领,尧、舜、禹便是通过禅让制选举出来的德行高尚的联盟首领,他们都是在部落中很有威望的人。尧是黄帝以后比较著名的部落联盟首领,尧去世后,尧把部落联盟首领的位置让于舜,推舜为首领,这种让位,历史上称为"禅让"。这种文化一直作为政治美谈,还成为中国五千年治国的国家哲学。

近年也有学者对"禅让"行为提出种种质疑,认为其实应该是"请君禅让",认为至少也应该是因为出现了更强劲的竞争对手,知道自己不行了,才被迫让位。关于这个问题,作者还是比较赞同华夏历史上的确有"禅让"行为的存在,理由三条:第一,在现代宗族村落,大家文明选贤任能的例子也是常有的;第二,原始共有不仅有血缘基础,还有环境依托,人们的想法更加单纯,特别是农耕文明部落,相对于游牧部落更注重思考得失,顾虑左右,缺乏游牧古人的拼杀冲劲;第三,历史的记录,无论传说还是历史,总是被时间磨耗变异,在没有找到足够可信的佐证前,应该尊重早期的记录和评说。当然,这种"禅让"行为是不是一种普遍的"禅让制"是可以讨论的,历史也没有普遍存在这种规则的说法,而之后的世袭制更广泛、更普遍。

随着部落文明渐渐进入稳定的父系文明后,尤其是由男权主导的"小家庭"组织细胞的出现,人们的私有意识也日益明显,特别是部落间战争的升格和奴隶的出现,贫富差距越来越大。既然财产属于个人,那么部落的控制和管理以及一些比较重要的角色，比如巫师之类，自然也渐渐转向世袭传承。

非洲现在留存的很多部落都还延续世袭制，也就是说，部落酋长换任的时候都是交给自己的长子，而长子继承酋长之位后甚至还可以拥有自己父亲的妻子，虽然这让现代人很难理解，但是这就是部落留下来的习俗规则，其实是巩固新主地位的一种方式。任何人都是没有权力修改的，而且普遍是顺从的，有时候继承酋长职位的人年龄相当年轻。

世袭制以血缘关系作为权力继承模式，权力只在某一家族中传承，是一种相对稳定且高效的交接方式，特别在熟人社会，这种方式非常容易让人们接受，也就符合了合法性要求，即一定要在这个血缘关系内的人才具备资格，不是这个血缘关系内的人很难得到权力，这比禅让制以贤德为依据的方式显然更具有操作性，也减少了权力交接过程中可能出现的动荡，所以在古代历史的发展中世袭制一直是处于主流和普遍的地位。

人们携手走在征服自然的旅途中，随着人口的聚集必然出现说服大家集中意志的情况，而自我表现和自我超越的一族更会出现征服族群社会的愿望，以及进一步出现垄断和控制的愿望。而这种控制欲的扩张同样会借助工具，这样原本的服务工具也就非常容易出现变异，一是原始崇拜的宗教化，二是部落首领权力的利益化。原始人群早期现实保护、服务大家的首领地位和医治疾病、抚慰关心大家的巫师角色，在有些人看来成为有利可图、掌控群体的工具。

5 奴隶的产生及阶层社会的萌芽

对于许多历史现象，人们总习惯用现代人的思考去寻求答案，虽然说这正是历史研究的趣味所在，但是同时也容易出现比较大的偏差。关于产生战争的根源问题，同样也是众说纷纭。"战争民族论"认为，战争产生于民族之间的差别，优等民族总希望消灭劣等民族，所以经常挑起战争，似乎是天经地义的；"战争人口论"认为，战争根源于人口的增殖，人口的增长超过了生产的增长而导致战争，好像也不可避免；"战争天性论"认为，战争根源于人类好斗的生物本性和争夺欲望；等等，这些观点，都从各自的角度分析说明战争产生的缘由，可以说必然都有其道理。马克思、恩格斯也对战争的原因做了分析概括，认为是"私有制引起了战争，并且永远会引起战争"。可见，马克思、恩格斯认为在人类社会的旧石器时代中期以前，因为生产力极其低下，原始人的劳动产品除了维持自己的生存之外，没有剩余物品可供他人占有和掠夺，在原始部落内部，大家共同劳动、共同消费，就不存在产生战争的客观基础。

从战争的根本原因讲，马克思、恩格斯的观点显然是非常有道理的。因为没有具体的利益就不可能有任何意义上、任何形式上的争斗。如果具体到每一次战争的起因，众说纷纭的观点都有道理。但是，这样的方式研究原古的战争仿佛把问题复杂化了，是现代人的一种典型的思维方式。笔者认为，为了生存和争夺各种食物，原始人群之间相互的争斗多少总是存在的，如果把最早期原始人之间个别打斗和捕猎的行为不作为战争认定，那么不同的原始人群，为了一个长满果子的大树或者为了争夺一片水产丰富的沼泽地，而展开的群体性斗殴，是不是可以判断为原始战争呢？答案是肯定的，这样的争斗是不是非常普遍，那是另外一个概念。当时自然界的风物还是足够的，原始战争也就非常少，但自然灾害年景也可能出现争夺。就是今天的动物世界，类似的情况也还是有的。由此可见，战争应该是人类为了自身群体的利益而与其他利益群体进行的有组织的群体暴力冲突。我们在历史研究时说原始人类没有私有意识，主要是指有血缘关系的原始人群内部，大家基于实现微弱生命的存在需要把个体自主意志让渡给了群体。但事实上，原古人类把不同族群的同类也作为食物捕猎的，也就是以"集体"作为主体的私念应该是先天存在的。原始共有完全是生存环境逼迫形成的求生共同体。当然，这些战争产生的根源都归于原始人群相互间的生存生活之中。自然也包括存在一些暴力冲突的原因出于相互间的报复行为和抢夺女性，等等。进入部落文明并发现族外婚配的后代明显优胜之后，相对长一个时期里，部落间打斗基本就是为了抢夺女性作为目标。所以人类最早期的战争和阶级对抗性冲突应该没有必然联系。当然人类社会出现私有财产和阶级后历史上的各种战争肯定是更加不可避免，而且进一步升级。

到了部落文明以后，不同部落之间为了资源和各种利益的争斗日趋频繁，而战争的结果必定是胜利的部落占有了更多的适宜土地，失败的部落，部分人可能落荒而逃，需要另外寻找落脚地，被俘虏的部分人则作为部落的劳力或者牺牲品，这些劳力就是最早的奴隶（见图3-3）。而俘获的女性们会被奖励给勇士们或者头领自己私下收留，成了别的男人不可侵犯的"财产"。

图3-3　部落竞争开始产生奴隶

相传由古希腊诗人荷马（公元前9世纪—前8世纪）所作的史诗，在《伊利亚特》章节里就有一些情节的描述，对于那些战败的俘虏以及不能忍受驱赶之苦的老人和儿童，他们的命运往往就是被胜利者屠戮；而被俘虏的女人们也就成为战胜者中勇士们的奖赏——成为女奴隶，这类通常属于私奴。

在中国古代，奴隶的来源基本上出自下述四类人。其一是战败一方的相关人员。被掠夺、被征服的战俘，在商和西周时期的奴隶，大多数都来自这一类。对此殷墟甲骨文和西周铜器铭文可以看到一些记载，无论是商、周王朝或是其敌对的方国、部落，相互间经常采取军事行动掠取对方人口。当时的贵族获得大量俘虏，如羌人、夷人等，一部分用作人殉人祭，一部分则沦为奴隶。到了西周时期，杀人祭祀大为减少，奴隶的比例大幅度上升。在西周前期的小盂鼎铭文所记的征伐某个方国的战争中，周人斩获了3800多个首级，还俘获13081人。《左传》中有关春秋时期俘虏的记载也很多。当时人们亦把奴隶称为"虏"。不过到了战国时期，其他来源的奴隶急剧增加，俘虏作为奴隶相对少了一些。部落战争胜利者对被征服的地域或部落的接管方式相对比较复杂，人员处置也多样化了。从西周、春秋时代的有关史料看，战胜者往往让被征服者中原先有射御等作战技术的人充实到军事上服役称为"臣""仆"，而让原来从事农业生产的人成为耕种土地的"庸"；允许这种臣、仆或庸有家庭，而且让他们大批聚居在一起，这些人的身份很难说是奴隶，只是地位比其他原部落居民低一些而已。

其二是违法犯罪者及其家庭成员。商之后，就有把一些不够处以死刑的重罪犯以及犯死罪和其他较重之罪犯的家属罚为官奴的制度。西周时期这些被处罚成为官奴的人，男性通常成为由官府指派服役的罪隶，女性则从事舂米等劳动。战国时，各国都有大量因犯罪而受刑的人，当时的刑罚如去须鬓的耐刑，去发的髡刑以及鲸、劓、刖、宫等肉刑，并不是关押起来失去自由，被罚为公家服役的刑徒如秦国的刑徒就有隶臣、隶妾、鬼薪、白粲、城旦、舂等岗位名目。过去一般认为刑徒服役都有期限，因此有学者质疑他们的官奴身份。无期限的刑徒无疑应该看作官家的奴隶。但春秋之前的罪奴，由于原来身份以及成为罪奴后的工作不同，具体情况可以有很大差别。例如春秋时有些贵族因有罪而"降在皂隶"，他们一般都有自己的家庭和世守的职务，地位近于低级的吏，自然不能看作奴隶。

其三是被家长出卖的妻儿及自己卖身为奴者。战国后，部落间战事连连，贫民或其他破产者出卖妻子、儿女为奴的现象大量出现。有时他们把妻儿作为债务的抵押叫作赘，但过期不能偿债就被债主抵没为奴隶。作为抵押的赘子如被债主家招为女婿，就成为赘婿。战国时期赘婿的地位极低，跟奴隶相似。自卖为奴的现象在战国时期已比较普遍。在那个没有积累的年代，个人劳力就是所有家当，出现经济债务只能卖身为奴者不少。

其四就是奴隶的子女。奴隶的子女常规下仍是奴隶，《汉书·陈胜传》就有记载所谓"人奴产子"。❶

人类历史上，存在奴隶的时间还是相当长的。就是美国正式立国之后奴隶制度仍然存在了很长一段时间，直到南北战争后美国国会签署《美利坚合众国宪法第十三条修正案》，才正式废除奴隶制度。

在非洲的撒哈拉沙漠，也被人称为世界上最不适合生存的地方之一，却存在一个叫毛里塔尼亚的国家，这个国家一些边远的地方至今还存在奴隶制。这里由于受地理位置和自然条件的制约，经济落后，能源极其匮乏，生活在沿海地区的居民还能从事贸易或者捕捞等行业谋生，而处于内陆的居民则过着原始游牧的生活。由于国土面积大、人口都分布在沙漠深处，在广袤的沙漠地带发生事件也不被外界了解。这样的环境下对于这里的奴隶来说，脱离了主人还真未必是件好事，一旦断了经济来源，连生存下去都是个问题。

还有一种非常特殊的奴隶，叫家生奴隶。这类家生奴隶具体又是怎么来的呢？就是原古时期战斗中的勇士会得到各种奖励，包括直接把一些女奴隶作为奖励，而男主人与女奴隶同居以后也会有自己的孩子，这些孩子的父亲虽然拥有一定地位，但是奴隶

---

❶ 若兮花浅. 奴隶详述. https://blog.sina.com.cn/s/blog59d758370100acgy.html - 2019.

的身份往往没有办法改变，这在当时氏族社会中是非常严格的。由此也可以探究部落和氏族的一些具体规则，虽然当时已经拥有部分属于个人的奖励财物，包括奴隶，但是基本规则仍然还是在氏族财物共同所有制条件之下，公共集体的财物和个体所有的界限还是非常分明的。所有这些女奴隶和主人生的孩子还是不可以享受部落同族人的待遇。所以勇士们的亲生骨肉成为奴隶也没有办法，当然，他们的生活环境会比普通奴隶要好许多。比如在《埃什嫩那法典》中，就曾经明确要求主人必须给奴隶戴上脚镣，在实际操作过程中，家生奴隶却可以享受不用佩戴脚镣等一些特殊关照。

　　物质生产的丰富和积累自然催生了部落内部相互之间和部落之间的物品交易，从而形成对之后人类影响极大的商业文明。人类从攫取经济（采集和渔猎）向生产经济发展，再到贸易经济过渡，步履迈得越来越快。在交易中奴隶也是有不同价值评估的，通常是部落外没有依靠的奴隶比部落内部的受欢迎，可能更加勤勉，容易驱使的缘故，而家生奴隶往往被认为价值最高。

　　从奴隶的出现我们已经可以想见，实际上部落族群社会已经分化出了阶层，由于各自掌握的部落内部资源不同，人们的地位已经出现差别化。因权力、财产高于其他同族平常人而形成上层阶级，这些人主要包括族长、族头、长老一类的世俗贵族，按现在看他们依仗的是资历和辈分；负责沟通天上和人间的通灵使者，组织崇拜和禁忌活动，包括星象家、祭师一类的宗教贵族，这些人主要靠自己的聪明才智；还有能组织冲锋陷阵、在部落战斗中有贡献的武士贵族，他们靠的是强壮体格和武艺。当然，这些人的经验和本领技能也往往会作为传家立身之宝传授给自己的孩子们，地位和财产也慢慢世袭起来。这几类人群左右当时部落社会的管理构架。

6　独一无二的华夏文明传承

迄今为止，中国是世界上发现人类早期文明遗址最多的一个国家，尤其以农业部落考古的发现最为丰富，这类发现在世界各地，特别是美洲、中东、非洲也有遗迹留存。而游牧族群和渔猎族群的聚居发展演进相对会晚一些。我国文明发展的脉络已经比较清晰，根据传统的考古发现，距今 5800 年前后，黄河、长江中下游以及西辽河等区域出现了文明起源迹象，而华夏文明也是世界上非常罕见的始终在原生地域持续繁衍发展的文明。

出生在历史研究世家的英国知名历史学家阿诺德·汤因比研究认为，在他那个时代全世界总共发现了超过 650 个"具有充分材料的"原始部落遗迹，研究者们推断，曾经存在过的原始人群和部落数量肯定要比这多得多。然而，在数量不少的原始社会中，最初只有很少几个地区的文明能够脱颖而出，并启动了各自的发展进程，成为目前能够确认的人类第一代的文明社会。汤因比认为有 6 个这样的例子，即非洲的古代埃及、西亚的苏美尔、地中海的米诺斯、北美洲的玛雅、南美洲安第斯及东亚的古代中国。而回首历史，中国的华夏文明可以说是唯一保存活力的古老民族。其他几个都早早地融化在茫茫人海。从人类历史整体来看，可以说正是华夏文明依存的这个空间地域辽阔，而且规模巨大、人口众多，形成了一个超级体量的聚居部落，并使之能够在较短的时间内形成部落联盟，才能抵抗住无处不在的外族游族入侵和时常出现的天灾人祸，守住人类历史上第一代文明的仅存硕果。

近些年遗传学发展很快，分子人类学已经成为原古人类活动科考的重要辅助手段，为人类历史变迁分析提供更丰富也更翔实的佐证。三四万年前亚洲陆地上的许多山脉还被积雪常年覆盖，许多早期的远古生物被封盖，或远迁转移求生。简单地讲，远古人类面前总是呈现两条道路：一条是战战兢兢，如履薄冰，逆境进化；一条是潇潇洒洒，似风飘逸，随势顺流。而这样的选择更多取决于特定环境下的基因突变。也就是在这个时期，西亚原古智人中的一支进入东亚，他们沿着南亚海岸线，爬山涉水地走了上万年，并且在这段迁途中再次积累了良好的基因突变，首先在南方地区扩散开来，而后再向北方和东方迁徙。在数万年过程中，人类又频繁发生分裂和隔离，逐渐转变成了体貌和文化都大为不同的族群。

那时中国陆地上的冰川开始逐渐消融，万物焕发新的生机，其中一支经过南方的缅甸、中南半岛先后穿过中国的云南、广西一带继续北上，大约距今1万年前的时候到达了长江和黄河流域，另一支则迁往了渤海湾西部各地。此时的气候适宜人类生活，冰川消融的水源能够滋润原始的农业生产，他们各自开始在小溪河边安营扎寨。其中一个亚群在北上过程中又发生基因突变（这是汉族特有的两个基因突变之一）。他们带着这个突变向东行走，一直进入渭河流域才停留下来，开始以农耕为生，这个群体就是华族，也就是后来所称的汉人前身。他们从此在这片土地上繁衍生息开启了华夏文明的起源。此时的华夏族群扩张厉害，羌族等已经不再被认同为同族，留在河谷地区的羌人是在迁移过程中留下的，他们依然保留"逐水草而居"的迁游生活习性，被华夏人称为"西戎"；东部的广泛地区已经被"三苗"占领，这是和汉藏同一祖先而更早迁移到此的族类，部族之间的争斗产生了族群英雄，黄帝就是这个阶段的领袖人物。而后，华族和东夷、南蛮在夏商阶段一直处于争斗之中。在人类漫长的迁徙过程中，随时随地都可能有人群离开，或分道扬镳，发生隔离，隔离日久，本族的人群也会因为适应环境所带来的巨大压力而发生生物学和非生物学的变异，一旦不同的人群再次相遇，就互相认为"非我族类"。这就是同一地区逐渐出现大量不同族群并相互征伐的原因。

有分子人类学研究者认为,从父系遗传的角度,自 1 万年前左右的全新世之后,东亚地区出现了多个父系 Y 染色体单倍群的剧烈分化,可见这一时期人口的迅速增长。其中五个父系单倍群先后发生了多层次连续分化,并逐渐成长为东亚地区最主要的五个父系家族,参与了包括汉民族在内的大多数东亚族群的形成。最末次冰期结束后的气候回暖是带动这一人口增长过程的决定性因素。父系单倍群的支系分化恰是在 7000—5000 年前的"全新世大暖期"达到了一个峰值,反映了这一时期人口的急速增长与生产方式的逐渐转变。形成大型聚居村落,大型聚居村落又逐渐演化为城市的雏形。黄河中上游的杨官寨遗址、长江中下游的凌家滩遗址、辽河流域的牛河梁遗址正是这一时期大规模聚落的代表。这些聚落中出现了带有宗教色彩的祭祀建筑和精美的手工艺品,一方面说明社会组织结构已变得相当复杂,另一方面说明社会分工更加丰富,族群内部阶层开始分化,更为复杂的社会形态初见端倪。

从公元前 3 世纪到公元前 2 世纪,中国境内出现了一大批更为发达的城市群落,包括良渚遗址、陶寺遗址、石峁遗址、石家河遗址、两城镇遗址、宝墩遗址等。众多父系家族也出现剧烈分化,除了人口增长的因素外,邦国的出现促进了一批统治管理阶层和世袭文化的形成,内部贫富差异开始加大,也加速了超级父系家族的诞生。中国近万年男权传统社会,在早期,中下层男性很难留下自己的后代,原因很简单:一方面只有一半的人才能活到成年;又相当一部分成年后,根本就没有配偶;还有的有了配偶,得确保生下子女;有了子女,又得确保他们能活到成年,再重复父母的幸运。这个过程本身就是一个非常残酷的现实。

山东大汶口文化墓葬,据放射性碳元素断代并校正后得出数据,距今 6500—4500 年,早期文化遗存墓葬中,头部主要朝向东,也有朝向北的。葬制以男、女分别单人葬为主,合葬以同性合葬和多人二次合葬为主,多人二次合葬墓的人骨排列十分整齐。死者手中多握有獐牙器。

早期墓葬在后期随葬品多寡差距显著,多的近50件,而且很精致,少的却一件都没有。随葬品质量优劣差别很大,随葬生产工具的情况男女也不同。男性多生产工具和手工工具,女性多生活用具,用狗殉葬的多为男性。富有的大墓,用数量较多的象征财富多寡的猪下颌骨和猪头随葬,甚至用整猪、整狗随葬。

中期的部分大墓和中型墓设有二层台及原木搭成的葬具。晚期文化遗存墓葬仍以单身仰身直肢葬为主,有少量的合葬墓。这时期的合葬墓大多是一对成年男女合葬墓,同性合葬已经消失。当时流行凿齿之风,许多尸骨没有两颗门牙。凡是一对成年男女合葬墓,随葬品一般都集中在男性边上。

晚期的墓葬随葬品厚薄不均的现象较先前更加突出。有的大墓随葬品多达70余件,除各种精美陶器外,还有玉器和象牙制品;有的墓则一无所有。考古还发现,大汶口文化晚期的氏族墓地出现了小片的家族墓地。而家族墓地之间贫富分化现象同样存在。这一时期灵魂观念也发生了变化,已不再用死因区分灵魂的善恶,墓地上出现了无尸富墓、断头富墓,这些凶死者也许是氏族中的新贵,也都得到了厚葬。

根据大汶口文化遗址的发掘,特别是墓葬的发掘,可以判断当时财富的私有程度和贫富分化有了相当大的发展。大汶口文化晚期生产力水平较中期又有了较大发展,当时的父权地位也已经十分稳固。

类似中国华夏族群这样生活在同一片土地上,延续万年之久不曾中断的古老文明,在地球上绝无仅有。有识之士称中华文明博大精深,也有极端认知说中华文明停滞不进,其实不必纠结于此。人类还在继续奔跑,历史毕竟是后人写的。

文明就是一个向未来连续演化的进程。快速和缓慢都是相对而言的,缓慢却意味着厚实,迅速可能只是一种表象。

7 苦思冥想和脑神经的突变进化

人类生产力水平的不断提高,并不能给人们创造更多的闲暇时间,人们的生存压力和生活竞争日益增强。但是人们更加希望理顺自然界和超自然界的关系,保障自己的平安,需要更多的思考和冥想去面对明天。一批人专门研究观察自然变化,占卜未来,联络人类和神灵之间的关系,并组织大家进行各种有利于部落生存和繁衍的活动。这样人类便出现第一批专门的脑力劳动者,而这样的一批人长期苦思冥想,观察、归纳、总结,不仅使这一时期文化艺术生活得到迅速发展,同时也使人类大脑结构得到快速进步。冥思与眼界一样会促进人的思维突破,这种突破可能来自大脑对内的开发,专注力对人类认知拓展的作用是非常大的。

华盛顿大学人类学家切特·舍伍德说,大脑扩张是人类大脑进化中最特殊的特征之一。科学家们已经确认,大脑扩张是人类进化过程中的一个重要特征。研究远古人类的头骨化石,科学家们能够估算他们大脑的大小。这项研究表明,在过去的300万年中,人类的大脑量增加了2倍,从南方古猿约450克增加到现代人的1300—1400克。

切特·舍伍德认为:大脑进化不是无缘无故地发生的,进化的原则通常是精细节俭和符合成本效益的,而且脑组织还需要特别多的新陈代谢,大脑的扩大一定有其非凡的价值。当然并不是说拥有了一个更大的大脑就意味着在认知方面更加良好。

现代科学也证明,专注冥想是改善大脑思维、促进神经活跃的重要方法之一。人类的大脑具有极大的成长空间,一直处在进化中,直到现在仍然还在变化之中。另一个进化的重要特征是人类大脑的演变绝大部分是发生在出生之后,刚出生时的人类大脑只有成年人的27%,而新生的黑猩猩大脑则占成年黑猩猩的

36%，新生猕猴则占70%。人类婴儿在出生后大脑仍在快速增长。2004年，伊利诺伊大学的研究人员对此做过深入研究，希望能够找到答案。他们绘制了人类、黑猩猩和其他五种灵长类物种的脑部发育模式，发现人类和黑猩猩都在五六岁达到成人脑体规模。然而，人类的大脑变大的速度是黑猩猩的六倍，尽管出生后变大的速度出现下降趋势，但人类大脑的快速增长仍然持续一年。

研究还表明，大脑体积的增大大部分是由于大脑皮层以及皮层下的神经纤维的扩张所致（见图3-4）。大脑皮层中增长最多的部分是联合皮质区。这些区域负责整合来自其他区域的信息，并参与更高的认知功能，如计划和抽象思维。而基本只有单一功能的脑区如运动皮层或视觉皮层，并没有太多面积的扩大。科学家对此的解释为人类大脑的进化是有极限的，但是人类的智慧是没有极限的，我们的大脑多达1000亿个神经元，互相连接在一起，这些神经纤维总长度超过了10万千米，这是一个非常庞大的数字，大脑运行速度比世界上最快的计算机还要快很多。人类的大脑在过去200万年中一直在不断地长大，而且增大的部分几乎是同一个地方，即大脑新皮层，也就是掌握我们思考计划和做决定的皮质区，随着大脑越来越大，人类的思维也会变得越来越发达。

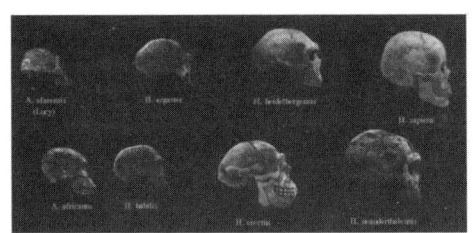

图3-4 大脑扩张是人类大脑进化中特殊的特征之一

更大的皮层意味着更多的神经元，里约热内卢联邦大学的科学家们计算出人类大脑皮层有160亿个神经元。他们还发现，在灵长类动物中，神经元的数量与大脑的大小成正比，这表明随着大脑大小在过去 300 万年中增大了 2 倍，神经元的数量也增加了 2 倍。负责这项研究的巴西脑神经学家苏珊娜·埃尔库拉诺-乌泽尔说：当大脑皮层中的神经元越来越多时，新的连接模式和新的功能就有机会在扩大的大脑区域中产生，这是对人类的认知能力不断大幅提高的最简单的解释。与其他灵长类动物相比，人类并没有局限于对自然环境的认知，更是依赖文化、互动和社会群体认同了解彼此。人类社会复杂性的增加也可能成为人类大脑进化背后的驱动力之一。

虽然人类在童年时期已经达到成年人的大脑大小，但脑发育会持续数十年之久。例如，在发育期间，神经纤维被髓磷脂覆盖，髓鞘是一种使纤维绝缘并加速电信号传输的脂肪物质。这个过程对于在发育过程中形成连接的神经元至关重要，切特·舍伍德的研究表明，与其他灵长类动物相比，在人类大脑中髓鞘生成得更慢。而这种差距甚至在成年后依旧存在，人类的大脑会持续增加髓磷脂，直到 30 岁左右。这表明人类进化出了大脑发育的延长时间表。这非常重要，因为髓鞘的形成是由刺激和学习引导的：当神经元更活跃时，更多髓磷脂被添加到它们之间的纤维上，从而加强了它们的连接。这意味着我们的大脑有更多的机会可以被文化、社会和环境所塑造。

人类的大脑有想象力，有创造力，人类每天都在思考，这些思考、想象和创造让人类大脑的质量越来越高。虽然大脑外部看似没有继续变大，但是大脑内部的神经变得越来越细致，每一个神经元会变得越来越强大，而这种加强是没有限制的，只要人类还在思考，这种强化就不会停止，人类的脑力思维也会越来越复杂。

8 游牧（渔猎）部落与交通工具的第一次革命

前一章节探讨过，积累了上百万年迁游生活经验的原始人类，开始择地定居进入部落文明，根据生存环境和长期积累的经验习惯各不相同，有的以农耕为主，有的以游牧为主，有的以渔猎为主，而这些差异又经过万千年的日积月累，对人类族群自身带来巨大的影响，渐渐形成各自的独特个性和价值认知。比如，农耕部落族群比较稳定富庶，习惯墨守成规，相对忍耐包容，安逸知足；游牧部落族群比较骁勇善战，善于纵横驾驭，相对大度奔放，居安思危，强悍重信；渔猎部落族群比较灵活。肉食、素食为主的摄入习惯和喜好，必然对不同族群的体格、脾性等诸方面产生细微深入的影响。《大戴礼记·易本命》中就有"食肉者勇敢而悍，食谷者智慧而巧"的记录。[1] 游牧部落人群以肉类食物为主的饮食习惯形成强壮的肌肉，长期习惯的动刀屠杀和血腥熏陶下性情也更加勇武好斗，攻击性和扩张性相对比较强烈；而农耕部落的人群，注重家园守候，享受小家乐趣。这是生活环境和成长经历的历练结果，各有千秋，难分伯仲。

远古人类时期的农耕、游牧与渔猎分别是三类不同的生存习俗，虽然也是相互影响，互补互进，但是各自代表三类差异明显的文明传承，规则习俗相去甚远，长期冲突争执不断。在公元前后数千年间，亚欧大陆农耕部落与周边游牧诸族穿插对应。在欧洲，南部农耕地带为希腊罗马城邦，东有波斯、北有日耳曼等游牧民族；在西亚，南有帕提亚帝国，北有马萨革泰和阿兰等游牧民族；在中亚、南亚农耕国家主要有贵霜和古印度，其北游牧各族有康居、大宛、大月氏等；东亚的农耕地区主要是古代华夏，其西北方游牧民族主要有匈奴、鲜卑、羌、月氏等。游牧部落文明与农耕部落文明邻近各族群之间，不断发生摩擦接触和贸易交往，更有暴力冲突争夺资源和财富。和平相处友好贸易往来时，游牧部落用牲畜、皮革、毛类、乳肉制品以及战马、乐器换取农耕部落的农产品、陶器等手工业品。这对于双方社会经济的发展

---

[1] 高明. 大戴礼记今注今译 [M]. 台北：台湾商务印书馆，1977：187.

和精神生活的丰富，都有积极作用。游牧族群对农耕族群常常伺机入侵，掳获财物，俘虏人口，以至焚毁城池，屠戮生灵。而这类或大或小的武装冲突往往多数以游牧族群得胜而告终。虽然游牧族群缺乏静守乐土从事农耕的耐心，但往往被本土农耕文化所同化。渔猎族群则更多注重和农耕族群交换物品，发展贸易。无论是贸易、文化交流，还是战争冲突，和平与暴力不断交错出现，其结果都促进了几支文明支流之间相对封闭的交流半径得以突破，不同成长背景的人类文明之间的相互影响不断扩大。游牧民族对农耕世界的占领以及入主后新的统治王朝的建立，往往也导致相似的结果。亚欧大陆几类文明之间的互相交往、彼此渗透，在很大程度上打破了各自的闭塞，促进了不同民族和文明的融合。与游牧和农耕文明的摩擦交往相比，渔猎文明和农耕文明之间融合度要高许多。一方面渔猎依靠江河湖海天然资源，与农耕和游牧部落依托的土地资源相对不同，没有根本冲突；另一方面渔猎文明相对资源产出比较丰厚、稳定。

远古游牧族群的生活方式现在还是可以找到不少遗存的，他们的生产方式与普通农业部落明显不同，游牧民以畜牧为业，逐水草而居，但也不是没有地盘概念，哪片草场属于哪个部落的，部落间都是有势力范围划分的，而且整体部落不可能经常做大规模迁徙。游牧部落有大有小，人口少则几百多则数千人，加上牛马畜生，必须要居住在水草丰美的草场，适合长时间居住。游牧部落人类长期与动物打交道，积累了丰富的驯服动物的经验，特别是马和狗，还驯养了许多特殊品种，使之成为人类的亲密伙伴和得力助手。现在世界上公认的三大古游牧民族有蒙古系（阿尔泰系）、闪米特系和雅利安系。蒙古系是当时主要分布在东亚地区的游牧人，后来成为蒙古的主体民族；闪米特系来自古希伯来人，在圣经中对各种族来由的记载，凡文化与语言上跟他们接近的种族即被认为是"闪"的子孙，后来聚居在阿拉伯地区；雅利安系原是乌拉尔山脉南部草原上的一个古老游牧民族，信仰太阳神。

　　游牧部落的勇士们能征善战，来去如风，他们善养马更能骑马，可以快速地长途跋涉。在那个交通完全靠两条腿的岁月，马的驯养和应用迅速扩大了人类的活动圈，再加上食肉民族的个性和骁勇善战的作风，很容易成为跑得远、看得多、占得多的先手一族。马驴等动物被人类驯养成功，和船只的使用是人类交通工具史上的第一次革命。马匹和船只成为运输货物和长途代步的重要交通工具，而且是人类至今运营最长久的交通工具。相对于单纯安居一方囤地积累的农耕文明而言，无论是游牧文明还是渔猎文明的族群在认知空间和战胜自然方面似乎略早走了一步，而对人类自身的认识，农耕文明可能积累了更加丰富的经验。

　　这次交通工具的革命为东西方文明的大融合，同时也为形成人类历史上真正意义的国家政权起到了巨大的促进作用。在那个靠武力征战说话的时代，游牧部落族人对于世界历史发展产生了强烈的冲击与影响。波斯人有记载的历史和文化始于公元前2700年。公元前2000年时，古波斯人游牧部落就是从中亚进入今伊朗地区，排挤了当地土著居民而定居下来。公元前8世纪，波斯人占领了今法尔斯地区后从这个地名获得了本族的名称，并建立了强大的波斯帝国。古蒙古系（阿尔泰系）、闪米特系和雅利安系三大古游牧民族先后建立了人类历史上的超级帝国。历史上，雅利安人摧毁了四大文明古国中的三个：古巴比伦、古印度及古埃及。可见当时游牧部落的争斗实力。

　　第一章讨论过迁徙在人类进化中的作用，促进人种交流融合、诱发基因突变。同时在各地部落间血腥的征服和反征服过程中，在丛林竞争法则下，人类再一次进行残酷的优胜劣汰，那些弱小、松散、战败的部落完全可能被灭绝。除了部落战争的杀戮，许多战败的俘虏也往往被作为人祭，奉给圣灵。游牧民族的巫鬼祭祀文化一直传承，萨满教就是在游牧部落的原始信仰基础上发展起来的一种信仰活动。萨满曾被认为有控制天气、预言、解梦、占星以及旅行到天堂或者地狱的能力。游牧部落特殊的生存环境形成了他们许多特殊的规则。自然，游牧部落族群在普遍作为战胜者生存下来的同时，在文化的兼容作用下，更多地被各地更丰富的人类文明所同化。

原始渔猎部落同样有自己的独特优势，像古地中海地区的文明，所处地域火山灰土肥沃却耕地面积不大，随着人口聚集，粮食缺乏，长期的渔猎生活促进了他们航海技术的异常进步，手工业也相对发达。据说希腊各城邦、克里特岛都能生产大量的陶罐、葡萄酒、橄榄油，所以贸易交流也发展相对较早，人们的思想也非常活跃，对于财富的认知明显不同于农耕族群的思维，他们在频繁的贸易活动中积累了财富保存的方法，也为日后人类社会经济贸易的发展做出了独到的贡献。生存环境和生产方式对人群及地域文明的影响的确是至关重要的。

章节思考

许多现代人总会产生疑问，处于艰难的环境，大家是怎样做到相知相爱，相亲相杀的？基于血缘的紧密联系，他们本能灵性地活着，一点也不需要坚持什么样的理性。直到人类的心中有了理性，爱子女的本能灵性中，添加了承财富、传家业的理性，这个世界开始渐渐发生微妙的变化。

而生产力的提高为那些苦思冥想者创造了足够的闲暇发挥其脑力作用，人类进入相对快速的演进阶段。

父系文明之后，人与人之间的关系相对复杂起来。以血缘联系为基础的共同生存面临更多的诱惑和更大的挑战，人类规则的变迁，有时出自纯粹的经验，有时来自突然的遭遇；有时是自上而下的要求，有时又是自下而上的促动，但是其在人类历史中的重要作用却越来越显现。

父权文明和男性规则的确立不仅从生物学层面确立了人类社会的走向，男女间的性别差异从一开始就是完美的互补，相克相生。男性的进取和变化，与女性的承受和稳定，是大自然天地造化的生动演绎。人类进入男性社会，文明的步伐开始迅速加快。

随着人群聚居的不断扩大，个体意见需要被代表、被代言，代言的隐形空间留存了许多变数的可能。规则开始工具化，自然生成的天理规则和人情规则，开始出现被打磨、被加工，成为打制工具和精磨工具。规则的变异、生成方式的变异，导致内容形式也都发生了变化。规则在维护保护秩序的同时，也成为一部分人控制和剥夺其他人的工具。

进化和退化总是肩并肩的，为同一形态的两个侧面。

第三章参考及推荐读物目录：

1. 李方. 浅论礼法传统的社会历史根基 [EB/OL]. [2020-04-11]. http://www.lwlm.com/guoxuelunwen/200812/208094.htm.

2. 罗太后. 父系氏族社会起源于什么时候？[EB/OL]. [2020-04-11]. http://www.qulishi.com/article/201903/321260.html.

3. 刘镇繁. 原始人的性崇拜 [EB/OL]. [2020-04-11]. http://eladies.sina.com.cn/2001-12-07/47162.html.

4. 威廉·麦克尼尔. 世界简史 [M]. 施诚，赵婧，译. 余一石，校. 北京：中信出版集团，2019.

5. 胡宏霞. 爱琴海的爱情：中国与希腊的性文化比较 [M]. 呼和浩特：远方出版社，2008.

6. 维克多·特纳. 象征之林：恩登布人仪式散论 [M]. 赵玉燕，欧阳敏，徐洪峰，译. 北京：商务印书馆，2013.

第四章
王权文明

随着人类生产能力的持续提高，部落间的交往和兼并也日益增多，人类的活动半径随之扩展，同时人口也越加聚集，财富更加积累，贫富差距加大。经历了几十万年的艰辛，人类已经进入第一个文明周期。仅仅依靠血缘关系为纽带的氏族规则已经很难调节新出现的许多矛盾和问题。尤其是超大部落的出现，已经不只是单一氏族的共同生活。那么，内部如何调解财富不均而出现的纷争，怎样处理奴隶们出现的联合抗争，怎样解决以大欺小、仗势凌弱等情况；外部如何应对其他部落的掠抢和不公平交易等纷争，总之渐渐出现的一系列新状况、新关系需要调节管理。对于出现国家形态的基本条件，笔者认为主要有三方面：首先，人类借助工具实现生产创造能力的提升，社会生产力得以发展；其次，父系文明带来人口不断聚居；最后，不同族群部落间的征战和妥协，促进社会阶层的出现。

1 奴隶的贡献和超大部落的出现

物质基础的改变和社会阶层的出现是人类社会进入新文明阶

段的重要条件,然而,这些重要条件的出现,恰恰就是因为有了奴隶。奴隶不仅是当时生产的主力,而且是人类社会的基础力量。在欧洲大陆古希腊文明时期,许多城邦里奴隶占人口多数,更何况许多农业工具本身也是奴隶们发明出来的。奴隶是文明和财富的创造者,也是文明的享有者,却不是财富的占有者。

在当时的生产力条件下,劳动力已经能够创造足够养活自己的物品,战俘也不再被杀死,而是成为胜利部落的奴隶,这就保存了大量的劳动力,也可以为社会带来更多的财富。从整个人类历史来讲,奴隶就是为人类发展积蓄"第一桶金"的特殊身份群体。

而占有生产资料和奴隶的胜利者则成为奴隶的主人,他们让奴隶在自己的庄园和作坊里劳作,并且想方设法要求奴隶提高效率,甚至完成一些巨大的工程。大量的奴隶在大规模的生产劳动中,促进了生产中的分工协作,使不同部门之间、同一部门内部的分工越来越细,劳动者的劳动技能和熟练程度也得以明显提升。

奴隶们的物资贡献使更多的人可以从直接的生产劳动中脱离出来,巫医、占卜师已经不是唯一的知识精英阶层。这个阶段各种研究思考者也不断出现,出现了一些不同门类的学科。自开始有文字历史以来,书本上记载的总是少数人的情况,然而和以往不同的是,自奴隶产生,人类已经不仅可以养活自己,而且能够创造更加丰富的食物和产品,因此不可忽视奴隶以及差不多时期的农奴,这部分人的贡献在人类历史上翻开崭新的一页。我们今天通过那个时代两位农学家的书籍,可以看明白奴隶在当时社会所起的作用。他们的这些书籍其实是古希腊文明时期的经济著作,内容主要是讨论发展奴隶制经济和农业耕作技术。两人的书名也一样,即克尤斯·加图的《农业论》及柯鲁迈拉的《农业论》。

克尤斯·加图的《农业论》代表了古罗马奴隶制鼎盛时期奴

隶主阶层的思想。他首先认为，农业是罗马人最重要的基础产业。从提高产出效益的角度，他提出了各种加强剥削奴隶的办法，并认为要尽量减少对奴隶的开支，以获得更多的剩余产品。他主张维护奴隶制的自然经济状态，认为庄园应该自给自足，农庄主有必要自己掌握技术和应用工具，从事商业也应该少买多卖，力求保持庄园的自然经济性质。

柯鲁迈拉的《农业论》，主要反映如何应对罗马奴隶制出现的危机，他对庄园制度进行了一些反思，认为奴隶生产率过低，奴隶主的大庄园制度已经不利于奴隶制经济的发展，应该实行有效改革。他一方面提出应该积极提高奴隶们的劳动兴趣，另一方面认为奴隶制的大土地占有制已经不能为奴隶主提供有利的收入，应该把农业生产交给隶农去经营。

从这些论述的另一个侧面，我们是不是可以判断当时社会对奴隶的依赖度已经很高，奴隶的规模也很大，奴隶的劳动和技术创造得到提高，以至于庄园主们也有些无奈了。在欧洲许多地方，奴隶已经是当时社会的主体。有史料记载古希腊时奴隶人口占古罗马意大利半岛总人口的四成以上，而由于生产资料分配的严重不合理，特别是在庄园主眼里奴隶的劳动积极性明显不足，不同阶层之间的各种矛盾已经突出地表现出来。

正是奴隶们的各种劳动，包括许多发明创造支撑着经济的较快发展，人口的聚集支撑着超大部落的不断扩张。拥有奴隶的庄园主们自然也希望保持对奴隶的控制或者管理，保持自己的地位稳定不变，同时也要解决原先单个氏族自身无法处理的公共事务，所以庄园主们的有效管理也促进了城邦的形成。在欧洲大陆，这种城邦的出现，也直接导致氏族社会组织的瓦解。这个过程中，奴隶的确是起了不可替代的作用。

公元前8世纪—前6世纪，古代希腊各地相继出现了200多个城邦。古代希腊城邦一般是以一座城市为中心、连带周边郊区乡村组成的独立城邦国，它们的国土面积通常也就百余平方公里，人口数万，最大的城邦8000多平方公里，数十万人口。

古代希腊城邦在形成之初，与各地传统氏族一样，政权都由原先部落的氏族长老、族长把持，后来逐渐由氏族贵族成员组成的长老议事会转化为城邦的长老议事会议，并通常采取轮值的方式掌握城邦事务。又由于部落安全和不断征战的重要性体现，部落军事首领往往被推选为城邦的执政官，负责处理具体行政事务。部落民众大会则转变为城邦的公民大会，在形式上保留了对长老议事会议的提议进行表决的权力。这样的城邦政权组成形式被称为贵族政治。

由于社会历史条件和各自力量对比的差异，各个城邦的政权形式也各不相同。有的城邦从贵族政治演化为民主政治，有的城邦则长期维持贵族政治，也有的城邦出现军事强人政权。古代希腊城邦制度的形成和发展，是当时希腊社会经济发展和文化进步的结果，反过来又促进了社会经济和文化的进一步多元和繁荣。城邦制度与希腊当时的社会发展状态相辅相成。各氏族中都存在大比例的奴隶人口，在古希腊的许多城邦里奴隶人口甚至已经超过自由人口。作为主人的贵族们养尊处优，不需要再为生计而过多拼搏，他们把主要注意力投入在如何维护内部阶层地位的不变上，所以也不需要太多谋求领土的扩张和争夺，更不必说居安思危。

马克思在分析古希腊、古罗马和古日耳曼民族的社会历史文化形态后，提出原始社会的原生形态在向文明迈进时，演变为次生形态，奴隶或农奴制度开始渐渐取代原始的氏族公社，原始氏族制度的消失是不可避免的。只有在古代的中国，氏族制度并没有完全消失，而且在很长的时期内顽强地保存着，家长意识和家族文化也显得特别浓重。这明显和经济结构及产业组织方式相关，而与经济体量没有直接关系。在国家形态的萌芽期，原始的氏族组织规则无法承载对广大区域进行有效的管理。虽然奴隶是一直存在的，中国历史上出现奴隶的规模和作用也与欧洲城邦社会大不相同。因此，在中国，氏族集体观念普遍比较强，而且一直延续到近现代，这种氏族文明的长期存续是比较独特的。因此，和欧洲文明完全不同，在古代中国推动文明发展的基础力量是农民，早期的国家形态也表现得更像一个超级大的部落联合体。

在欧洲，古希腊和古罗马的奴隶制占有重要的地位。从历史进程而言，奴隶也是欧洲完成资本积累最早的被剥夺者。无论是原始部落的血腥，还是欧洲奴隶制度的残酷，都是人类文明发展的事实和必然，而且相对于原始人类先期的文明，奴隶制度仍然是人类文明史进程中的一个重要成果。因此，可以说欧洲奴隶们在人类历史上的贡献是凸显的。

尽管奴隶的劳动贡献和人口数量是非常大的，但是古罗马的奴隶过的却是惨无人道的生活，除了劳动之外的时间，包括晚上都要被锁起来，半边头发被剃光，目的就是不让他们逃出去。不仅如此，他们没有妻子，每天受主人的非人虐待。有些主人甚至会将奴隶的手脚砍掉，进行残暴杀害。有的主人并没有将他们当人看待，将他们卖去竞技场，与那里的动物进行厮杀取乐。倘若哪个奴隶起来反抗，将自己的主人杀了，那么，这一家的所有奴隶都将被活活钉死在十字架上。

各城邦之间进行征战，一些较高文明地区的人也会战败沦为奴隶，而受过教育的战俘便被带回，成为有文化、有知识的奴隶。通常贵族家庭的孩子需要家庭教师，这些有文化的奴隶便成为他们的老师，教导他们文化知识。对那时的贵族们来讲，家里养一个有文化的奴隶，如同养了一只听话的宠物。因此，有的奴隶主会特意购买年幼的聪明奴隶，先让他学习，然后再高价卖出从中获利。文职人员、技工、珠宝匠这些行当中，就有很多人是奴隶，所以当时的奴隶贸易是十分兴旺的产业。

直到公元 1 世纪，古罗马的奴隶主们开始改变对奴隶的态度。这时战俘的数量已经变少，奴隶的身价也比之前高了很多。

奴隶主们很清楚，只有对奴隶好一些，才能让自己收获更多财富，才能让自己的美好生活更稳定。社会认知总是跟风的，奴隶主也就不再随便让自己的奴隶去与动物们厮杀。有的奴隶甚至开始拥有自己的财产，可以得到物质奖励以及产量报酬，奴隶的婚姻也得到认可。有些农业生产本来是不需要大量奴隶操作的，只在收获或者播种的季节，这些奴隶才被需要。为了提高效用，一些农业地区的奴隶主就干脆把地包给奴隶，这就等于将奴隶变为了农奴，让他们按自己的意愿去耕种、收获，但奴隶一定要将自己收入的一部分上缴主人，或者在特定的时间去给主人劳动。

虽然并不是所有国家都经过了欧洲奴隶社会一样制度的历史阶段，但是世界各国古代历史发展中普遍经历了拥有奴隶的时期。在中国古代的夏商周时期就曾有过一定规模的奴隶，但夏商周三代社会的主体分别是"国人""众人"和"庶人"，尽管社会地位低下，他们还是有家有户的自由平民，他们劳动所得的作物通过"贡""助""彻"赋交于上，并不是奴隶制下的无偿掠夺。夏商周时期，各个部落间也是连连征战，真正的奴隶只是比例占少数的罪人和战俘，从敌方俘虏的平民也成为奴隶，也有因犯罪被贬为奴隶的，有官奴和私属之分，但是他们始终没有取代庶民主体成为夏商周时期的主要劳动力。

古希腊历史学家阿里安在描述亚历山大大帝远征印度的著作《亚历山大远征记》中写道：这一点在印度也是值得注意的，即整个印度都是自由的，根本没有一个印度人是奴隶，在这一点上他们和拉科尼亚人一样。然而拉科尼亚人使用希洛特人作为奴隶，但印度根本就没有奴隶，更谈不上任何印度人成为奴隶。有研究者考证，书中描述的背景时间是公元前336年—前323年，此时种群歧视严重的种姓制度已在印度存在几百年，当时姓氏卑下的平民的处境同奴隶没有什么差别，但是他们还是属于自由人，当然这些所谓自由人的生存状况可能还远不及一般的奴隶。关于欧洲的奴隶制，马克思在《路易·波拿巴的雾月十八日》第二版的序言中引用过西斯蒙第的名言"罗马的无产阶级依靠社会过活,现代社会则依靠无产阶级过活",这就是对他们最中肯的结论。值得一提的是,早在公元前5世纪,波斯帝国的建立者居鲁士大帝在他的人权宪章中就废除了奴隶制。波斯帝国是第一个废除奴隶制并在帝国建设以及军队管理中实施有偿劳动的国家。

而在古代中国,奴隶数量不多,但有很多种类,成因各不相同。汉朝奴隶的产生主要因土地兼并而形成,到了东汉末年,百姓为躲避战乱,投靠大庄园主,也存在卖身为私奴的。汉唐时期,在法律上明确存有良贱的区别,如唐法典明文规定,奴婢、部曲(奴隶的一种)地位低于良人,"部曲杀主,斩;主杀曲,部曲有罪,勿论,部曲无罪,主徒刑一年。宋朝以前,长期受雇于人的,其地位低于平民,可见古代对于独立自由身也很看重。宋初,雇佣形成的主仆不再视为良贱关系。但实际上,私属奴隶的现象仍然大量存在,不过在法律上开始禁绝私属奴隶,也不允许将良人卖为奴隶。元代,由于蒙古族本身实行奴隶制,所以官奴盛行。清初也曾对汉人实行过奴隶制,雍正年间废止奴隶制。但奴隶或者说主仆的人身依附关系一直长期留存,直到中华民国成立,中国最终从法律上明确消除了奴隶的存在。

正是人类到了个人能够足以养活自己,并且还有多余生产的价值创造时,国家的产生才有了可能。一般认为,世界上第一个建立完善政权的国家是古埃及。公元前3100年前后,上埃及国王美尼斯率领军队攻打下埃及,战败的下埃及国王被迫脱下红色王冠,将其献给美尼斯。美尼斯就成了统一的或者说正在完成统一大业的埃及王朝的第一位法老。之后的几百年,通过不断兼并周边部落,古埃及真正成为世界上首个大一统国家,其朝代延续并更迭长达3000年,直到公元前30年罗马帝国征服古埃及。古埃及国土分布在尼罗河流域的狭长地带,古埃及人通过治理和掌握尼罗河一年一次的泛滥,获得农业生产的良好收成。古埃及形成了拥有一套完整的文字系统、政治体系和社会制度的专制的中央集权国家，一切权力都归属于法老，包括司法、行政、立法、宗教等。法老之下有一套政府机构，包括中央政府和地方政府，对全国各地进行各方面的管理。古埃及文明的核心是多神信仰的宗教系统，宗教的三大主题是自然崇拜、国王崇拜和亡灵崇拜，隶属自然崇拜的动植物崇拜占有重要地位。古埃及文明对后世的古希腊、古罗马、犹太等文明产生了巨大的影响。

根据20世纪五六十年代的考古发现，位于现在伊拉克东南部的幼发拉底河和底格里斯河之间的苏美尔人建立了可称为世界最早的城邦国家，大约在公元前3400年，两个氏族部落就共同聚居在乌鲁克，这座城市已经发展成相当繁荣的贸易中心和文化中心。苏美尔人是这里早期文化的创造者，首先创造了楔形文字，也是目前可考证的世界上最早出现的人类文明之一。乌鲁克城邦的中心位置建筑了最古老的保护塔庙，层进式神庙。神殿祭祀以天神为代表的诸神，崇拜多达百位的大小神祇。这个城市国家由一个主持该城市宗教仪式的祭司或国王统治。从考古资料来看，从公元前2900年开始，苏美尔城邦进入一个"诸国争霸"的时代。苏美尔人不仅了解了许多地质学知识，而且掌握了矿石开采和冶炼等方面的工艺，还制造出历史上从未出现过的金属，也就是人类历史上的第一种合金——青铜。大约在公元前3000年，闪米特人开始进入两河流域，占领了苏美尔人的大片土地，其中一支叫阿卡德人的首领萨尔贡在这里建立了阿卡德帝国，实行中央集权的君主制度。他们打败了苏美尔人，一部分被征服的苏美尔人留了下来，由于苏美尔文明远远优于阿卡德人的文明，阿卡德人后来几乎全盘接受了苏美尔文化，包括其文字和宗教信仰。之后在这片土地上建立了著名的古巴比伦王国。

国家刚刚出现的初级形态其实就是一个超级大的部落联合体，但是正常的社会秩序已经不能完全依靠传统的自然规则和部落习惯来维护，必须建立一个拥有暴力手段的社会组织来完善规则并加以执行，以保持良好秩序。这种具备暴力工具和制定强制规则的组织就是国家。国王就是这个部落联合体最高秩序的维护者，也是这个组织中拥有最高决策权力的人，如组织制定法律、主持行政、指挥战争、审判案件、担任祭祀、征收捐税。军队、法庭、监狱、政府等的出现标志着国家的诞生，这时的国家形态还处于部落或氏族联合体阶段。而当时这种部落联合体一般都是由英勇善战的游牧部落争得霸权，但是治理仍然相当松散，部落氏族之间群雄争霸，与原始人群首领的产生一样，暴力和智慧决定最终胜出者。国家就在氏族部落改体的过程中一步步建立起来，对内承担处理和协调越来越庞大的人群之间的矛盾与冲突，对外则为维护整体的利益承担起组织抵御外来族群的侵犯和掠夺。

2 人类社会阶层的分化

长期的原始崇拜和禁忌积淀了人类普遍的神权意识，由神职、族长、武士等形成的贵族阶层地位开始凸显。最初的国家作为部落联合体，国家组织出兵征战、安排祭祀、大兴土木、举办活动、日常运转等都需要各部落、城邦、宗族等的积极参与，而要激发各地的头头脑脑们心甘情愿地参与国家大事，总需要一个褒奖激励的规则。爵位制就是处于当时这种松散的组织状态、初始的国家为了联合各个部落而采取的一套激励规则。中国秦朝的爵位制则是奖励军功的爵禄制度，同时也是调整当时社会关系、实现分层治理的重要手段。贵族一词源于希腊文和拉丁文。在希腊文中原有"杰出""优秀"之意，体现特权地位是神所授予。

在欧洲的贵族体系，通常以联合王国和法国的贵族制度为参考。英国的封建体系与爵士制度有其久远历史，分为贵族与平民两大部分，封号分成 7 级。除了英国王室以外，贵族分为 5 等，因为中国周朝的诸侯亦分为五等，所以中文就直接对应翻译为公爵、侯爵、伯爵、子爵与男爵；另外还有属于平民的两种封号：

准男爵与骑士，德国的爵位分为15等，匈牙利的爵位分为3等。

法国与英格兰的五等爵制度不同，公爵、伯爵等都只是习惯上的称呼。在法国，贵族只有三种，分别是王族、法兰西贵族和一般贵族。王族由国王的亲戚组成，法兰西贵族则是授予法国最高荣誉的强大诸侯，而一般贵族则是指各类下级贵族。贵族头衔只是按照约定俗成的规矩而称呼。

亚洲国家里由于中国历史悠久，爵位随朝代更替变化比较大，相对复杂，大致上有公、侯、伯、子、男五等爵位。爵位制度作为帝制的一部分，随着帝制瓦崩，爵位制度亦被中华民国所废除。

古代日本贵族分为公卿和大名两个系统。701年的大宝律令将官职在四位和五位的官员称为"通贵"，三位及三位以上的称为"贵"，标志贵族制度的创立。随后由皇族分出藤原氏、橘氏、源氏、平氏四大家族，后又发展出五摄、七清华、九清华等贵族世家等级。地方豪族则发展为大名。1884年实行华族制度，将旧公卿、旧大名及明治维新功臣分赐公、侯、伯、子、男五等爵位。

可见在人类历史上爵位封赏激励制是普遍存在的，特别是国家出现初期。这些属于本族群、氏族或部落集体派出的代表，必然承担着本族众多人的期望和责任，或得到民众的信任，在各种活动中脱颖而出者也会进一步得到褒奖，也就是给予爵位。因为当时处于国家形态萌芽期，社会生产力也很低，没有多余的财力给予公共开支，保障仍然需要各自部落、氏族自己解决。所以说，最早的贵族与权力无关，却与责任有关，就是要担起公共责任。因此那个时代贵族的处世原则是荣誉与责任，他们往往珍惜荣誉胜过生命，这种贵族文化一直传承着。在战争中他们有冲锋在前的传统，仅"一战"期间，担任军职的英国世袭贵族的死亡率为高出普通士兵2倍。1914年末的阵亡名单上，有6名上院贵族、16名从男爵、95名上院贵族的儿子和82名从男爵的儿子，许多贵族家庭因此血胤灭绝。英国王室也不例外，查尔斯王储的弟弟安德鲁王子，1982年曾作为皇家海军的一名飞行员参加了福克兰群岛战争，甚至充当过吸引对方导弹的"诱饵"角色。当战争结束的时候，和其他参战人员家属一样，女王伊丽莎白二世守候在朴茨茅斯军港迎接儿子归来。贵族阶层的确传承着其特有的使命和担当，同时还强调维护与家族地位相匹配的尊严和优雅。

法国大革命时期，被送上断头台的国王路易十六和他的王后玛丽·安托瓦内，临刑前也是走得异常从容。这个平时生活养尊处优的女人身着白袍，表情镇静。被推上断头台时不慎踩到了行刑刽子手的脚尖，还立即对他说：先生，对不起，我不是有意的。这种王室贵族的镇定优雅的确令人惊叹。

1135年，英国国王亨利一世的外甥斯蒂芬和外孙亨利二世争夺英国王位继承权。斯蒂芬本身在英国，捷足先登，抢先登上了王位；亨利二世听到这个消息后，组织了一支雇佣军前来攻打斯蒂芬。当时亨利二世很年轻，经验不足，出兵时没有很好地筹划，队伍千里迢迢开到了英伦三岛，一上岸，他就发现钱已花光，没粮食了。让许多人料想不及的是他给对手斯蒂芬写了封求援信，说我出征准备不周，没了粮草，您能不能给我点接济，让我把这些雇佣军遣散回欧洲。斯蒂芬居然慷慨解囊，帮了亨利二世。可后来亨利二世竟然第二次发动了争夺王位的战争。在许多人看来这也许是忘恩负义，但是竞争归竞争，兄弟归兄弟。所以几年之后，亨利二世率领大军，卷土重来。这时他羽翼已丰，在战场上打败了斯蒂芬，取得了胜利，但结果又出人意料。他和斯蒂芬签订了一个条约，就是英王依旧由斯蒂芬来做，把亨利二世立为太子，斯蒂芬去世之后，由亨利二世继承王位。

英国爱德华三世的两个儿子兰开斯特公爵和约克公爵的后代，他们都想争夺英国王位，于是两个家族间发起了一场内战。但战争的结局竟然是两大家族打出了感情，互通了婚姻，兰开斯特家族的亨利七世娶了约克家族的伊丽莎白。联姻之后，约克和兰开斯特两大家族宣告合并，开创了都铎王朝。

许多人总把这种贵族精神归于西方文化，似乎与东方文明无缘，其实完全不是那么一回事，在东方同样传承着这种文化，也不乏这样的精神展现和优雅风采。

据《左传·宣公·宣公十二年》记载：公元前597年（鲁宣公十二年），郑国都城内异常压抑，郑襄公与满朝文武一筹莫展。楚庄王的战马和甲士以及高过城墙的楼车与云梯早已兵临城下。郑国君臣乱作一团，只有派人去太庙占卜。通过占卜，他们自认为与楚军巷战是大吉，于是决定背水一战。就在此时，楚军却突然宣布收兵。原因是楚庄王认为郑国的城墙太破，这个时候攻打郑国胜之不武，不是君子所为，请郑国先早点修筑城墙。待到郑国将城墙修筑好之后，楚庄王果然又率领大军攻城。郑国的国都很快被楚军攻破，就在即将灭国之时，戏剧性的一幕又出现了。郑襄公脱去上衣，光着膀子，牵了一只小羔羊，只身一人迎接楚王大军，任楚王处置。而楚庄王决定再次给郑襄公机会，说郑襄公为了百姓不受过度伤害，舍得自己，应该宽容，于是只把郑国公子入质楚国而收兵。

中国春秋战国时期，各个有实力的诸侯希望扩张势力争取霸主地位，并经常因此发生争夺战，许多战例其实都是名副其实的贵族比武，他们不仅竞争拼斗的武力，更多的是比拼智慧境界和品格气度。

楚国和晋国在当时都是有一定实力的，双方发生过一场争夺联盟霸主之战。两国队伍对垒阵营一拉开，楚军就派乐伯和摄叔两员大将冲入晋军营阵，抓了俘虏回撤楚营，晋军发现了派人紧追。结果一路你追我赶中，楚军有射手射中了一只麋鹿并决定把这只麋鹿送给追击的晋军，说是犒劳他们。而晋军追者则认为楚国射手的射技高超，态度又友好，也决定不再追赶。正式战斗开始后，楚军展开奇袭行动，一举击溃晋军。然而在追逃的战场上场景却是神奇的，败逃晋军的战车陷入了泥沼，追击赶来的楚军将士不仅没有攻击杀戮，而是再三出主意想办法帮助敌方拖出了战车，解脱了困境，让他们继续逃跑。

楚国胜利后，楚庄王先在衡雍祭祀河神，再向先君庙告捷而后凯旋，他发表演说"夫武，禁暴、戢兵、保大、定功、安民、和众、丰财者也"。从记叙的战争故事可见他们珍视荣誉远甚于胜败本身，战争对于他们来说更重要的是向世人展示实力和品行，是以武制暴、止暴的活动。

用法国政治学家托克维尔的话来说：贵族精神的实质是美德和荣誉高于一切的追求。这类似于中国传统士大夫文化精神中的"义"，包括恪守高雅的气质、宽厚的仁爱、悲悯的情怀、担当的勇气、坚韧的毅力、独立的人格、不卑不亢的人性良知。也有学者认为士大夫和贵族由来完全不一样，认为贵族靠的是家族血缘关系而获得社会地位，包括经济特权、政治特权，而士大夫则是靠奋斗而成为社会精英，通过自己的奋斗实现从平民到精英阶层的转变。但实际上第一代贵族本身就是最原始的奋斗者，其后代仅仅靠单一的血缘获得特权的社会地位也是难以长期维持的，必须凭借自己的品格与新的荣耀来巩固作为社会精英的阶层地位。与士大夫一样，贵族们普遍追求文化修养，而且具备很强的道德自律性，都反对追求物欲。从不同出身的共同追求，可见社会精英的精神气质往往是一致的，而且与出身没有根本关系。

贵族爵位也分为世袭和非世袭两类。有的只授予贵族，有的平民也可以争取。国家通过这样一种方式既可以鼓励人们积极争取向上，同时又按照原先形成的相对稳固的地位把人群分成三六九等，形成社会秩序，方便政权统治。与欧洲大陆的西班牙、葡萄牙、瑞典、法兰西等国贵族相比较，英国贵族集团人数控制在较少范围内，而且贵族称号以及相应的财产权和参政特权只是由爵位领有者本人所拥有，贵族家庭其他成员的政治地位接近一般自由民，不得列席上院。贵族爵号和封地也按照相当严格的长子继承制世袭，若长子早殁，依次由长孙、次子、幼子或其他家庭成员依序递补。若某贵族没有继承人，可根据其遗嘱或生前安排，须经国王和高级法庭批准认可后，方可继承其封号封地。但多数情况下爵位会被国王收回。历代国王为保持贵族的群体规模和出于其他方面的考虑，大多会适量增补贵族。若新获显赫功绩或受到国王格外宠爱，可以晋升更高级的爵位，或兼领新爵位。除此之外，贵族联姻也是获取、增添或提高爵位的良好机会和方式。因爵位封地耀眼可人，为世人普遍所仰慕，所以拥有贵族身份和家产者及其长系继承人总能得到众多爱慕者和求婚者。在政局动荡、战事连绵的中世纪后期，欧洲各封建君主为了弘扬骑士精神，激励大家建功立业、效忠国王，除了利用贵族爵位科赐臣下之外，还别出心裁地设立勋章勋位，奖赏战功政绩。虽然大多数国家的贵族爵位制度都已废止，但是这项激励规则制度，在国家形成初期及其后相当久的时间里起了非常有效的作用，而且由这种激励机制和国家意识积淀传承的文化长久地影响着后人。❶

除了爵位制的社会分层，其实在不同的国家，有的统治者还对平民施行各种等级分层，最典型的就是南亚地区，种姓制度是在印度、孟加拉国、斯里兰卡等国普遍存在的一种以血统和职业传承为基础依据的社会秩序体系，其中以印度最为典型，又称贱籍制度。

自公元前 1200 年前后雅利安人迁居到富庶的南亚地域，征服了当地土著居民后，为了实现长期掌控，他们借助神权推行种姓制度，到佛陀时代已形成婆罗门、刹帝利、吠舍、首陀罗四个种姓，构建了界限森严的等级制度。

雅利安人推行婆罗门教，宣传"吠陀天启"即天授神权的思想，称人的命运由"梵天"决定，婆罗门执掌宗教（见图 4-1），是"梵天"指派在人间的代表。他们通过神权掌控世俗政权，拥有解释宗教经典和祭神的特权以及享受奉献的权利，垄断文化教

---

❶ 古代的爵位等级. https://blog.tianya.cn/blogger/post.show.asp? blogid = 190817070&postid = 161319617 – 2016.

育和通告农时季节。婆罗门其实就是宗教贵族。刹帝利是军事贵族和行政贵族，他们是婆罗门思想的受众，负责担任世俗政权运行，拥有征收各种赋税的特权。刹帝利主持军政，负责守护婆罗门阶层的生生世世，不担任神职，故受婆罗门制约。吠舍属于自由民，是那些普通的雅利安人，政治上没有特权，必须以布施和纳税的形式供养前两个等级，他们

图4-1 印度婆罗门

主要从事各种生产和经营。首陀罗绝大部分是被征服的当地土著居民，属于非雅利安人，通常从事伺候用餐、做饭的高级佣人和工匠等职业，是人口最多的种姓，被认为是低贱的职业。在种姓制度中，来自不同种姓的父母双方所生下的后代被称为杂种姓的贱民，叫"达利特"，不入四大种姓之列，处在印度社会的最底层。通过这样的神权宗教文化，使在人口数量上占优势的土著原住民放弃基本权利争夺，从而保障了雅利安人的执政权，同时又稳定住了各种工作有的一定人数，维护了社会的正常运行。后来随着马木路克、蒙兀尔等外来征服者统治印度，种姓制度又因为各自政权稳固的需要经历过许多完善。四个种姓等级森严，代代世袭，长期形成划分高低贵贱的种姓文化。一张根据《梨俱吠陀·原人歌》所绘的种姓等级：婆罗门是原人的嘴、刹帝利是原人的双臂、吠舍是原人的大腿、首陀罗是原人的脚。至于贱民，则被排除在原人的身体之外。这可以说是古代世界最典型、最森严的等级规则文化，并且种姓制度下的各等级世代相袭，教化人们的行为习惯和思维方式。

种姓制度是以统治阶层为中心延展开来的社会秩序控制治理方式，它划分出许多以职业为基础的内婚制群体，即种姓。各种姓人群依所居地区不同又划分出许多次种姓，次种姓内部再依所居聚落不同分成许多聚落种姓，这些聚落种姓最后再分成行业不

同、实行外婚制的氏族，如此层层相扣，网织成一套散布于整个印度次大陆的缜密社会体系。他们子女的婚姻必须跨血缘家族，却不可以跨越社会阶层。种姓制度涵盖印度社会绝大多数的群体，并与印度的社会体制、价值观、宗教信仰、职业习惯、人际关系息息相关，成为传统印度最基础的社会制度与行为规范。直到1947年印度脱离殖民体系，宣布独立后，种姓制度的法律才正式废除。然而在实际社会运作与生活中，几千年来种姓制度造成了深刻影响，尤其是农村人群中，种姓文化仍然相当严重。在某些依旧保守的印度农村，会看到有些人走路要避着人，因为他

图4-2 圣雄甘地

们不能让自己卑贱的影子落到路人的身上；有的人带着扫帚，边走边扫掉自己的脚印。他们为这个村子的人工作，却不被允许住在村子里；他们不能到村子的井里打水，小孩就算能上学也不能平等地上普通学校。印度教种姓制度令人不齿的是它的种姓隔离，而最严苛的隔离是对达利特的隔离。传统上，达利特被认为是肮脏的，并且这种"肮脏"还会因为接触传染给别人，因此他们必须躲大家远远的，否则他们来世将受到更大的惩罚。尽管圣雄甘地（见图4-2）称他们为"神之子"，传统却叫他们"不可接触者"，即贱民，他们也自称为"被压迫的人"。这是印度历史最黑暗的一道阴影。印度前总理曼莫汗辛格是个坦率的人，他曾说："尽管60年来印度已经制定宪法和法律禁止种姓制度和种姓隔离，政府也做出了不懈努力，但是在印度许多地方，达利特依然面临着社会歧视。"

底层社会得不到足够帮助关怀，其环境是极其冷酷的。印度绝大多数刑事案件，都是底层人之间的自相残杀，很少有底层人去偷、抢、故意伤害顶层种姓的。因为那些高种姓人活动的区

域，底层低种姓人基本不会去。高种姓人打民事官司，对方一般也是高种姓人。也就是说，能跟底层人群发生矛盾，说明他们的阶层区别不大。在吠舍眼里首陀罗是底层人，而在那些顶层高种姓人眼里，吠舍也是底层人。尽管印度早已废除种姓制度，种姓文化依然影响深远，比如普遍认为低种姓等于低道德，首陀罗之所以穷是因为他们懒，同情首陀罗以至义务帮助他们或与其结婚就是杂种姓。天真的吠舍有时会认为自己靠近高种姓会受到神的庇护，然而婆罗门和刹帝利一纸文书就能把充满优越感的高级吠舍直接打成首陀罗。在传统印度，发达和较发达国家的外国人还被认为天生自带刹帝利身份。

　　印度的种姓文化是早期人类社会阶层极端化影响的缩影，其实不仅在印度，人类历史上，就是通过这样的一种习惯规则进行族群治理的，而人们往往不太愿意承认这样的事实。由于经济、社会、职业等因素，人类成为存在若干层次的族群。当社会诸方关系和谐时，这种分层有助于社会各系统内部积极性的激活，也更能够优化和提高不同人群的创造力；然而社会分层往往不是完全自然形成的，在许多情况下是由人为因素造成的。社会分层和差异并不可怕，可怕的是各阶层间缺少必要的沟通和理解，傲慢和冷漠往往使阶层之间产生鸿沟，就会累积各种不满，加剧社会不安或动荡。社会各阶层间保持足够的沟通和流动非常重要，而这个桥梁就是人性与道德，而不是法律。

　　当然，社会阶层的存在同样有两方面的作用，一方面，是客观上也是承认人群差异的现实性，实现各自归属感和自律约束，可以保持社会良好秩序。另一方面，阶层分化其实是国家形成之后，暴力规则下的管理手段。一个规则是激励人们追求美好还是扼杀人们的创造才智，最重要的还是在于规则本身的适合与否。

3　古希腊雅典的城邦共和

　　古希腊位于巴尔干半岛南部、小亚细亚半岛西岸和爱琴海诸岛一带，这片土地由于火山活动而非常肥沃，特别适宜耕种，又因处于几个大板块的连接处，这里的贸易往来非常活跃。公元前2000年前后，这里有米诺斯人定居的克里特，并形成城市。之后不断有外来的迁游群落移民到此，这里算是远古的移民地区。他们首先选择了气候温和土地肥沃的东部地区，建立农业村落。从考古情况看，青铜器的使用已经非常普遍，出土有青铜制的三角形匕首和铜锯，可知加工业也比较发达。公元前1120—前950年，一直活动于希腊北部和西北的游牧部落多利安人举族南迁，传统的古希腊历史将这次民族大迁徙称为多利安人入侵。多利安人的入侵，使迈锡尼文明中断，古代希腊社会发展出现倒退现象。

公元前8—前6世纪，这片富饶的土地上出现了200多个奴隶制小城邦。这些城邦通常是以一个城镇为中心，包括周边零散村落，史称城邦或者城市国家，是古代希腊最原始的一种国家形态，各邦也就一两千人口而已。各城邦国独立自主，彼此分立，但人员交流较多，因此联系密切，思想活跃，形成了基本一致的风俗习惯和语言文字，各邦还共同组织了奥林匹克竞技会。

这个时期的城邦还处在小国寡民的状态，平民有较多机会直接参与城邦公共事务，大家都十分珍视自身的政治权利。古希腊城邦政治一开始就活跃着强烈的民主意识和科学精神，孕育了独特的城邦文化（见图4-3）。由成年男子构成的公民是希腊社会的主体阶层，是城邦政治的核心力量，参与城邦事务，而妇女、奴隶和外邦人被排斥在公民之外，无权过问。城邦内部对公民参政素养的培养蔚然成风，公民也普遍珍视个人自由平等的权利，大家参与各种政治和文化艺术活动，敢于表现个性和表达观点，展示自己的修养和才华。公民们具有强烈的集体荣誉感，将城邦利益看得至高无上。

图4-3 城邦文化在古代地中海点起文明火焰

公元前8世纪，雅典城邦萌芽，雅典是古希腊最重要的城邦之一，古希腊当时近三分之一的人口就在这里。最早共处雅典的4个部落各自为政，氏族贵族负责各自的部落事务。新出现的工商业阶层不断扩大，他们外部闯荡多，交往范围大，接受各种信息比较广，开始不满氏族贵族专权，要求发展民主政治，促进工商业繁荣。公元前594年，梭伦出任雅典城邦第一任执政官，推行了新政改革：颁布"解负令"，使因债务而沦为奴隶的人重获自由；落实促进工商业发展的措施；按财产多寡将雅典自由民分为4个等级；推选组成了"四百人会议"，第四等级不能担任官职和参加"四百人会议"；设立雅典陪审法庭作为最高法院以受理公民的各种投诉。这些改革措施以财富为标准，似乎不迁就氏族贵族，也不偏袒平民，是"不偏不倚"的"中立"政策，因为贵族本身财富相对有保障，稳定了大多数人的基本利益，同时解放了一部分生产力，更加尊重社会财富的创造劳动，较好地促进了雅典民主制度和工商经济的发展。虽然政治派别不少，但是大家按规则平等参与竞争的意识浓厚，从而奠定了雅典民主政治的基础。

公元前525年，军事首领掌握了雅典城邦的实际权力，克利斯提尼当选首席执政官后，联合平民推行改革。公元前510年当权的军事首领被推翻，各氏族贵族之间以及氏族贵族与平民之间的矛盾更加尖锐，克利斯提尼进一步落实了改革措施，他采用地域分片方式取代血缘部落推选参政议员，组成"五百人会议"取代"四百人会议"；并对所有等级公民开放政治权利，相当于国家元首的每日轮值主席也从"五百人会议"中产生；成立"十将军委员会"，作为城邦最高军事机构；对一些存在个人王权野心的参政者则制定了"陶片放逐法"，雅典公民可以在陶片上写上那些不受欢迎却又极具社会威望、最可能成为僭主的人的名字，并通过投票表决将这些有可能企图威胁雅典民主制度的政治人物予以政治放逐。这就彻底打破了部落贵族势力对政权的控制，雅典国家民主政治基本确立了。

图4-4　伯里克利

公元前450年，首席执行官伯里克利（见图4-4）基本掌控了政局，从公元前443—前429年，伯里克利连任雅典最重要的官职——首席将军。在伯里克利主政领导下，雅典的工商贸易、民主政治、海上霸权和古典文化臻于极盛，雅典民主意识也进入"黄金时代"。他推行除"十将军委员会"外，各级官职向所有公民开放，以抽签方式产生；民主政治的主要机构公民大会、"五百人会议"和陪审法庭拥有各自权力，经常化的公民大会，成为事实上的国家最高权力机构；"五百人会议"的每个成员依序担当公民大会的轮值主席，执掌国家最高权力；为鼓励公民参与国家政治事务，还实行津贴制度；氏族贵族的政治权力大大削弱。[1]

古代雅典的民主政治只是"成年男性公民当家做主"的政治制度，而且只是一种原始的直接民主，还采用抽签选举和轮流坐庄等朴实的参政方式，容易导致国家权力的滥用和误用，并沦为个人争夺权利的工具。但是在这个时期，一系列的改革，使军事首领和王的权力得到了制约和削弱，而公民集体取得了最高权力。这些城邦在古希腊文化发展中起到了重要的示范作用。这样

---

[1] 斯塔夫里阿诺斯. 全球通史：从史前到21世纪［M］. 吴象婴，等，译. 北京：北京大学出版社，2006：107-110.

的探索对于走出原始人类不久、人性特别淳朴良善、相互间利益争执少、处于小国寡民的熟人社会还是非常适用的。特别是公民大会有立法权，陪审法庭有司法权，"五百人会议"有行政权，权力相互制约；"十将军委员会"则采取轮值方式，也防止了军事首领滥用权力。这些都在当时条件下有力地促进了雅典的繁荣，成为整个古希腊的一个领头样板；也涵养了希腊人特有的民主性格。对于西方民主政治而言，希腊人率先建立了较为健全的民主制度，确立了法律面前人人平等、国家主权在民的基本认知，为之后的民主政治提供了一个较高水准的蓝本。

古代雅典对公民子女的教育培养观念也是很值得一提的，公民子女出生后，都要例行体格检查，雅典儿童的这项体检由父亲负责。7岁前，孩子在家由父母保证基本养育。7岁后，女孩继续在家中由母亲负责教育，学习家务、纺织、缝纫等技能；男孩则进入私立学校学习文法和弦琴知识。文法学习读、写、算等，弦琴学习音乐、唱歌、朗诵等。古雅典时期还非常注重体育运动，如田径、健美运动等教育，也开展生产技能类学习。儿童上学、放学均有"教仆"陪同，以避免儿童接受街头的不良影响，因为当时奴隶人口比重已经近一半。教仆大多是有一定知识的奴隶，文法学校、弦琴学校的教师一般是有政治权利的自由民，也有一些是赎身的奴隶。可见，虽然社会不同，阶层之间等级制度严格存在，但是对知识文化的认同和人才作用的发挥都是非常重视的。

4 法的起源

随着生产力的提高，社会分工和社会阶层进一步分化，人类社会结构不断丰富和复杂化，原始人类既有的社会规则已经越来越难以适应社会现状。要维护社会秩序，解决不断出现的新问题和新矛盾，需要新的处理方式、新的行为规范，于是国家出现了。这个暴力工具的组织，首先需要制定刚性规则，这就是法的起源。

法是为了实现统治并管理国家，经过一定立法程序所颁布的。

法律是人类规则的重要内容。前几章提到的天理规则、人情规则，属于在自然环境和纯粹人群环境下的自然规则与社会规则，它们的形成基本上是经验归纳、约定俗成、习惯生成，与人类语言和原始艺术的生成一样，除了生存和繁衍的祈盼，没有其他特别的影响，学界称为自然法。而国家出现后新产生的规则属于管理规则，历史上有许多国家以他们的宗教法条作为法律的基础。法律约束、规范并影响每个人的日常生活与整个社会，这种通过法律程序治理国家和管理社会的方式被称为法治。古希腊哲学家亚里士多德于公元前350年就写道：法治比任何一个人的统治来得更好。法律是一系列的规则，通常需要经由一套程序来落实和保障。不同的国家和地区，法律体系会不同。

迄今所知的世界上最早的一部成文法典叫《乌尔纳姆法典》（见图4-5），亦称苏美尔法典。它是古代西亚由苏美尔人建立的乌尔第三王朝（约公元前2113—前2006年）创始者乌尔纳姆颁布的。岁月的流逝使这部法典如今只剩下一些残篇，难以一窥全貌。原件大约由35块泥板组成，大多数都未能保存下来。与后世《汉谟拉比法典》相比，该法典似乎更加文明、更加完善。法典在处理各类案件时，所有处罚手段或者判刑，或者以罚金赎罪，完全没有复仇的痕迹。这大概与苏美尔人社会文明程度较高，而汉谟拉比所属的阿摩利人刚刚进入文明社会有关。

图4-5 《乌尔纳姆法典》

乌尔纳姆统一两河流域，创建了乌尔第三王朝，他下令用苏美尔文写了一部适用于乌尔全境的法典，这便是《乌尔纳姆法典》。这部法典分为序言和正文 29 条两大部分，没有结语，主要内容涉及政治、宗教和法律以及社会秩序等方面，留存残传下来的正文只有 23 条。序言宣称，是神授予乌尔纳姆统治权力，乌尔纳姆行为是遵照神的意志，确立正义和社会秩序，并列举了他在保护贫弱、抑制豪强、主持公道等方面所采取的措施。从现存破损较严重的法典残片看，法典的主要内容是对奴隶制度、婚姻家庭、继承及违法刑罚等方面的规定。如将逃亡奴隶捉回的奴隶主人要给捕捉者适当的报酬；伤害他人要处以酷刑并罚款；禁止行巫术；破坏他人耕地者要食物赔偿；女奴对女主人不敬则予体罚；妇女如犯通奸罪则处死；第一次离婚支付 1 米纳白银，而第二次离婚则支付 1/2 米纳白银；强暴自己的女奴者将被课以 5 西克尔罚金；作伪证将被处以罚款；斗殴中打折骨头需支付 1 米纳白银，损伤脚需支付 10 西克尔；外国人的土地被淹没，每 0.3 公顷土地将给予 3 古尔（约 900 公升大麦）补偿；等等。从这些条文可以看到当时立法已较多采用罚金赔款等方式，逐步取代了原始人类同态复仇的残暴惩罚。《乌尔纳姆法典》作为迄今所知世界第一部法典，无论在内容上或结构上，都是后世各种法典的一个范本。其适应了当时经济社会发展和维护社会各阶层的稳定关系，也缓和了自由民内部的矛盾，对后来该地区和民族国家制定法典影响颇大。❶

公元前 19 世纪初，属于闪米特人的一支游牧部落阿摩利人掌控了两河流域，并建立了自己的国家。这个王国最初比较弱，直到第六代国王汉谟拉比（公元前 1792—前 1750 年在位）即位后，借其他各邦在相互争霸中严重削弱之机，采取分化瓦解、逐个击破的策略，重新统一了两河流域，建立了强大的古巴比伦王

---

❶ 乌尔纳姆法典. 世界历史. https://blog.sina.com.cn/s/blog74b1a45801018aku.html‒2019.

国。然而，使汉谟拉比名留青史的，并不是他的武力，而是他编纂的《汉谟拉比法典》（见图4-6）。这部法典直到20世纪中期还被认为是世界上第一部法典，虽然后来发现的《乌尔纳姆法典》夺走了"世界第一部法典"的桂冠，但它仍然是世界上第一部比较完整的法典。

图4-6　《汉谟拉比法典》

1901年12月，法国人和伊朗人联合组成的一支考古队，在伊朗西南部一个名叫苏撒的古城旧址进行考古发掘。他们发现了一块黑色玄武岩，几天以后又发现了两块，将三块拼合起来，恰好是一个椭圆石柱。这就是公元前18世纪遗存的《汉谟拉比法典石柱》，石柱高2.25米，底部圆周1.9米，顶部圆周1.65米。在石柱上半段有一幅精致的浮雕，刻画的情景正是古巴比伦人最崇拜的太阳神兼司法之神沙玛什向国王汉穆拉比授予法典。画面上古巴比伦王国国王汉谟拉比头戴王冠，身穿长袍，举起右手，恭敬地站在太阳神的面前起誓。太阳神沙马什则端坐在宝座上，他戴着一顶螺旋形的宝冠，长髯编成整齐的须辫，右肩袒露，身披长袍，右手庄严地举着作为权力象征的魔标，左手握着魔环。正在将一把象征帝王权力的权杖授予汉谟拉比。这是个神圣的授权场面，历史上也称作"天赐封地仪式"。

石柱的下半段，刻着的就是用楔形文字书写的法典的原文，这种文字当时只有王室才可使用。这部法典一共有282条，刻在圆柱上共52栏3500行，大约8000字。法典的结构分为序言、正文和结语三部分，这种结构成为后世编纂法典的一种范本。

在法典的序言中，汉谟拉比同样宣称自己的权力源于神授，自己只是代神立法。同时还列举和颂扬了自己的丰功伟绩，如修建城池宫室、挖掘运河，为神庙提供土地、牧场、祭品等，并阐明制定法典的目的是"发扬正义于世""为万民造福"。

正文是法典的主要部分，共282条，大体可分为三部分：道德（1—25条）、国家（26—41条）、私人社会（42—282条）。

在这三部分之中，道德领域地位最高，也可以说属于神的领域，涉及某些至高无上、不可饶恕的罪行。突出强调国家领域属于王室利益，以及履行兵役、杂役等制度。私人领域关系处理则最为复杂。法典在处理这些关系时，一般是按照由重到轻、由大到小的原则，最后才涉及奴隶问题。

汉谟拉比制定的这部法典，已经明确维护财产私有制，明确调整自由民之间的关系，巩固现存秩序。法典把自由民分为完全有权者阿维鲁和半有权者穆什根努两个等级。前者原意是"人"，属于自由民里的上层，享有完全的权利；后者原意可能是"礼拜"，属于无公民权的自由民，法律地位较阿维鲁低，但也仍然享有自由权；另外还有奴隶包括王室奴隶、自由民所属奴隶、公民私人奴隶。法典一方面把阿摩利人的习惯法进行成文化，另一方面也吸收了两河流域早期文明，如苏美尔、阿卡德立法与伊新·拉尔沙时代城邦立法的成果。

结束语是《汉谟拉比法典》的首创。在结束语中，汉谟拉比再次突出了王权神授理论，赞美自己主持的这部法律如何公正："我受命于伟大之神明，而为仁慈之牧者，其王笏正直。"同时还强调法典原则的不可改变性，他告诫后世统治者必须严格遵守其法律，不得有任何更改，并且对破坏法律的统治者发出严厉的警告。

在古代两河流域各种法典中，《汉谟拉比法典》涉及面最为广泛。它包罗万象，无所不至，可以称得上是认识古巴比伦社会的百科全书。其中的许多法条不仅反映了当时的社会文化状况，而且非常值得后人研究其内在的规则导向。例如，"倘自由民宣誓揭发自由民之罪,控其杀人而不能证实,揭发者应处死";"自由民在诉讼案件中提供罪证,而所诉无从证实,倘案关生命问题,应该处死";"倘法官审理案件做出判决后又更改,则应揭发其罪行,并撤销法官席位,终身不再推举"。法典还建立在两个很著名的原则基础上,即"以眼还眼,以牙还牙"(同态复仇)和"让买方小心提防",比较突出地彰显了法律制止和预防争斗的意图。

《汉谟拉比法典》既吸收了古代苏美尔、阿卡德时期法律的精华,也糅合了闪米特人的习惯和认知,对后世各国法律产生了重要影响。据现今所知,亚述、希伯来、波斯甚至东方希腊化国家的法律,在不同程度上受到该法典的影响,或者就直接使用该法典。而在巴比伦本地,这部法典直到古巴比伦王国灭亡后2000年还在继续使用,足见其生命力之顽强。

当人类走出自然状态进入新的文明阶段,出现各种更加复杂的社会状态,需要调和的社会矛盾越来越多,国家法律这种暴力规则便出现于人类历史。而已经获得利益的群体总希望维护现有的状态,保障既得利益不受侵犯。因此所谓的国家法律,起初实际就是国家为了调和各阶层矛盾,维护既得利益群体权益,同时调解人们相互之间各类经济社会具体关系的强制性规则。任何规则,总有人叫好,有人叫糟,重要的是天平准星的把握,是不是符合当时人类生存环境的客观现实。中国有句古话,"时移世易,变法宜矣",说的就是这个理,而适应了自然规律和社会规律的规则,就会对人类成长产生十分积极的影响,当然相反的情况也会存在。

5 斯巴达克起义和恺撒大帝的故事

人们从珍藏在欧洲两个博物馆中的两部残缺纸草文书中,发现了记载爆发在古埃及的一次奴隶大起义,这是目前已知的世界上最早的奴隶起义，大约发生于公元前 1750 年。在公元前 2000 年左右，古埃及进入中王国时期。法老、贵族、祭祀师和奴隶主们为了支撑发动对外扩张的战争，对内施行各种暴力获取奴隶们的劳动成果，以实现控制范围的不断扩大，奴隶们实在无法忍受，终于爆发了一场全国性的大起义。由于资料的欠缺，人们无从得知起义领袖的名字，甚至连起义过程的记载也不是很清楚。但从残存的文献上人们依然可以看出这次持续了 40 年之久的起义威力。当然，起义者并没有建起新秩序。

公元前 215—前 148 年，经过四次马其顿战争，罗马共和国征服了马其顿帝国并控制了整个希腊；又通过叙利亚战争和联姻合作，控制了西亚的部分地区，建成了一个横跨欧、亚、非三大洲称霸地中海的大国。在罗马，奴隶被称为"会说话的工具"，然而经过长年征战，奴隶人数已经超过贵族和平民。随着财富的积累，奴隶主们寻欢作乐，他们建造起巨大的角斗场，并强迫奴隶相互角斗。角斗士手握利剑、匕首，残忍地相互拼杀，每一场角斗比拼下来，场上留下的是一具具奴隶的尸体。奴隶主们这种残暴的游戏，引发了奴隶的一次次反抗。公元前 73 年，世界史上最大的一次奴隶起义——斯巴达克起义（见图 4-7）爆发了。

图 4-7　斯巴达克起义

斯巴达克原本是巴尔干半岛东北部的色雷斯人。在一次罗马人扩张战斗中，斯巴达克被俘虏成为奴隶，因为他不仅身体强壮，还是一名具有超高军事才能的士兵，所以他被卖做了角斗士，并成为罗马很有名气的角斗士。在卡普亚城一所角斗士学校训练时，因为受到不公待遇，斯巴达克就曾向他的伙伴们说："勇士宁为自由战死在沙场，也不为贵族们取乐而死于角斗场。"

之后斯巴达克制定了一个非常详细的起义计划，但由于内部出现了叛徒，叛徒给奴隶主们通风报信，所以斯巴达克只能临时决定采取果断行动，带领78名角斗士夺了厨房里的刀和铁叉提前暴动，他们冲破牢笼，杀死了监看人员，在路上正好遇上几辆装运武器的车子，斯巴达克率领起义者夺取了这些武器，并在几十里以外的维苏威火山上安营扎寨，在这里建立了一个相对稳定的根据地。

得到这个消息后，许多逃亡在外的奴隶，甚至长期受欺压的农民也都纷纷前来投奔，起义队伍很快发展为约1万人，并连续多次战胜了前来围剿的罗马军队。斯巴达克还按照罗马军队的形式将自己的队伍进行了改编，在组建了数个军团的步兵外，还建立了骑兵，并配备侦察兵、通信兵和小型辎重队。除了夺取敌人的武器外，起义军的兵营里还安排了制造武器的基地。起义人员还专门组织军事训练，并制定了严格的兵营和行军生活规章，很快就控制了整个坎佩尼亚平原。一年后，起义军队伍增加到6万人。随后他们还攻克了人口密集的普利亚和卢卡尼亚，这里奴隶贸易非常繁荣，因此队伍又快速扩大，迅速扩展到12万人。快速的发展令罗马长老院的贵族们坐立不安，他们意识到斯巴达克起义已经不容忽视，因此很快集结了两支正规部队组成十字军进行讨伐。面对强大敌军，起义军内部出现严重分歧，斯巴达克认为敌军并不可怕，但应该讲究策略，避开正面冲突，从罗马十字军的边缘穿过，往阿尔卑斯山一带到今天的法国高卢地区去发展。然而，那些出生于平民的罗马当地人不愿意离开故土。他们要求留在罗马和十字军交战。最终，有3万多人被另一位起义领袖带离了主力，但是很快就被罗马军团击败。斯巴达克领导的起义军队成功穿过意大利往北，并且击败了前来拦截的卡西乌斯军团，史称莫提那大捷。胜利之后的起义军不知道为什么并没有通过阿尔卑斯山，而是又转身调头向南好像要直接进攻罗马。长老院立即宣布国家进入紧急状态，选任大奴隶主克拉苏统率大军，负责镇压起义军。但斯巴达克的队伍并没有攻击罗马，而是绕道转向意大利南端，准备乘船去西西里岛。很遗憾他们被海盗背叛了，还没等到船越过大海，起义军就被克拉苏和庞培的军队围困封锁。

克拉苏和庞培是与恺撒齐名的"罗马三巨头"。他们领导罗马最精锐的军队把斯巴达克重重包围。这是一场极其惨烈的生死大决战，尽管起义军突破了重围并勇敢地战斗，但是罗马军团的增援部队越来越多，围剿圈越来越小；最后的6万起义人员几乎全部阵亡，斯巴达克战死。从罗马到加普亚的战场上血流成河，只有5000人设法逃到意大利北部，但他们也被随后赶来的庞培军队追上，被处绞刑。其余的俘虏和他们的家人也被钉死在十字架上。

世界史上规模最大的奴隶起义就这样失败了。斯巴达克为何突然放弃北上而转头南下，成为历史界一直争论不休的迷案。有两种主要论点，一种是斯巴达克认为穿越阿尔卑斯山太难，乘船离开这个国家的成功率要高得多；另一种是斯巴达克没有固定的策略，一心只想逃离罗马，所以他只是利用游击战略先打击追剿的罗马军队，这可以从他绕过罗马而没有趁机攻击的事实看出端倪。

斯巴达克带领的这次大起义造成罗马近10万奴隶的损失，长达3年的连连征战也给小农产业带来致命打击，大批人口破产沦为城市游民，这些人没有生活来源，完全靠乞讨和投靠门阀维持生计。另有不少人加入了职业军队，这些军队不同于原来由各氏族推送来的义务兵，他们脱离生产完全靠军饷和掠夺生活，战争成为其唯一谋生方式。所以起义被镇压不久，恺撒就带领这些军队进军高卢，成就了他的政治抱负。在这样的环境下，共和制的罗马共和国逐渐瓦解，而君主制的罗马帝国孕育诞生。

公元前 100 年 7 月 13 日（另一说法为公元前 102 年 7 月 12 日），恺撒在罗马出生。父亲曾经担任财政官和大法官等职务，尤利乌斯家族是个大家族。母亲奥莱莉娅来自奥莱利·科塔家族，公元前 119 年外祖父卢西乌斯·奥莱利乌斯·科塔也曾担任执政官。

儿童时期，恺撒被送进了专门培养贵族子弟的学校，他天赋超人，十几岁就发表了《赫库力斯的功勋》和悲剧《俄狄浦斯》。恺撒不仅酷爱古典文学，还特别喜欢体育运动，他精通骑马、剑术等，浑身肌肉发达，体魄强健，精力极为充沛。据记载，恺撒在处理军政时冷静沉稳，严谨仔细；在商讨大事时内敛得体，深思熟虑；在与人交往时，宽厚仁慈，开朗大度。从小志存高远，渴求开创伟业，因此意志坚定，喜欢独断专行。

公元前 70 年，青年恺撒第二次参与竞争选举，并当选为次年的财务官，任期 1 年，也自动获得了罗马长老院议员的资格。之后他又自荐新任市政官的职位并顺利当选，负责神庙等城市公共设施的建设和维护，管理市场和其他罗马日常生活的各种事务，赢得了良好的声誉。为争取平民阶层的支持，恺撒经常组织各种公众可以参与的竞技比赛，还新改建不少公共建筑，虽然他这 1 年的市政官任期内成绩令人瞩目，但也负债数百塔兰特。

公元前 63 年罗马的祭司长皮乌斯去世，恺撒又积极参加继任竞选，并成功当选这一非常荣耀的终身职位。稍后，又获得另一重要职位——大法官。当年恺撒与前终身独裁官苏拉的孙女庞培亚成婚。公元前 60 年，恺撒被森图利亚大会选举为罗马共和国的执政官。他不仅能力出众，也得到了几大重要家族的共同支持。此时，庞培争取安置他的退伍老兵的土地，遭到失败；克拉苏也正在为获得对抗帕提亚所需的军队控制权而犯愁；而执政官恺撒正好需要庞培的声望和克拉苏的财富支持。因此三位举足轻重的人物于公元前60年订立盟约，目的是使"这个国家的任何一项措施都不得违反他们三人之一的意愿"。历史学家将这个联盟称为"前三头同盟"。为了巩固这一政治联盟，恺撒还把年仅14岁的独女茱莉娅嫁给了50岁的庞培。恺撒的势力大增，大权独揽。

完成执政官任期后，恺撒被授予总督职务，享有管理山北高卢和伊利里亚五年的权力。刚到任，他便发动了高卢战争（公元前58—前51年）。通过多年的征战，恺撒占领了整个高卢地区（相当于当代的法国），设立了高卢行省，还规定每年向罗马上缴大量钱财。恺撒成为第一个跨过莱茵河，到日耳曼尼亚地域去进攻日耳曼人的罗马人。高卢战争的节节胜利和恺撒蒸蒸日上的影响力让庞培开始感到地位受到威胁。公元前53年，负责东征帕提亚的克拉苏战败身亡，三头同盟政治已经不稳，长老院的共和派则开始拉拢庞培。

公元前49年罗马长老院向恺撒发出命令，让他的军队撤回罗马，恺撒却回信长老院希望再次延长他的高卢总督任期，感受到权威被挑战的长老院拒绝了恺撒的要求，并明确表示如果不立刻返回罗马，将宣布恺撒为国敌。

恺撒带着军团回到国境线，并渡过卢比孔河，准备开启罗马内战。恺撒的举动吓坏了庞培以及长老院共和派的议员，他们举家逃离意大利半岛。恺撒的军队没有遭遇阻力，和平进入罗马城，他要求留下的长老院议员们推举他为独裁官。

随后，恺撒开始征讨西班牙和希腊，在公元前48年的法萨罗之战中彻底击败庞培并一直追击到了埃及。埃及人为迎合恺撒，刺杀庞培后，将人头献给恺撒。恺撒却宣布埃及王位由托勒密十三世与他的姐姐克利奥佩特拉即埃及艳后共同掌握。这一决定惹恼了埃及人民，于是爆发了亚历山大战役。

恺撒统领的第六军团与援军配合，彻底击败了埃及军队，托勒密十三世阵亡，其姐姐克利奥佩特拉登上埃及王位。会战期间，恺撒发动火攻命中亚历山大城的图书馆，60多万本图书毁于一旦。战役结束后，恺撒与艳后克利奥佩特拉用了两个月时间，沿着尼罗河接连征讨不同意与罗马建立协约的潘特斯王国，在泽拉之战获得胜利（见图4-8），并留下了"我来，我看，我征服"的豪言壮语。

图4-8　恺撒征战场景

恺撒从埃及回到罗马之后，推动了一系列改革，包括扩大了北意大利和西西里岛平民的罗马公民权，制作儒略历，修建和平广场等，并于公元前44年宣布转任终生独裁官。

当时与安息帝国展开了卡莱会战，9000名罗马士兵被俘虏，恺撒为了解救这些罗马人，宣布将远征帕提亚。然而当时的占卜师曾经预言"只有王者才能征服帕提亚"，因此恺撒的这个决定更使长老院共和派的议员们深感不安，认为恺撒肯定是企图称王。执政官安东尼也曾在一个典礼上将花环献给恺撒，并称呼恺撒为王。虽然恺撒拒绝，但反对恺撒的一派势力心里高度紧张，于是策划谋杀恺撒。

参与谋杀恺撒的大约有60多人，为首的是盖尤斯·卡西乌斯、马可斯·布鲁图斯、德基摩斯·布鲁图斯，他们称自己这是解放者行动。卡西乌斯要求大家如果东窗事发，必须要自杀。公元前44年3月15日，一群长老议员叫恺撒到长老院去宣读一份陈情书,陈情书是由长老们事先写的,要求恺撒承诺把权力交回议会。但是这事情本身就是一个策划的阴谋。当马克·安东尼从一个叫作卡斯卡的人那里听到消息后,赶紧到通往长老院的阶梯上想阻挡恺撒去会场,可是参与预谋的长老们先找到了恺撒,把他领到了剧院的东门廊并进入议会会堂。

恺撒正在宣读假陈情书时,卡斯卡拉开恺撒的外套,并用刀刺向他的脖子。恺撒警觉到卡斯卡,转过身抓住卡斯卡的手,用拉丁语说:恶人卡斯卡,你在做什么?被吓到的卡斯卡赶紧转向大家求助,用希腊话说:兄弟们,帮我!所有人都一拥而上,用刀刺向恺撒。恺撒想要脱逃,眼睛却被鲜血糊住,因看不见摔倒在地,这些人就冲上前去把他杀害了。根据史学家尤特罗匹斯的说法,当时有60多人参与了这次谋杀。

恺撒遗嘱中大部分遗产留给了外甥屋大维,就是后来的罗马帝国元首(见图4-9)。恺撒死时58岁,死后按照法令列入了众神,尊为"神圣的尤利乌斯",恺撒成为罗马帝国事实上的奠基者。

图4-9 屋大维

公元前27年,屋大维宣布罗马帝国建立,由执行官制转为元首制。古希腊雅典点燃的民主共和文明虽然是以自然神权为基础,各氏族代表通过联合民主协商方式实现的治理模式,作为人口最多的奴隶们也完全没有人权和发言权,但是这些社会治理方式是人类历史上非常积极的民主尝试,也正是这种尝试,给后来的各国政治文明种下了民主自由的种子。当然长期处于民主共和制的希腊罗马最后还是被君主帝制取代了,有人或许感到疑惑不解,但是历史总是依照自己的发展规律往前走。最早的共和制罗马其实就是一个部落联合体,由氏族势力组合掌权,而且势力安排都比较均衡,也没有特别突出的家族实力;在经历了古雅典民主意识的孕育影响后,大家的意见主张都很多,然而不同的执行官经常主张改革,措施多变无力,难以落实;特别是那时实行的是兵民合一制度,农民和平时期耕作,战时自备武器参加战斗,而且是无偿参战,由于这一原因,个人和国家的联系非常紧密,普通公民既然有保卫国家的义务,也都有参与政治的权利。这样的体制似乎非常理想,然而一旦出现危机则常常难以收拾,因为缺乏应有的凝聚力,甚至毫无执行力可言,所以到了罗马共和后期,奴隶起义风起云涌,平民运动也接连不断。对外敌的入侵,更是因为军人来自各个家族的组合,明显缺少御敌的战斗力。可见,一个国家管理体制并不存在绝对好与坏的模式,关键还是在于是否适应当时内外两方面的现实环境。

6　炎黄子孙与武王之治

与古代地中海地域文明同时期,在地球东方遥相辉映的是黄河、长江、淮河三河地域的华夏文明。然而活动范围相邻的炎帝部落也在四方征讨,扩张势力范围,两强相遇,黄帝、炎帝间终于发生了阪泉之战。黄帝在这场战争中,经"三战然后得其志",活捉了炎帝,确立了黄帝的领导地位。炎帝也败得心服口服,甘愿称臣,发誓不再与黄帝抗衡,炎黄联盟初具雏形。后来两位始祖在涿鹿之战又联手打败了九黎族首领蚩尤,把联盟范围进一步扩大到现在的胶东半岛。后又以炎帝部落和黄帝部落为主体,与部分东夷部落组成了地域更辽阔的华夏部落联盟,华夏族源自此基本固定。公元前2100—前770年黄河中下游黄帝的后裔先后建立了夏朝、商朝、周朝。

关于阪泉之战还有一种说法,黄帝治理有方,天下人欲公举为新的王,而另一位首领炎帝就必须与之比选较量,于是有了阪泉之战,炎帝和黄帝部族并没有兵戈相见,而是通过庙堂论战判定高下。阪是古时一种引水的木具,炎帝和黄帝双方一边都有一个土池,每获胜一次,就在面前木具上放玉石雕刻,木具倾斜,木具里的水就会流入倾斜的一方,谁的池水先满,谁就为最后赢家。炎帝和黄帝本为一族,后分家治理不同的地域,华夏王朝内部战争的第一原则就是合族,而并非要杀得你死我活,最后炎帝的小宗归为黄帝的大宗,华夏文明的象征从炎黄血脉开始。

大约公元前1600年开始,商族统治华北平原将近600年,没有什么力量可以撼动它的地位,而周族只是一个西部边远的小部落,甲骨文"周"字是商人所造。商族人对牺牲品献祭有一个专门的动词"用"。甲骨文记载,商王"用"羌人男女和牛羊奉献神灵。甲骨文中的"周",是"用"和"口"两个字的合写;《说文解字》对"周"字的解释为"从用、从口",就是缴纳供"用"的人口。商族人认为,诸神主宰世界上的一切事物,因此寻求各种牺牲品供奉给神。周族直接为商朝做事,了解商文化的残暴,同时也较早接触了甲骨占卜和八卦等东方巫测文化,现存《周易》中的《彖辞》部分,据说就是文王姬昌所作。姬昌的异心被商纣王察觉,被抓到商都朝歌。为了表示绝无二心,姬昌在忍痛吃掉了长子伯邑的肉之后,获得释放。

公元前1050年周文王崩逝,姬发继位,号为武王。周武王姬发对内重用贤良,继续拜姜太公为军师,并用弟弟周公旦为太宰,还有召公、毕公等良臣均各有任用,各负其责,人才荟萃,政通人和。对外也积极争取联合更多部落来支持,壮大力量。武王审时度势,决心为父兄报仇,就积极准备谋划,等待时机攻打商都朝歌。为此，周武王还在沣水东岸建立新都镐京（今西安）。

即位后的第二年，周武王亲率大军先向西到毕原（今陕西长安区内）文王陵墓祭奠先王，他借已故先王的名义打出了替天行道、为民讨伐商汤的旗号争取各方部落的支持，然后转而东行向朝歌前进。在中军竖起写有父亲西伯昌名字的大木牌，而自己只打太子发的旗号，意为仍由文王任统帅，这是古人借助神灵和先祖之力的习惯做法，从而大大地扩大了自己的影响力。大军抵达黄河南岸的孟津（今河南孟津县东北），各大小部落的头领有800多人闻讯赶来参加这次征伐。可见人心向周，商纣王已经不得人心，各方头领力劝武王立即进军朝歌（见图4-10）。武王和姜太公商议后认为先造个声势，鼓舞人心。在大军渡过黄河后又下令全军返回，并以"诸位不知天命"告诫大家不要操之过急。还是班师回朝了，但是却造了一次大势，这次灭商预演，史称"孟津之会"或"孟津观兵"。由此足见周武王是个谋略在胸、耐心谨慎的统领人物。

图4-10　武王伐纣

孟津观兵后，武王一面加紧练兵，一面派人去探听殷商的动静。派去的探子3次来报，纣王已是"谗恶进用、忠良远黜"：王子比干被剖胸挖心；箕子也装疯，被罚为奴；微子感觉看不到希望，已经出走隐居；百姓们都不敢作声了。周武王判断此时的殷商已是分崩离析、众叛亲离，到了征伐纣王之时了。

武王即位后第 4 年春天，终于决定发动空前规模的灭商战争。先拜姜太公为帅，发兵 5 万东渡黄河。大军到了孟津，八方诸侯也率兵前来助阵，武王便在这里举行了誓师大会。武王左手执掌象征指挥军队的黄钺，右手握着发号施令的牦尾杖，在吕尚和叔旦的左右护卫下登上土坛，向全体联军将士发表了被后人称为《牧誓》的著名讨伐词。《尚书》中的这篇讨伐词三个部分非常明了，先讲反商联军聚事，接着列举商纣王的罪状，最后部署进军、攻击、受降的具体方法。作为战前动员，的确气势磅礴。

盟誓之后，武王便率大军浩浩荡荡地杀奔商都朝歌，一路势如破竹，到了离朝歌只有 70 里的牧野，双方军队就在这里摆开了决战的阵势。

商纣王自己认为有兵马 70 万人，可周军总共只有 5 万人，周军是在以卵击石、飞蛾扑火。然而，武王的军队是经过长期严格训练的精锐之师，作战勇敢顽强，而纣王拼凑的 70 万大军中，多半是临时武装起来的奴隶和从东夷捉来的俘虏，平日从不训练，还受尽纣王的欺凌和虐待，对纣王早已心存恨意。所以两军刚一交锋，奴隶们就掉转矛头，纷纷倒戈反商，配合周军，商军顷刻间土崩瓦解。姜太公指挥周军，乘胜追击，一直追到朝歌。❶

从牧野战败逃回朝歌的商纣王，自知大势已去，就命手下将宫里珍宝都搬到鹿台，然后放火，自焚而亡。朝歌的百姓闻听纣王已死，都列队欢迎周军入城。武王入城来到鹿台，朝着纣王的尸体便连射三箭，并砍下纣王与妲己的脑袋，悬挂在宫廷外的白旗下。纣王的两个宠臣恶来、费仲也被斩首。群恶斩除，大快人心。延续了 500 多年的殷商王朝，彻底灭亡，史称武王克殷。

这些武王伐商的史实，从首批禁止出国展览文物的利簋可以佐证。利簋又名武王征商簋，是周武王时期一个名叫利的有司所做的祭器，铸造这件铜器用来记功并祭奠祖先。1976 年在陕西临

---

❶ 无论是 5 万人还是 70 万人，史书记载兵力数目水分很大，目前也难以考据。按当时生产力和人口规模，笔者认为也许就是几千人或几万人。

潼出土，是已发现的时代最早的西周青铜器。利簋腹内底部铸有铭文4行33字："武王征商，唯甲子朝，岁鼎，克昏夙有商，辛未，王在阑师，赐有事利金，用作檀公宝尊彝。"大意为：武王伐商，甲子日凌晨岁星当空，宜于征伐；战胜商朝8天后的辛未日，武王在当地的军队驻地赏"有司"利以铜料，用来铸造宝器以纪念这件事。利簋记载的史实证实了《尚书·牧誓》《逸周书·世俘解》等文献的记载。周武王为了这次大胜，是多方精心准备的。

《诗经》中对牧野之役歌咏道："维师尚父，时维鹰扬。"牧野之役，以武王为统帅，姜太公为总指挥，可能是持着绘有鹰徽的军旗，随风飘扬，士气高昂，故曰"牧野鹰扬"。

牧野之战胜利，武王进入商都朝歌后，把商都周边商王室直接管理的土地划分为邶、鄘、卫三部分，把邶分封给了纣王的儿子禄父（武庚），鄘、卫则由武王自己的弟弟管叔鲜、蔡叔度分别管理（一说管叔监卫、蔡叔监鄘、霍叔监邶，以监视武庚，合称三监）。随后继续派兵征伐尚未臣服的商朝诸侯，据记载征服占领的有99国，而愿意臣服的有652国。

约公元前1043年，武王灭商后，还师西归，在他新迁的都邑镐京举行盛大典礼，正式宣告周朝建立，定都镐京。周武王追封父亲姬昌为文王，并分封犒赏了一同征战的联合部落。但由于过度辛劳，武王姬发在灭商后的几年后就病倒驾崩了。

周王朝刚刚建立，所面对的政治形势相当严峻，武王以"小邦"之君统治如此大的区域，也担心诸侯叛乱，需要尽快巩固治理秩序，适应新环境的需要。武王首先决定论功行赏，调整各联合部落之间的内部关系，施行以周王室为中心的分封政治制度，先后受封的功臣主要有姜太公、周公旦、召公奭等。为了控制更广阔的新征服区域，周王朝起初沿用了商朝时的分封制，把王族、功臣和先代贵族分封到各地做诸侯，建立诸侯国。先代贵族就是商朝的王室贵族，保障他们适当的利益和待遇，以更好地稳定政局。先后分封的有鲁、齐、燕、卫、宋、晋、虢等71个诸侯国。

周武王通过这次分封和采取的一些措施收到了几个明显效果。

其一是安抚了原殷商的百姓。封商纣的儿子武庚留在殷都，同时在殷都周边，分设邶、墉、卫三国，封给霍叔、管叔、蔡叔，用来监视武庚，此举明告天下，灭纣是吊民伐罪，并不是灭殷绝后之意，以安抚殷人。

其二是兴废继绝。把焦、祝、蓟、陈、杞这些封国，封给老百姓中留有功德口碑的先代帝王的后裔，表示崇德报功之意，鼓舞民心。

其三是移民去充实新征服的边远区域以巩固控制。齐、鲁、燕三国，作为周王朝在东方新占领的领域，这些封国采取了移民戍边攻略，既可以实现垦荒开发，又达到充足粮草，完成军备的目的，同时这一策略也在殷商民族的后方，建立了制衡的震慑力量。

周武王灭商后，积极梳理新的治理措施，致力构建"天子建国，诸侯立家，卿置侧室，大夫有二宗，士有隶子弟，庶人工商，各有分亲，皆有等衰"秩序井然的阶层社会。他结合社会阶层的出现，逐渐完善了以宗法礼制为基础的一整套管理体系。先在沿用分封制时把自己的同姓亲族、姻亲与功臣等一起分封到各地为诸侯，而且把宗法制和政治制度结合起来，组成了以血缘为纽带的政权结构，这就比商代的联盟政权更为紧密，从而巩固了整个国家的统治权。

宗法传承规则早在原始氏族时期就已萌芽，它源自父系氏族家长制，核心就是嫡长子的继承权，但作为王族贵族按血缘关系分配国家权力，建立世袭统治的一种完整制度，是在西周时得到系统完善的。宗法制明确按照血统远近亲疏区别规范权力和财富的继承关系，主要用于区分嫡庶、亲疏关系，目的是在家族内部理顺地位、财产的继承权，完善和巩固分封制，防止王室家族内部相互之间因为继承问题发生纷争。宗法制非常复杂，围绕"嫡长子继承制"这一以父系血缘关系亲疏为准绳的遗产（包括统治权力、财富、封地）继承规则，系统地形成一整套规范约定。宗法制明显体现宗族森严的传统文化，家与国同一结构是宗法社会的鲜明结构特征，在中国几千年文明社会得到长期保留，并且影响深远。家庭或家族与国家在组织结构方面具有相似性，也就是说不论国家或家族、家庭，内在的组织系统和权力结构都是严格遵循父权家长制。家国同构的共同性具体可以理解为"家是小国，国是大家"。在家庭或家族内，父亲地位尊高，威严最大；在国内，君主的地位至尊，权位至高。

宗族主要以一个姓氏同宗的形式来表现，突出体现父亲血脉，可以说是一个超级大家族。家族长盛不衰的依据有祠堂、家谱、族权。祠堂主要供奉祖先的神主牌位，对祖先的崇拜，是中国传统文化心理的一个重要传承。根据宗法制"传嫡不传庶，传长不传贤"的基本规则，周王朝规定：只有嫡长子才是继承王位或爵位的唯一合法者，庶子即使比嫡长子年长或更有才能，也无权继承。这就使弟统于兄，小宗统于大宗。而大宗因为在家族内部享有继承权，所以受到小宗和庶宗的敬奉，即"尊祖敬宗"。庶子虽然不能继承王位，但他们可以得到次于王位的其他爵位。而普通百姓家庭的各种继承规例也是上行下效。

为了配合政权组织及家族内部管理的分封制和宗法制，周武王通过推行"井田制"的土地制度保障农业生产。西周时期，道路和渠道纵横交错，把土地分隔成方块，形状像"井"字，因此称作"井田"。井田属周王所有，分配给庶民使用。领主属于"二房东"，他们不得买卖和转让井田，还要交一定的贡赋。领主负责支配和管理庶民耕种井田，周边为私田，中间为公田。周王把土地层层分封给诸侯，诸侯将受封土地分赐给卿大夫，卿大夫再把土地分赐其子弟和臣属。周王对所封土地有予夺之权，各级受封的贵族对土地只有使用权，没有所有权，只能世代享用，不能转让与买卖，受封者还要向国王承担义务，就是要向周王交纳贡赋。以此，周王有效地控制着大片国土，既落实了王室血脉和有功人员的分封，也保障了老百姓的基本生计，从而较好地实现了社会秩序的稳定。

周王朝还在总结传统习惯的基础上采取了严格的礼乐制度规范并教化百姓，以营造和谐有序的社会氛围。礼和乐是紧密相联的两个部分，更在配合政权组织和经济组织制度方面发挥突出作用。礼乐治理，礼的规则体系最为系统，涵盖了全社会的所有一切制度规范，包括人与自然、与人、与家、与国等各方面的关系相处，总体精神是透过"差等之爱"和"一体之仁"两个不可或缺的方面弘扬仁爱观念。在原始环境里，人们特别讲求人与自然的联系，主张社会组织仿效自然法则，因而有人法地、地法天、天法道、道法自然、自然而然之说，也形成了个人的意志和感情服从于族群集体利益的基本准则。周礼就归纳提炼了这些自然形成的风俗、传统、禁忌、信仰，进行了规范化、法定化、神圣化，并且加以推广，用以调整人与人及其环境的各类关系。因此周礼中规范的内容极为丰富，涉及社会生活的方方面面。既有祭祀、朝觐、封国、巡狩、丧葬等国家大典，也有如用鼎制度、乐悬制度、车骑制度、服饰制度、礼玉制度等具体规范，还有各种礼器的等级、组合、形制、度数的要求。其名目繁多，有吉礼、嘉礼、凶礼、宾礼、军礼等，周礼通过等级差别的典章制度和礼仪规定把规则工具运用到了极致。还强调礼乐制度自周王朝制定后，任何人都不能修改，而周王有权惩罚违礼的贵族。表面讲礼所要解决的中心问题是尊卑贵贱的区分，核心实质却是秩序。在礼、法价值位阶上礼高于法，法如果不符合礼的评价体系便等于无法，可以说礼是法的指导原则和价值尺度，法从属于礼。

而乐的部分则首要服务于礼的等级制度，运用音乐烘托氛围实现礼的运行保障，在和风细雨中调节社会氛围，防止或克服紧张关系。周代礼乐制度严格区分和限定了社会中每个个体所处的地位，从国家制度和宗法层面对国民予以强制性约束，建立了等级森严的阶层社会，又采用乐舞祭祀仪式等加强凝聚力，用精神和文化的感召力促进情感沟通，从而缓解因为礼的等级化、秩序化可能引起的种种对立和矛盾。

姬周时期以武王之治为主要内容完善的这一系列史无前例的务实有效的措施，其理想核心是"敬天保民"，不仅顺应历史，顺应各方面利益关系，开创了周王朝近八百年的基业，也为之后中华文明的汉唐盛世奠定了深厚基础。而且在政权机构实行的分封制、社会阶层内部施行的宗法制、经济生产中采用的井田制、社会秩序中推行的礼乐制，逐渐转化为华夏民族社会生活层面秩序塑造和机制维持的基本格局，成为中国古代社会正统传承思想的核心理念。礼法制度也成为华夏文明最重要、最基础的社会治理机制，对整个中华历史带来了深远影响。

从恺撒大帝和周武王的故事我们可以看到，东西方早期优秀统治者的文韬武略也是相近的，重武力更重收心，善争斗更善谋略。但西方统治者可能刚烈直接些，更展示武威征服，而东方统治者则更强调仁政服人，古代华夏帝王尤其注重政策的温和柔怀。从中也可以发现东西方文明在运用国家刚性规则方面存在一定的差异，东方文明偏重道德教化，以礼止暴，借势止暴；而西方文明强调法的暴力约束，以防止暴，以暴制暴。东方文化中突出道德治国理政，相对而言道德比法律要温和怀柔得多，实际施行的难度也同样高得多。后来发展到西汉时期施行更加兼容并蓄、阳儒阴法、外松内紧的大一统治理方略，则成为人类集权治理方式非常成熟的样板。

7 商鞅变法和早期土地制度

公元前7—前3世纪，正值被誉为西方文明摇篮的古希腊、古罗马文化鼎盛时期，在世界的东方也恰值华夏大地春秋战国时期。人文先哲西方有苏格拉底、柏拉图、亚里士多德，华夏有孔子、墨子、老子、庄子等，东西方都处在学术上的百家争鸣；军事天才西方有波斯居鲁士王、马其顿亚历山大大帝，华夏有孙武、吴起、孙膑等，东西方同样是英雄辈出的辉煌时代。人类历史很有趣，国泰民安、精英一统天下、社会稳固时，往往行为规范罗布，思想禁锢重重；而各方力量均衡，纷争不断，百姓流离失所时，却总是百家争鸣，群英辈出。好比垄断和竞争，总是难求两全，人类社会的安稳和自由似乎也是难以兼得。

春秋战国时期，正是分封制崩溃，社会转型探寻新规则的过渡时期。周平王东迁以后，周王室的威权开始衰微，除了保有天下共主的名义，已经缺乏实际的控制能力。各诸侯国之间的兼并与争霸纷争此起彼伏，有学者根据《史记》记载统计，诸侯国就有 109 个之多，社会呈现各种冲突动荡，争霸战争给平民百姓带来灾难和痛苦的同时，也破坏了原有的奴隶管制规则和旧秩序，有些奴隶获得了自由。铁制农具和牛耕的推广，促进了生产力。土地私有制萌生后，新出现的军功受益者和地主阶层随着经济实力的增长开始谋求相应的政治权力。

在周王朝初期，凭借宗族血缘纽带，土地资源聚合在了若干附庸家族的领主周围，形成统治诸侯国或拥有地产的贵族。然而有些贵族不能保持门第长期兴旺，而被一些出身低微的人所代替，这类新的精英阶层在血统上与最高层的家族没有直接关系，却成为土地等资源的实际管理者，这些人往往充当武士、官吏或者贵族家庭的监管者，或者靠土地为生，有一定的出身背景，他们有时也种地劳动，历史上称为士大夫。历史学家许倬云根据对春秋时期在政治上活动的 516 人及战国时期在政治上活动的 713 人所做的统计，研究发现后一个时期出身微贱者的百分比两倍于前一个时期：春秋时期为 26%，战国时期为 55%。然而这些新贵没能取得贵族爵位，他们必定心有不甘，要求获得更多社会尊重

和稳固地位。而破落贵族自然也对自己的地位落差和生活状态感到不满，由此可见，社会进入一个极不稳定的转型期状态。❶

而更多的士大夫则挣脱了奴隶制的束缚，凭借自己的一技之长周游列国，奔走呼号，展示自己的才能，发表自己的见解，活跃了春秋战国时代的学术氛围。这种百家争鸣的社会空气同样影响了各诸侯国的朝政，朝臣们也纷纷建言献策，要求施行政治改革，调整经济规则，建立适应变化的新秩序。因此各国纷纷掀起变法运动，如魏国的李悝变法、楚国的吴起变法等。商鞅变法就是其中非常重要的一次。商鞅吸取了李悝、吴起等法家人物在魏、楚等国实行变法的经验，结合秦国的具体情况，对法家政策做了进一步发展，使变法取得了较大的成效。

秦国是华夏族在中国西北边远建立的诸侯国，秦人先祖嬴姓部族在殷商时期就镇守西戎，为习武世家。公元前905年秦始祖秦非子因养马有功被周天子封为附庸国。公元前770年，秦襄公又因派兵护送周平王东迁，被封为诸侯。战国初期，秦国井田制瓦解、土地私有制产生和赋税改革等都晚于其余六国，社会经济的发展落后于齐、楚、燕、赵、魏、韩六个大国。

到了秦孝公主政，他招引人才，试图变法，在专门商议变法事宜的朝会上，守旧代表甘龙、杜挚以"利不百不变法，功不十不易器，法古无过，循礼无邪"反对变法。

商鞅则认为："前世不同教，何古之法？帝王不相复，何礼之循？""治世不一道，便国不法古。汤、武之王也，不循古而兴；殷夏之灭也，不易礼而亡。然则反古者未必可非，循礼者未足多是也。"从而主张"当时而立法，因事而制礼"。

从变法论战中针锋相对的观点可见代表新生力量的新贵阶层和旧贵族势力之间的观念和矛盾已经水火不容。

公元前359年，秦孝公命商鞅颁布变法预案《垦草令》，在

---

❶ 许倬云. 中国古代社会史论：春秋战国时期的社会流动［M］. 桂森：广西师范大学出版社，2006：27.

秦国拉开变法序幕。商鞅变法的法令其实并不是对已有的规则进行更改，而是对原先没有具体规定的一些新情况，推出了处理原则，建章立制，其实属于"立新法"。

在秦孝公支持下，虽然法令已经准备就绪，商鞅却没有急着公布。他担心百姓不相信新法，就在集市的南门外竖起一根三丈高的木头，同时布告：有谁能把这根木条搬到集市北门，就给他十两金。百姓们感到奇怪，没有人敢来搬动。

于是商鞅再发布告：有能搬动的给他五十两金。终于有个人壮着胆子把木头搬到了集市北门，商鞅立刻令人奖给他五十两金。

《垦草令》的主要内容有：刺激农业生产；抑制商贸；强调以农为本；削弱贵族、官吏的特权，要求贵族参加农业生产；实行统一的税租制度等。《垦草令》在秦国成功地实施三年，秦孝公于公元前356年任命商鞅为左庶长，开始推进第一次变法。主要内容有：（1）推行魏国李悝的《法经》，增加连坐法，轻罪用重刑；（2）废除旧世卿世禄制，禁止私斗，执行军功赏赐的二十等爵制度；（3）重农抑商，奖励一家一户男耕女织的生产，特别奖励垦荒；规定生产粮食和布帛多者，可免除本人劳役和赋税，以农为本，以商为末，限制商贸范围，重征商税；（4）焚烧儒家经典，禁止游宦之民；（5）"令民父子兄弟同室内息者为禁"，强制推行小家庭生产政策。

商鞅第一次变法扩大了国家赋税和兵徭役来源，为壮大秦国经济实力和提高兵力保障奠定了良好基础。

为了进一步摆脱周王室势力的束缚，更好地调动各方力量的积极性，秦孝公于公元前350年命商鞅征调士卒，按照鲁国、卫国的国都规模修筑宫殿，营建新都，并于次年将国都从栎阳迁至咸阳，同时命商鞅进行第二次变法。主要内容有：（1）废除贵族的井田制，扩大了亩制，"为田开阡陌封疆"，废除奴隶制和土地宗族所有制，承认土地私有制，允许自由买卖；（2）推行县制，废除分封制,"集小都乡邑聚为县",设置县一级官衙,"凡三十一县",县设县令、县丞执掌政务,设县尉以掌管军事。县下辖若干都、乡、邑、聚;(3)迁都咸阳,修建宫殿;(4)统一度量衡制,颁布度量衡的标准器;(5)编订户口,五家为伍,十家为什,规定居民要登记各人户籍,开始按户按人口征收军赋;(6)革除残留的戎狄风俗,禁止父子、兄弟同室居住,推行小家庭政策。规定凡一户之中有两个以上儿子到立户年龄而不分居的,加倍征收户口税。这是对第一次变法中"异子之科"法令的补充,也是对社会风俗的规范。

商鞅二次变法的重要内容就是"坏井田,开阡陌","民有二男以上不分异者,倍其赋"。强调轻罪重罚,主张"内行刀锯,外用甲兵"的强权统治,也注重通过法治引导人性、治理人性,纠正民风民俗。颁布禁止私斗法,促使社会风俗由"勇于私斗、怯于公战"变为"勇于公战、怯于私斗","闻战则喜"成为普遍精神状态,士兵的好战之心高涨,精神面貌焕然一新。1975年底在湖北省云梦县睡虎地的秦墓葬中出土了战国末期到秦代的竹简共一千一百多枚,记有《秦律》具体内容,就是在商鞅变法的基础上修订、补充、累积而成的。《秦律》也多处讲到连坐法,例如户籍登记有隐匿或不实,不但乡官要受罚,同"伍"的也要每户罚一盾,"皆迁之"(罚戍边)。《秦律》也把镇压"盗贼"放在首要地位,并对轻罪用重刑。例如,盗取一钱到二百二十钱的要"迁之",盗取二百二十钱以上和六百六十钱以上要分别罚作刑徒,给以不同惩处,盗牛者要罚作刑徒,盗羊或猪的也有一定的惩处,甚至偷采别人桑叶不满一钱的也要"赀徭三旬"(罚处徭役三十天)。对五人以上的"群盗"则追捕处罚更严(《汉书·食货志上》《史记·六国年表》《史记·商君别传》)。

公元前338年,秦孝公去世,秦惠文王继位。在变法中利益受到侵犯的旧贵族们借机联合起来。商鞅失去变法的强有力支持,有口难辩,只得逃亡。最后商鞅在追捕中毙命,还落得个

"车裂、灭族"的下场。

但是商鞅的悲剧下场没有影响变法的实行,商鞅变法是中国古代一次较为彻底的变革。通过商鞅变法,秦国初步建成了中央集权统治的君主制政权,也逐渐从战国七雄中脱颖而出成为实力最强的国家,实现了国富民强,为统一大业奠定了基础。商鞅变法不仅对此后秦国的影响十分重大,而且完全称得上是人类历史上最早的政权组织构建的典范,同时也对中国历代国家政权构建带来了深远的影响。

无论西方还是东方,是否拥有土地,是否能够获取土地,决定着社会等级的高低。而国家形态出现后,土地也自然成了国家治理的重要工具。从夏商周时期的完善分封制,到商鞅变法承认土地私有制,土地关系调节社会不同阶层之间的各种利益关系,从而直接影响经济社会诸多方面的发展状态。

西欧封建等级制度虽然也是以土地关系为纽带,通过各大小领主层层分封而形成,但各级封建领主之间的供赋更像是租税,经济契约性质显得更突出,内容也以农牧产品为主,封建领主们的日常生活主要就是靠农民的地租和下级领主的供赋来维持的。在从属关系上既等级森严,又比较直接简单,无须国家来确认他们的权益,属于私人分封制度,各级领主与附庸相互按契约承担责任和义务,通常情况下附庸只对他的直接领主负责。大领主的势力日益扩大,他们常与小领主在契约的基础上结成宗主与附庸的关系,甚至对抗国王而独据一方。在这种分裂割据状态下,国王只是形式上的一国君主,实际上只是一个大领主,其统治权也仅限于自己的领地;而各大领主在自己的领地内享有政治、经济、司法等独立的权力,国王不得干涉,他们的领地成为半独立的小王国。国王与大领主之间虽是封君与封臣的关系,但大领主只根据契约服从国王并履行应尽的封建义务,国王与大封建主之间的主从关系是当时政治制度的核心,从国家政权来讲,管理松散,有时鞭长莫及,出现"我的附庸的附庸不是我的附庸"的状况。

公元8世纪上半期,随着社会阶层间贫富差距拉大,大量自由农民破产,地方势力日益做大,法兰克王国的王权日渐衰落。而负责王室财产总管的宫相,事实上掌管了国家事务。715年查理·马特打败了其他竞争者,继任宫相。为了凸显国家权力,他推行采邑制,把从叛乱贵族那里没收来的土地和一些教会土地分封给贵族。但受封领主必须为国家服兵役,履行臣民的义务,并宣誓效忠,当然同时也受国家保护,使其不受他人侵害。但采邑领地不得世袭,只限本人享用,如果受封者不履行义务或者死亡,国家有权收回采邑,终止封受关系。采邑制的实施,有效增强了国家和军队的组织力,维护了王国的统治。但采邑制的非私有化只是阶段性地促进了封建化进程,毕竟同欧洲普遍的土地私有制度相背离,后来就被世袭制所取代。法兰克王国也瓦解为三个国家,自此西欧内部诸侯林立,派系横生,封建势力割据,再也没有出现统一的国家。

西欧的封建等级制度基本特征是确立封主与附庸的臣属关系,协调和维护封建主内部的利益。而人们的日常生活则崇尚教会,神权至上。贵族们热衷于发动和参加战争的理由,骨子里其实也是因为谋求发"战争财"。根据当时欧洲的继承制度,家庭的财产只能是长子一人继承,所以其他子女必须通过各种办法创立家业,也是贵族们对于掠夺扩张乐此不疲的客观原因。与欧洲的私人分封和王室采邑的土地制度相比,中国先秦诸侯领地只能从属于天子,"普天之下莫非王土",不服就要受到讨伐。

战国时,有过诸侯国直接向农民授田,叫行田。秦汉时期土地开始私有化,但同时"限田令"也限定私人土地的规模。北方游牧民族内迁,土地荒芜,北魏孝文帝则推行均田制。农民向政府交纳租税,并承担一定的徭役和兵役,完善土地制度的同时,完善了税赋制度。先秦的贡赋制度其政治意义远胜于经济意义,可见中国传统的皇权治理意识，在国家出现的早期就已经唯王至尊，整个社会实现了高度的中央集权。

8　良法与恶法

国家出现以后，法律作为强制规则，也是维护国家机器正常运转的重要工具。因此，人类规则的内容进一步丰富，也进一步复杂，已经不只是对自然规律的经验总结和约定俗成等各类习惯的归纳，大量的规则由国家制定，并且形成文字，像前文提及的《乌尔纳姆法典》和《汉谟拉比法典》，它们被称为"法"。人类历史上"法"这种规则与原先传统习惯规则相比较，差别还是明显的。为了有所区分，通常前者称成文法，后面这类称自然法和习惯法。而成文法在关注人与自然、人与人之间的各种关系的同时，肯定要关注人与国家之间的关系，因此成文法也容易存有自己的私藏内容，就是巩固国家机器的一些规则。由于成文法天生属于强制规则，所以法律也成为统治者的工具之一。东方文明中秦国的商鞅变法、欧洲文明中法兰克王国的查理·马特改革，在关注民生和发展经济同时，也都夹藏了巩固政权、扩充军力的"私货"，当然不同的认识角度，对此完全可以产生不同的理解，因为国家的稳定和强大，对于每个个体必定也有好处。

由于成文法的生成方式与自然法和习惯法完全不同，其是由国家政权机构依照一定的程序制定和颁布的，所以早在古希腊时期就出现了良法与恶法的碰撞，并成为不同法学派长久争论的辩题。

所谓良法和恶法其实还真难有明显界限。同样的法规法条，不同的人会有不同的认识，有人称为良法，有人称为恶法。争论主要在主张"恶法亦法"和"恶法非法"两种观点上进行。

现今普遍认为恶法亦法理论始于古希腊哲学家苏格拉底，是因为苏格拉底以他自己生命为代价诠释了恶法亦法理论的精髓，即只要法律制定程序合法成立，无论法律在伦理上好坏，当事人都要无条件地遵守。当时苏格拉底因主张无神论和言论自由，有人就以不敬神和败坏青年两项罪名把他送上法庭，最后被法庭判处服毒自杀。苏格拉底有三种方式逃过一死：第一，审判之前流亡境外；第二，审判过程中承认有罪并向原告表明悔改；第三，执行之前设法逃离。只要选择任何一项，苏格拉底都可以继续活下来。

然而，苏格拉底没有选择偷生，而是选择了赴死，以维护恶法的存在有效。在《苏格拉底的申辩》（见图4-11）中，这位圣贤临终时刻说：分手的时候到了，我去死，你们去活，谁的去处好，唯有神知道。❶

图4-11　苏格拉底的申辩

近代分析法学创始人奥斯丁阐述恶法亦法理论也认为：法的存在是一个问题，法的优劣则是另外一个问题。法是否存在是一个需要研究的问题。法是否符合一个假定的标准，则是另外一种需要研究的问题。可见，法治精神首先取决于是否对法的强制性、暴力性有足够的认识。从法律文化心理来看，西方文化赋予了法律更多的宗教情怀，而且法律与宗教伦理常常也是混同的，这种具有强烈的对法律宗教形而上的信仰，更容易成为恶法的

---

❶ 王振东. 恶法亦法理论的历史寻踪及其价值［J］. 甘肃政法学院学报，2017-11-30.

帮凶。

然而，事实上恶法对于人类社会的伤害是非常可怕的。良法，扬善抑恶；恶法，却助恶欺善。蒲松龄就曾经记录过一些鲜活的实例。

当时山东藤县一带的百姓，穷困潦倒，群聚为盗甚多，官府无法处理，就在这些百姓户籍注上"盗户"，以示警告，用笼络招抚方式防止他们重操旧业，因此州县衙门凡处理与"盗户"相关案件时，为了稳定，往往曲意偏袒他们。出乎州县衙门意料的是，这种自作聪明的做法，社会引导效果迅速滑向了反面。人们很快发现"盗户"无论原告还是被告，都能得到官府的偏袒。于是，不仅那些卷入诉讼的"盗户"，总是理直气壮地宣称自己是"盗户"，就连守法平民也担心判案不公，动辄声称自己是"盗户"。有时候，双方甚至不再争论打官司的缘由，却在对方是不是"盗户"上开始纠缠不休。官府这种偏袒的"善意不公"，却不曾想，竟使"盗户"这种歧视性户籍，成了人人争抢的香饽饽。更有甚者，通奸男女被捉，也不再承认奸情，只承认"盗窃"。到后来，白日窃盗被捕的案犯，官府不敢当抢劫犯，只敢当通奸犯审判。有人甚至打趣说，连黄鼠狼和狐狸也羡慕这种身份，被抓时也在袋子里大叫：我是盗户，快把我放了！

另一个李秀才暂弃功名的怪事，也是恶法伤害社会风气的实例。由于起初鼓励乡绅返乡，赋税和徭役特别照顾，平民们纷纷把土地托庇于乡绅家庭，以避赋逃役减负担。有官员建议朝廷：与其纵容托庇，不如降低平民的赋役标准，以厘清土地和户籍。朝廷批准后，州县衙门让平民自己申报，有多少土地托庇于乡绅。平民见赋役标准降低，就到衙门申报。遇有争议，官衙也总是偏袒平民一些，毕竟乡绅要面子好对付。没料及的是，怪事出现了。一位姓李乡绅被讼至官府，原告是原先托庇于他家的平民。两人一路争吵不休的不是田地问题，而是李乡绅到底有没有功名。平民执意敬称对方"李秀才"，而李则坚持要对方直呼其名,千万不要称呼"秀才"。县令核实发现李确实是秀才,就问:秀才是乡里人人羡慕的功名,你为什么不承认呢?李秀才说:暂且不当秀才也罢,待我与他把土地纠纷了结之后,再当秀才不迟!

其实这种善意不公导致的社会风气扭曲还属于轻的。上有所好,下有所效,败坏导向,扭曲人性的恶法在人类历史上还是不少见的。制定什么样的法律"经纬其民",早在公元前536年中国历史上第一次公布成文法时,就已展开了论战,先哲们也发表了许多精彩言论,孔子注重秩序,所以强调法度少变动,以及社会阶层井然守序。他说:"夫晋国将常守唐叔之所受法度,以经纬其民,卿大夫以序守之,民是以能尊其贵,贵是以能守其业。"道家则是强调"道法自然",主张自由放任,对百姓不过多干涉,反对公布人为法律。法家主张修法宜顺乎时代和民心。管仲主张"俗之所欲,因而予之;俗之所否,因而去之",营造人人平等竞争的法律环境。荀子提出"故学也者,礼法也",所谓"圣人化性而起伪,伪起而生礼义,礼义生而制法度;然则礼义法度者,圣人之所生也"。礼义法度系圣人根据人性制定,其权威性与可行性不证自明。"故非礼,是无法也。"对此中国古代法律也采取补救手段求得和谐。"以讼止讼"是中国古代很高超的一条司法理念。法律诉讼本身正是达到"无讼",追求"和谐"的手段。

从人性的善恶观点分析,性善论观念容易导致人治,而性恶论认识则隐含了法治的要求。所以,黑格尔说性恶论要比性善论深刻。对此,恩格斯在《家庭、私有制和国家的起源》一书中也指出,人类的恶劣贪欲也是社会发展的杠杆之一。而英国思想家洛克认为:"如果让一批人同时拥有制定和执行法律的权力,这就会给人们的弱点以绝大诱惑,使他们动辄要攫取权力,借以使他们自己免于服从他们所制定的法律,并且在制定和执行法律时,使法律结合于他们自己的私人利益,因而他们就与社会的其他成员有不相同的利益,违反了社会和政府的目的。"可见要预防恶法产生，法律本身的制定机制和参与广度非常重要。正是出于对人性的不信任，启蒙学者强烈要求对权力进行制约，实行分权制衡，基于这种认识，洛克提出了"两权分立"的思想，主张把国家权力划分为立法权和执行权两部分。法国思想家孟德斯鸠则进一步提出了"三权分立"的思想，他提出："当立法权和行政权集中在同一个人或同一个机关之手，自由便不复存在了；因为人们将要害怕这个国王或议会制定暴虐的法律，并暴虐地执行这些法律。"所以，适度分权，以权力制约权力，分权制衡能相对有效地防止权力的异化，更容易促成朝野共识，防范恶法出笼。像欧洲中世纪，长达数百年制定了许多处置女巫的法律，甚至还有大名鼎鼎的法学家们也参与其中，实在是骇人听闻。

事实上，人类社会生活本身是极尽丰富而复杂多变的，而国家法律能够规范的内容却极其有限，而且也不可以轻易变化。在中国古代社会以礼为先的法治结构实质也是对可能出现恶法施行的一种约束，与西方人认知的规则相比，中国古代法中判官的因素是主导的，也就是中国法治的人文品质、道德精神，而这种精神又根植于全社会礼法文化的大环境之中，仿佛一个超级庞大的陪审团在参与监督。相对于西方依托宗教神权和理性逻辑思维的法治，中国古代社会治理结构"礼乐刑政"无所不用，看似逻辑混乱，实则"道法自然，天人合一"思想贯穿其中，形散神聚。它立足于人的主体性，在规则及其运作模式上形成一个开放性体系，而着眼于规则的实际运行效果特别是相对人的心理预期与承受。礼法传统作为社会秩序保障体系的重要部分，并非同其他规则相排斥的，相反作为整个开放的规则体系反映在总体法治上。表面看，似乎是建立在个体人文品质基础之上的人治结构，其实由于礼法传统与社会治理结构是难以分割的一个整体，事实上就是一种特殊的社会分权模式，存在天理、仁礼、宗法与国法之间的权力均衡分配，所以礼法传统是无法独立构建和运作的。华夏文明阳儒阴法的治理谋略也是从道法自然而来，有其内在生态肌理活性，倘若颠倒成为阳法阴儒则必然阴阳失衡。所以，全社会礼法文化体系扭曲，才是中国传统法治扭曲的根本，法治本来可以有的善美人性弹性反而堕落成丑陋的空间。人文治理和法度规范之间，本身就没有方式上的是非之分，物极必反，事有阴阳，世界上不存在绝对好的事情，也不存在绝对坏的事情。重在尊重天人合一，道法自然，才是东方文明的优势所在。

任何事物的良性发展，必有其内外规则，所以说没有规矩，难成方圆。行稳致远，良性运行，必须建立适应和遵从大自然规律的规则。进入文明社会的人类，朝代更迭是许多因素综合作用的结果，英雄人物顺势而为非常关键，"顺势者昌，逆势者亡"，但是顺应的这"势"为何物？政治家通常把这"势"单单解释为人心，的确人心所向，势不可挡。那么究竟人们期待什么样的规则？人心追求什么样的状态？人类必然存在一种不分种族、性别、财富、智力而适用于所有人的基本法，不论是贵族或是平民、自由民或是奴隶，也不论什么职业，处在什么时代，都必须趋利避害，服从自然规律，因为在大自然的面前，人类就是一个命运共同体。

9　人类命运在悠悠和匆匆之间踌躇

从人类起源，我们的先人们为生存本能地寻求依靠，追求超越。在这一过程中人们与命运抗争可以舍弃许多自由，让渡作为个体的许多基本权利，甚至牺牲生命，这也是一种顺应命运的选择，无奈地接受自然界的现实规则；同时也是心存改变现状的强烈愿望，寻求突破现存规则，改变环境，谋求建立新秩序，又是一种抗争命运的选择。这样的两种选择并不是割裂的，而是交替作用的，相互影响的，共同推进人类命运演进的轨迹，人类正是这样在满足安稳和追求自由之间匆匆地行进，又傻傻地回望，寻找丢失的灵魂。

自公元前2世纪起，海上霸权确立和大量的财富流入，掏空了古罗马人们的灵魂，他们逐步迷失了自我，风气与日俱下，劳动和劳动者被社会抛弃，上层社会堕落，自由民"都不沾镰刀和犁"，沉沦于跑马场，而那些失地的底层公民，开始演变为"流氓无产者"和罗马社会的寄生阶层。这些人为了生存，可以不惜出卖一切、出卖公民权、出卖灵魂。对这些不事稼穑、漂泊不定的人，马克思严厉地称为罗马的"惰民"。暴君为了保持帝位，依靠近卫军，于是又出现近卫军长官操纵朝政的局面。近卫军受到帝王的恩宠，更加贪腐，赏赐不能满足，往往发生哗变，杀死旧君另立新帝，于是废立篡弑之事屡屡发生。近卫军甚至还出售帝位，谁肯出大价钱，便可登位。有的地方军事长官拥兵自重，一时间，数君并峙，社会混乱，内战不休，国家解体，昔日希腊雅典文明的光芒和罗马帝国的荣耀已经荡然无存。周边的游牧民族族群，日耳曼人、匈奴人乘虚而入，结束了地中海的古典文明。

其实在差不多的时期欧亚大陆的古代帝国都受到各游牧民族的冲击，中国的汉朝、伊朗的萨珊王朝、印度的笈多王朝则是遭到突厥、蒙古、匈奴的进攻。中国后来还经历了匈奴、鲜卑、羯、氐、羌的北方游牧民族内迁时期。每一次侵略和掠夺战争在破坏传统文明的同时，又促进不同文明的深度交融，把整个人类的命运捆绑得更加紧密。

476年，日耳曼人宣布西罗马帝国终结后，欧洲相继出现了一批国家，先后有法兰克、伦巴德、奥多亚克、勃艮第、汪达尔－阿兰、东哥特、西哥特、盎格鲁·撒克逊等王国建立。从罗马帝国的废墟中成长起来的日耳曼人诸王国逐渐把日耳曼民族传统习俗与罗马元素相融合，形成了西欧散漫无序的一段历史，地方割据势力间战争不断，教会与世俗政权争权夺利。人们普遍认同于具体的、现实的领主、领地和庄园，而不是抽象而高远的国王、民族和国家，人们对于这些概念十分淡薄。社会分野是由同一职业类别的人所组成,他们自己归于僧侣、骑士、商人、工匠或农奴,而没有认识到自己的民族或国家。

在11世纪下半叶之前相当长的一个时期,掌控社会权力的教会和国王之间的斗争此消彼长,不仅使政治上的分裂状态加剧,也更使整个欧洲各阶层面临更多混乱,同时等级森严的教会制度更使各国失去了治理独立性。人们现实地增强着封建附庸原则和宗教信仰的认同感,而掩盖了民族的亲和性和国家的威严性。教宗杰拉西乌斯一世在5世纪提出的"双剑说",即一支剑象征着最高的宗教权力,由上帝交给教宗执掌;另一支剑象征着最高的世俗权力,由上帝交给皇帝执掌。这样的理论推出,不仅含有排斥帝国皇帝统治教会事务的意味,而且使"君权神授"的观念显露端倪。当然教会的活动在一定程度上为西欧文化的传承做出了重要贡献,基督教是欧洲古典文化的主要继承者,促进了西欧各民族文化的交流。

当然王权在与教会权的关系中总是占据相对有利的地位,王权容易把持属地教会权,国王为了巩固封建集权统治,也会谋求教会的支持,与教会达成联盟,以实现阶段性目的,但同时这又使教会的权势在王权的支持下得以扩大,成为封建统治集团中较强大的政治势力。法兰克和德意志在历史上都有这样实实在在的做法。

8世纪中叶,缺乏王室血统的丕平为了篡位,以加洛林王朝取代墨洛温王朝,一方面推行采邑制,另一方面寻求罗马教会给予政治上的支持并提供理论依据。而罗马教会也有类似的经济基础和相同的政治利益,同样希望摆脱东罗马皇帝的长期控制,需要寻求新的世俗君主给予军事上的支持。双方一拍即合,建立起西欧王权与教会权的最初联盟。借此,751年丕平按旧约中的仪式涂油登基成为国王,由罗马教皇圣匝加派大主教来到巴黎为其加冕。754年,教宗斯蒂芬三世再次为他涂油,以膏礼确认其王位及儿子查理和卡洛曼的正统性。755年,教宗开始要求丕平遵守诺言，丕平先后两次发起对伦巴德人的战争，并将所得的土地送给教宗，这样丕平实际上成为教皇国的疆域开拓者。丕平及其继承人也依靠这个联盟当上了法兰克国王，而且将势力扩展到了意大利，又做了罗马人的皇帝，成了西罗马帝国传统的合法继承者，可与东罗马皇帝平起平坐。天主教也逐渐抬头，并靠"丕平献土"建立起教宗国，教宗由单纯的天主教世界的精神领袖兼任世俗君主，并逐渐消除了伦巴德人的威胁，摆脱了东罗马帝国皇帝的控制。到查理大帝统治时期，主教和修道院院长的任命完全由其一人决定。查理之后，主教的任命已成为国王独有的特权，推选教皇的权力不再归于罗马城教士和教友。

　　10世纪初，德皇奥托一世即位后，曾多次经历了氏族公爵的反叛，也想借助教会的力量巩固集权统治，加强对地方封建大领主势力的控制，就与罗马教廷结成联盟，出台了一系列扶持教会的措施，培植教会组织势力，以削弱世俗大公爵的影响，奥托逐步垄断了教会权力，重要教区的大主教由奥托的直系亲属担任，不仅负责教区内的宗教事务，同时还被委任执行国家权力，广泛参与国家的重大事务，掌握司法大权的重任，即"奥托特恩权"。奥托甚至把主教纳入官职的等级制度中，因主教制不会像一个世袭家族那样给王权带来威胁，从而加强了王权的核心地位。因王权集权的需要，奥托二世建立了国家教会制，这种教会制还是在王权的控制下。❶

　　当时的统治者之所以积极介入天主教会的事务，是因为教会及其教士在实现封建统治、完善封建制度的过程中能够发挥其他组织无法替代的作用。查理大帝是对教会组织运用得最得心应手的国王之一。加洛林王朝实行伯爵负责制的辖区行政管理，而伯爵既是代表王权的地方行政长官又是当地大封建主，有很强的自主独立性，难以管控。查理大帝就借助教会力量严密控制，在辖

---

❶ 大脸小子. 中世纪时西欧各国君主和罗马教皇的关系. https://blog.sina.com.cn/s/blog_a31034a701018uaj.html.

区内同时设立主教区，给予主教在辖区范围内的司法权，以限制和制衡伯爵的地方管理权力。不仅如此，他还会派遣宫廷教士和官员担任"巡阅使"，全权监督和预防各地官员的各种贪腐。教会和教士在封建化过程中被赋予重要职能，同样也获得了相应的社会地位和国王赠予的权益。正如查理所说：凭那份进款和那份地产，凭那所修道院和那所教堂，我就可以使得某个臣属效忠。而这些主教和修道院院长同样要为国王提供兵役、徭役和宫廷所需物品。世俗领主和教会成为法兰克国家的两大政权支柱。教会承担了国家机构职能，必然也接受了王权对教会的控制。首先，查理以王权对教会圣职的任免取代宗教法规规定的教会选举权，随时罢免其认为不称职、不符合王权利益的主教。其次，王权还掌握教会对内外的立法。为了防止主教因地产和权势的增长而危害王权，查理以教会法规束缚教士的生活。法兰克的君主把罗马天主教看成是可以强化君权、维护王权统治的一种力量。

法国著名历史学家瑟诺博斯在他的《法国史》中揭示了统治者和基督教之间的关系：这样，他（指查理）创立的这种制度的影响一直持续到19世纪。国王以他的世俗行政权力，帮助教会，迫使他的臣民服从教规；教甫们则以他的精神权利为国王服务，引导他的信徒服从国王的命令。臣民的义务和信徒的义务合而为一了。这些义务由同一个权力机关强制执行，并且受到同样的制裁：驱逐出教和物质处分。教会的法规和教甫的命令变得像国家的法律和政府的命令同样具有强制性。这是教会和国家权力的结合，就是"王座和祭坛的结合"。

到11世纪中期，随着王权的不断强化，教会的权力也向世俗社会各角落渗透，已成为国家的重要依靠势力，教宗与世俗皇帝的对抗也达到了顶峰。一方面，教宗认为自己应该具有至高无上的权威，另一方面，国王认为自己才是国家的最高统治者。格里高利七世计划扩大教宗的权威，而亨利四世准备重建德皇的集权，两者形成不可调和的矛盾，双方在争夺主教授职权的斗争中公开化了，而德意志的教俗贵族又因自身利益而支持罗马教皇。德意志皇帝被教宗废黜，逼得德皇向教宗忏悔，严重影响了王权的权威性，可见当年教权的影响力的确如日中天。强大起来的神权与专制的王权狭路相逢，少不了要做一番龙虎斗。

1294 年，专横顽固的教权至上论者卜尼法斯八世任罗马教皇。恰在这时法兰西国王腓力四世也具有强烈的王权意识，几次对抗，腓力四世于 1309 年派兵将当时的教皇绑架到法国，软禁于南部小城阿维农，史称"阿维农之囚"。教皇国从此由盛转衰。教会权更是一蹶不振，直到席卷整个欧洲的宗教改革把罗马天主教一统天下的格局彻底打破。

中世纪的欧洲文明，在各方面都充分地体现了高度的资源集中和规则集权。尽管教会权与王权之争貌似彼此消长，但总是在集权的规则中相互促进，貌离神合。相互之间是争权夺利，但对于被统治者，实质就是原始神权意志和王权的再联姻、再结合的产物，尤其是在削弱地方教俗贵族势力的管辖权和独立性方面，无论国王还是大教主，高度集权的认知几乎是完全一致的。

与欧洲这种联合神权来巩固王权专制的方式不同，古老东方社会从原始氏族文明传承和借鉴的却是偏重于血脉家族式的礼法专制形式，构架了中国自成体系的古代礼法文明。礼被作为法的指导原则和价值尺度，法从属于礼，从而实现了大一统的皇权专制治理社会。

在湖北省云梦县睡虎地秦墓出土的云梦秦简中，有个《封诊式》的竹简残片描述的就是战国时期秦国的法律法规。记载了一个案例："某里士五甲告曰，甲亲子同里士五丙不孝，谒杀，敢告"，判辞曰，"甲亲子，诚不孝甲所，毋它坐罪"。可见秦律中对违背礼教孝道的行为已经有法律的制裁加以保障了。竹简还记载"不孝者弃市，弃市之次，黥为城旦舂"。到了汉代也有此类法律条文，西汉前期《二年律令》规定"子贼杀伤父母，奴婢贼杀伤主、主父母妻子，皆枭其首市"。❶ 魏晋南北朝延续这一道德传统，晋律有"准五服以治罪"，就是对九族以内的亲属间相互侵害行为要治罪。到了北齐更创"重罪十条"以为"常赦所不原""不在八议论赎之限"，而其中"恶逆、不孝、不睦、不义、内乱"，都是规范纲常五伦礼教方面的防范罚条。《唐律疏议》更是开篇就说"德礼为政教之本，刑罚为政教之用，两者犹昏晓阳秋相须而成者也"。唐律之"一准乎礼而得古今之平"可以称为中华法系的典范。"同居相为隐""子孙别籍异财""告祖父母、父母条"等"绝大部分条文直接或间接地源于礼"，从而确定了中国古代传统律典的两条严惩的重罪标准：一是对危害帝王尊严及其统治秩序的罪行；二是对危害礼法道德和族规秩序的犯罪。唐律之后，宋、明、清律令基本延续无改。

礼法文明的传承足以证明华夏文明在中国的深厚历史根基，在历史的无数次冲击和碰撞中只实现了有限的交融，自始保持着传统氏族文明的社会组织模式，延续着氏族—宗族—家族的传承。这种漫长的农耕氏族文明形成的熟人社会和自治模式，构建了完整的宗法社会组织形式，无论政治社会、经济社会，还是宗教社会，都像是宗法家庭的扩大或变异，都不自觉地比附宗法家庭模式。这成了中华民族自古以来结成生活群体的主要形式或基本形式，同样形成了充满宗法特性的规则构架。

早在商鞅变法开始，秦国最早实施了"县郡制"。秦始皇统一天下后，曾就应否设置郡县展开了争论。当时不少观点认为新归统的领土都远离秦国，主张施行分封，但李斯认为分封制是周朝诸侯混战的根源，他力排众议建议实行郡县制，并得到秦始皇的采纳。共设三十六郡，每郡有守、尉和监各一。郡下辖县，郡守与县令，都由皇帝直接任命。秦代至此成为历史上最早推行"郡县制"的大一统集权国家，也基本奠定了此后各朝地方政权

---

❶ 张家山汉墓整理组. 张家山汉墓竹简 [M]. 北京：文物出版社，2001：139.

体制的基础。以官僚政治取代血缘政治,是中国历史由贵族封建制度走向皇帝专制制度的重要转折。如果说秦朝建立的中国皇权专制国家是紧密的"家天下"模式,那么欧洲中世纪后以分封制为基础建立的皇权专制国家就属于松散的"家联体"模式。

我们从中国传统宗法规则的丰富内涵和权威效用也可以得到一些启示,如乡规民约,"民有村规如律令";还有家法族规,"国有国法,家有家规",有时族规甚至也有生杀予夺的大权,甚至具有和国家规则同等效力的约束力。在具体个案处理方面则更是采用多种手段,综合依从各方面的习惯规则,根据案情的实际细节不同具有很大的灵活性。这充分体现了中华传统文明严谨苛刻的礼法规矩和自由自治的人文精神的完美统一。

宋代法学家郑克编著的法学著作《决狱龟鉴》载有这样的案例:某民妇甲以其子乙供养有阙,将乙告于官府,官府经察,乙亦贫病非常,无力养母。于是乎官府即以钱粮接济母子,一时传为佳话。另一则案例是某甲告其孙乙,不敬祖父,已而气消,爱其孙,不忍置于法,遂反悔。官府听之,但言辞训斥孙乙而释之,为时人所称。从两则具体案例看,官府在判案执法中,没有生搬硬套法律文字,而是根据案件事实及其变化,合乎情理地采取了注重实际效果和判案导向的解决方式。所谓"清官难断家务事",如果官员一味机械判案,可能问题没能解决反而走向恶化,甚至造成导向上的抑善扬恶。这一点从山西省平遥县衙留存的古代判案公堂的布置情况也可见端倪,判官座席头顶高挂的是"明镜高悬"匾额;而在朝着判官的墙面上方则是"天理、国法、人情"六个大字,可见在中国传统法治精神中,天理和人情这两类人类传统规则都是国法的约束和补充,构成自成体系的礼法规则。

欧洲的宗教力量很强大,足以和王权以及领主相抗衡,以至于形成三者相互制衡的政治格局。而与欧洲不同,中国自周王朝建立礼法体系之后,对宗教的发展似乎总有一种天然的防范,中国历史上南北朝时期，佛教发展也曾经很快，有不小的影响，但仍然只是少数统治者个人喜好而已。一旦当政者意识到佛教影响太大就马上下令废除，在这种传统宗族礼法文化一统天下的力量下，佛教显得没有丝毫的反抗力量，中国历史上的"三武灭佛"就是例证。

在中国皇权文明2000多年的历史长河中，经历了汉唐两朝文治武功举世闻名的盛世。有趣的是，两个王朝在处理中央与地方关系方面，施行的却是截然不同的两种路径。汉朝在汉初地方分权的背景下走的是中央集权化不断加强的道路，而唐朝则在初期高度中央集权的背景下走的是地方分权化趋势不断增强的道路。两个朝代在中国历史和华夏文明发展中的贡献都是极其重要的。

民主与专制，如同一对并蒂莲。分封制度，比较符合人性，有言论、思想、迁徙自由的地方自治制度，封建领地贵族也享有相当独立的财权、人事权甚至军权。但是地方势力之间的竞争也日益激烈，由此带来的长期纷争，闹得人们流离失所。一些知识分子此时也开始依附强权，谋取个人前途，不想反抗了。

在皇权专制下，国家是帝王的"家天下"，多数帝王也会像爱惜"家"一样爱惜自己的国家，对国家滋生强大的责任心。为了自己的家族江山永固，不少帝王尽其所能励精图治，延揽天下英才服务自己的国家。皇帝一人的智慧和精力往往无力周全千差万别的社会动态，国家越大情况越是复杂。记得戊戌变法时期有过一段著名对话。大学士孙家鼐谏曰：若开议院，民有权而君无权矣！皇上曰：朕但欲救中国耳；若能救民，则朕虽无权何碍！可见这种"家天下"模式有时也能够产生皇权天子情怀的，而这种情怀显然是对自身利益的超越。

无论东方宗族礼法一体的皇权文明还是西方与神权对立共存的皇权文明，历史在这个阶段总体选择的都是集权专制。其实皇权在那个时期并没有特别的社会基础和思想基础，这也是人类各族群各阶层不同文明经过一个较长时期的冲突融合、交流争鸣、探索磨合后做出的选择。所以说，皇权专制制度也是在社会各个阶层共同妥协下而实现的一种历史选择。

10　令人恐惧的微世界和猎巫运动

　　大自然的浩瀚神奇在于它的足够博大和丰富多样，起初人类作为极其平凡的一员，在漫长的成长经历中，和其他社会动物一样，和各类生物相生相伴，甚至相爱相杀。当然也包括看不见的微生物，人们能感知却还不能认识。人类有意无意地应用微生物已经有几千年的历史，最初可能是人类发现储存水果会自然发酵变酒，而萌生出酿酒技术。公元前3000年埃及已开始酿造葡萄酒。中国在夏禹时期已有了关于夏少康（杜康）造秫酒的故事。之后又出现制酱和酱油、醋、泡菜、奶酒、干酪和面团发酵等技术，当时的发酵技术纯粹是偶然现象与经验归纳。在几千年的文明史中，人们只知道这样做可以得到所需的东西，并不探究其中的原理。恰恰这样，认知或许更具完整性。这也更加增添了人们对所处环境的敬畏和好奇。早期的病疫则是其中一种让人们始终心存恐惧的神秘魔鬼。

　　古代中国早在殷墟的甲骨文中就已有疥、疟、首风、疾年等文字记载。《山海经》中也有疫、疠、疟、风疥的记载。《周礼》记载说："疾医掌养万民之疾病，四时皆有疠疾。"其记录了流行性疾病和季节的关系。《吕氏春秋·季春纪》也记载："季春行夏令，则民多疾疫。"

　　东汉后期瘟疫反复爆发，从119年至217年的百年间，就发生了十次大瘟疫。到了东汉末年，由于瘟疫流行，严重破坏社会秩序和百姓生计，最终引发"黄巾起义"，天灾人祸共同造成了东汉王朝的崩溃。

　　在世界各地，这样的情况非常普遍。爆发在中世纪欧洲的一场被称为"黑死病"的大瘟疫，同样改变了人们的命运。最早鼠疫作为一种地方病主要流行于游牧区域，1346年，蒙古金帐汗国的军队围攻黑海港口城市卡法，双方攻打中鼠疫开始在蒙古军队中蔓延，据说因为疫情过于严重只能撤军，但是蒙古军把鼠疫死者用抛石机抛入了卡法城内，使得疫情传播到了城内。由于城内有较多热那亚商人，他们乘船逃回意大利，途中停靠的港口陆续爆发鼠疫疫情。1347年，鼠疫开始在意大利蔓延，并蔓延到西欧、北欧、波罗的海地区再到俄罗斯，席卷了整个欧洲和中东。

在这次大瘟疫中，意大利和法国受灾最为严重，受灾最为惨重的城市是薄伽丘的故乡佛罗伦萨，有80%的人得黑死病死掉。薄伽丘作为亲历者写在《十日谈》中的佛罗伦萨城，仿佛突然间就成了人间地狱：行人在街上走着走着就突然倒地而亡；待在家里的人孤独地死去，在尸臭被人闻到前，无人知晓；每天大批尸体被运到城外；奶牛在城里的大街上乱逛，却见不到人的踪影……

黑死病带给欧洲的灾难是令人惊恐的。1347—1353年，疫情历时六年之久，直接夺走了2500多万欧洲人的性命，约占当时欧洲总人口的三分之一。由于中世纪欧洲的宗教禁锢及医学认知水平，疫情初期人们对黑死病的预防和治疗非常蒙昧，包括放血疗法、烟熏房间、吸烟、使用通便剂、用尿洗澡等，甚至认为猫是邪恶的化身和瘟疫的根源而大量捕杀，造成老鼠进一步泛滥。疫情初期愚昧的预防方法不仅没有使疫情得到控制，反而使疫情更加恶化。生存危机倒逼人们对黑死病的防控从蒙昧开始走向理性，也催生了现代公共卫生制度。1348年意大利米兰大主教首先对黑死病患者的房屋下令实施隔离，结果米兰幸运地躲过疫情，验证了隔离对控制黑死病传播的作用。1377年，意大利拉古萨港首次进行海港检疫，并对来自疫区的旅行者实施30—40天的隔离措施，检疫制度也由此开始建立。随后，欧洲部分城市开始卫生立法，规定疫情期间禁止集会、对病患者丧葬也进行规范管理、禁止与疫区间的贸易往来等,同时建立了历史上第一批卫生机构,负责隔离、检疫、清扫街道、疏通水道等工作,最终疫情于18世纪基本得到缓解。

据估算,到1400年,欧洲人口的平均寿命由黑死病爆发前的30岁大幅下降至20岁,而整场瘟疫共造成全球7500万人口死亡,是人类历史上最严重的瘟疫之一。这场灾难给人留下难以磨灭的伤痛,此间许多艺术创作以瘟疫为主题(见图4-12)。

图4-12 黑死病的惊恐成为当时许多艺术家创作的主题

欧洲大伤元气后,也引起社会、经济和政治的大变动。从15世纪到18世纪,欧洲社会各种灾乱接二连三,经济状况每况愈下,社会秩序愈加动荡不安,大大动摇了农村社会的稳定,蒙昧和理性的较量也进入白热化。一方面,人们在现实社会痛苦的忍受中开始反思,这种气氛最终导致了文艺复兴时期文化的大发展,文艺复兴、地理发现、科技革命让这一时期的欧洲迎来了耀眼光芒,也直接动摇了支配欧洲的罗马天主教教会的地位;另一方面,既得利益势力肯定不会就此罢休,神权宗教势力也展开了一系列疯狂而血腥的争斗。在这恐怖的运动中尤以女性为最大的受害者,几千名女性被无辜地以"莫须有"的理由判定为女巫,处以火刑,这就是欧洲历史上的猎巫运动。

起初所谓的女巫,大多是懂点传统医术、识些草药、用土法疗伤治病的女人，她们在缺医少药的黑暗年代颇受民众崇拜。到后来，女巫被说成会使用魔法、占星术等超自然能力的女人。

当时的欧洲，天主教神学的魔鬼说大行其道，再加上长期处于人际关系紧张的悲苦岁月，人们普遍缺乏安全感，彼此间极度不信任，因此一遇有灾变或意外，就怀疑社会乱象与魔鬼及巫师有关，动辄以莫须有的罪名指控他人是巫师，并常常借以巫师事件来解释社会上发生的不幸。第一次大规模的猎巫运动发生在1480—1520年，此时由宗教裁判所负责追拿女巫。宗教裁判所是为清算异端而成立的专门机构，在各教区都有设立，委以逮捕、审问、惩罚异端并没收其财产的职责。1484年12月5日，教皇英诺森八世颁布了针对巫师的教皇谕令，扩大了宗教裁判官的权限，标志着巫师大迫害行动的开始。一夜间，欧洲各地涉及巫师和巫术的案件大量涌现，大批巫师被捕，关到监狱中饱受酷刑，甚至剥夺睡眠并进行各种所谓的异端测试。此后的300多年可以说是欧洲历史上最为黑暗血腥的时代。1487年两名宗教裁判官克雷莫和斯伯伦吉合著了专门迫害巫师的巨著《女巫之锤》。书中把女巫分为两类，一类只为人们卜卦、解难，其罪较轻；另一类则背弃天主，侍奉魔鬼，危害人类，推行魔鬼的事业。这就犯了严重的宗教罪，对这些女巫可判处火刑，若其有忏悔之意，则宽厚处理，先绞死或吊死，再施以火刑。由于《女巫之锤》的作者之一的斯伯伦吉是声望卓著的大学者，在当时知识界和宗教界享有崇高的权威。这部书影响巨大，1487—1669年再版了29次之多。书中还借助魔鬼学家及女巫自白的方式描述巫魔会，即巫师和撒旦、魔鬼的聚会，仪式就是类似于天主教教仪的弥撒，只是顺序颠倒过来，女巫和魔鬼们在聚会时舞蹈、宴饮、吞吃小孩，最后魔鬼还会化身为梦魔，在睡梦中和女巫淫乱交媾。直到17世纪，这部荒唐的著作还被作为追捕女巫的基本手册。

1580—1670年，神权教会镇压巫术的各种活动掀起了高潮，展开了更大规模的一次猎巫运动。这个阶段追捕活动转由世俗法庭接手，镇压手段更为严厉，被无辜迫害者较前一波更多。当时的法兰西王国、日耳曼帝国南部都是追猎行动最凶残的，仅1575—1590年，当时法国洛林省的宗教法庭庭长雷米就烧死了900名巫师。法官、学者等社会上流精英还争相发表有关魔鬼学的各种研究论文，为追捕行动提供学术研究，就连法国最著名的政治理论家、有西方国家主权学说创始人之称的让·博丹，1580年也出版了《巫师的魔鬼术》。洛林省的雷米庭长于1595年出版《魔鬼》。法国东部西班牙领地弗朗什-孔泰的法官博盖在1603年出版《巫师恶言录》，都成为当时的热销书籍。❶

在这场猎巫行动中，仅仅西班牙宗教裁判所在350年间就惩罚了34万人之众，其中约32000人被活活烧死，他们打击的对象也是非常有针对性的，教会借助政权工具和宗教法庭残酷地打击异教组织。1517年欧洲宗教改革以后，因为天主教与基督新教双方激烈对抗，加上世俗政权也参与这场宗教争战，于是社会控制比过去更为苛刻；个人在信仰上被迫选择站队，就是在天主教和基督新教之间二选一，毫无其他信仰自由可言，由于宗教认知与所属教会立场不同而丧命的事件经常发生。在苏格兰，仅长老会承认烧死的女巫就多达4000人，仅在1590—1680年就烧死了3400人。在德国维尔兹堡，菲利普主教8年间烧死了900人，班贝格主教还建立了一个专门的女巫监狱，在24年间又公开处决了900名女巫。17世纪30年代科隆处决了2000名女巫，而在波尔多1609年一年就处决了600名女巫。根据研究人员的估算，在这一时期的欧洲大约有200万人因巫术之名被处死，不少女巫更是被株连九族，满门灭绝。在一些农村，甚至因为有一个人被认定为女巫而全村遭屠。正是在这样的背景下，上百万的女巫被推上了火刑架（见图4-13）。❷

---

❶ 陆启宏. 禁欲与放纵：魔鬼信仰与近代早期西欧的资本主义[J]. 史林, 2007（5）.

❷ 陆启宏. 16—17世纪西欧社会的"猎巫"[J]. 史学月刊, 2007（8）.

图 4-13　经过各种调查和审判，上百万的女巫被推上了火刑架

当年宗教裁判所与世俗法庭在审判巫案时采用的是"调查诉讼"。所谓"调查诉讼"是在接到实名或匿名检举后，控告人的身份会受到完全的保密，由法官判断是否实施受理调查。调查以秘密审讯方式进行，完全与外界隔绝，法庭掌握的证据和审查的内容并不告知受审人，而且费用都由受审者负担，要密告一个人为女巫根本不需要任何实质证据，被告人也基本没有机会证明自己的清白。英国处死一名女巫玛歌莉，她被举发的原因便是：曾向邻居借东西被拒绝，不久，邻居的小孩便病发夭折。甚至也不需控诉人，仅仅凭借乡里坊间的一些传言，诸如，"某人一谈到巫术便坐立难安"或"某人念珠无故断落"等，宗教法庭就可以审判者兼控诉人身份直接开启诉讼程序。有人想要指证或者怀疑一个女人是女巫，十分随意和任性。一个女人只要独居，老处女或者寡妇，性格有些孤僻，没有生育，不与人交往，深居简出，近期性情有变化等都有可能被认定为女巫。如果以上这些特征具有多项条件符合，那么就是女巫无疑了。通常法官对这类被告大多已存有有罪认定，所以在严苛的审讯中，只想得到被指为女巫者的一些供词而已，纵使法庭同意指派律师参与辩护，律师也担心自己被指认为女巫的同类，因此也会配合法庭一同施压受审人认罪，可以说当时根本也没有"无罪推定"的观念。当时还采取"法定证据主义"，就是要定女巫的罪名，首要且必需的证据是女巫认罪的自白，因此在女巫裁判中，为了得到女巫的自白，经常使用严酷的刑求。在各种残忍的刑求下，很少有人能挺得过去。刑求的种类非常多，有心理上的威吓，也有肉体上的折磨。心理上的威吓，法庭可将审讯室旁的刑求间门打开，让犯人看到各式各样的刑具；亦可将审讯室旁的刑求间的门关上，安排仆役在内佯装受到刑求，发出痛苦凄厉的哀号，使犯人因害怕自己亦遭苦刑而招认。肉体折磨的刑求方式更是花样百出，可依据时间、地点而有所不同，鞭刑、断粮断水、用刑架拉扯被告四肢、用火烧脚、针刺指甲、夹棍、水刑……经过一次的酷刑后，通常还要隔一天才会进行第二次刑求，这并不是非要让犯人有喘息的机会，而是要让犯人能有时间细细回想上刑的痛苦和恐惧。如果有犯人翻供，就得再行审问，也就意味着要遭受再一次刑求，直到完全顺从。

当时法庭还有一套奇葩的"女巫判断准则"。1646年曾有这样一个判定女巫的标准：一个老女人如果脸上满是皱纹，眉毛很长，嘴唇上有软毛，声音尖锐，手中拿着拐棍，身上穿着皱巴巴的大衣，身边还养有猫或者狗，那么就可以直接宣布她是女巫！由于当时欧洲人多认为女人就该被男人所管，女人就应该听命于男人。而这些独居的女人身边没有男人，也不养育儿童，她们脱离了丈夫和父亲的直接监护，就会被认定脱离了社会秩序，所以这些人被毫不留情地视为女巫，并最终惨死在火堆当中。

寻找"魔鬼标记"，也是当时人们判断女巫的重要手段，大家都相信魔鬼会在巫师身上留下记号，因为被魔鬼触摸过，所以刺之不痛，亦不会出血。因此，必须脱衣检查身体有没有如凸出物、斑点、老茧、疤痕或胎记等，如果找到，则以别针或小刀戳刺，观察嫌犯是否会痛。有一位名叫吕厄的被指为女巫的妇女，被发现在其左肩上有五个魔鬼标记；而另一位名叫阿德里·安娜的60岁妇女，也因被发现在背的中央、肩膀下面有一个点，被针扎入一个手指深，没有流一滴血，也没有痛感，而被认定为女巫。

一旦被法庭宣判为女巫，随之而来的便是更为恐怖的刑罚，惩罚的轻重，完全取决于审判者的主观认识，他认为你有悔意，那么会比较宽大，或监禁或劳役；倘若被认定在接受审讯时没有坦白从宽，结果就是开除教籍，处以火刑。火刑就是将人先绑在木柴堆筑成的火刑台上，点燃后活活烧死。为何要使用火刑这种刑罚方式处死异端分子或巫师、女巫等宗教要犯呢？社会上也编撰了许多自以为是的理论。火具备神圣的象征意义以及强大的毁灭性，因为火的威力够大，所以人们认为巫术魔法在烈火中无法发挥，邪恶以及巫术同样会随女巫烧成灰烬。这亦与《圣经》中有永火地狱之描述有关，因而以火刑象征邪恶的巫师受到地狱炼火的折磨。还有一种荒唐说法是：神是仁慈的，他不喜欢看见流血。16世纪末至17世纪上半叶，信奉新教的英格兰亦有追捕女巫，然而他们处死女巫的方式是绞刑而不是火刑，大概他们认为女巫所犯下的并非宗教罪而是民事法罪，此和信奉天主教的日耳曼帝国、法兰西帝国、西班牙帝国等欧陆国家存在一些不同。❶

持续的猎巫运动造成大量女性的无辜死亡，这场魔鬼的暴行中存活下来的反而是最残忍的恶魔，欧洲人口直线下降，社会不但没有因为这些暴政和酷刑而变得安稳，反而更加动荡不安，百姓人人自危，害怕突然间被冠以"巫师"而步入地狱。"人性本恶"的观点在这一时期的欧洲人身上得到了充分的体现，每个人内心的邪恶都被一一点燃，而且逐渐蔓延，并一发不可收拾，这场邪恶的火竟然整整烧了几百年，这里完全是活脱脱的人间地狱。

文明本身就是对欲望的自律，欧洲古罗马鼎盛时期，奢靡纵欲之后迎来了黑死病和中世纪的黑暗，中世纪掀起了禁欲狂潮。可以说这是人类有文字记载以来的第一次严酷惩罚。

---

❶ 茅仙仙. 猎巫行动. http://blog.sina.com.cn/s/blog_67ed50730102vugo.html－2015.

章节思考

　　人类先天只有求生本能，从寻求族群保护、部落保护、家族保护一直到城邦保护、国家保护，安全始终是第一位的追求。自国家出现，人类的规则复杂化、理性化了，由于人群的大规模聚居，规则成为一小部分人控制大部分人的工具。人性开始贪婪、变异，人类同床异梦的状况也随之扩大。防止和避免风险的有效防范就是效仿别人，从众的行为习惯使大多数人没有更好的选择，也让少数人反而有了更多的机会实现自我超越、梦想成真。

　　享得王尊，承得冠重。人类社会阶层化的出现，虽然体现了贫富差距和不均，但其实也是社会文明稳定和进步必然，是社会角色分工和协作的具体表现的，也可以说是从众行为下的社会化分工的一个结果。阶层地位和国家，早在1875年马克思就在《哥达纲领批判》中对拉萨尔的国家至上论加以批判，"需要人民对国家进行极其严厉的教育。"

　　热力学有个熵增定律：在一个孤立系统内，如果没有外力做功，其总混乱度（熵）会不断增大，而且不可逆。对于一个组织、族群、一个人来说都是一个相对孤立的系统，我们从人类四大早期文明发源地的现状看，为什么只留下了华夏文明？而渔猎和游牧部落的族群十分活跃，是不是也可以得出一些思考？

　　好的规则，人人趋之；不好的规矩，人人避之。"苛政猛于虎"，自古有苛政和善治之分，也有恶法与良法的不同。随着人们的活动维度和活动半径不断拓展，面对的事物和现象愈加多样繁杂，认知的思维和能力也同步提高，从以天理为基础的自然规则，到人情为核心的社会规则、到国法出现的暴力规则，人们面对的世界从简单走向复杂，从一维走向多维，人类是走向野蛮还是走向文明？从人类历史看，倘若只是把知识、文雅和谦卑、自律作为文明的象征，那么或许可能发现文明总是被野蛮所淹没。黑格尔曾说，"恶"也成为推动历史前进的力量。在这里，如果说瘟疫就是作为一种"恶"的力量在参与历史，那么欧洲的猎巫行动实质就是彻彻底底的魔鬼行动。

借助各种规则实现控制，人与人之间直接的征服和反抗也是皇权文明阶段、国家产生以后的一个明显特征。

第四章参考及推荐读物目录：

1. 恩格斯. 家庭、私有制和国家的起源［M］. 中共中央马克思恩格斯列宁斯大林著作编译局，译. 北京：人民出版社，2018.

2. 李硕. 周灭商与华夏新生［M］. 北京：新星出版社，2012.

3. 罗马帝国兴衰记：恺撒大帝［EB/OL］. ［2019-08-09］. 简书网. https：//www.jianshu.com/p/d0be82c1918a.

4. 托马斯·卡莱尔. 法国大革命［M］. 刘毅，译. 长春：吉林出版集团股份有限公司，2017.

5. 林海宗，林同济. 文化形态史观·中国文化与中国的兵［M］. 长春：吉林出版集团，2015.

第五章
资本文明

　　人类使用货币的历史产生于物物交换的时代。在原始社会，人们通常以物易物，交换自己所需要的物资，比如一头羊换一把石斧，一张兽皮换一担棉花。但是有时候受现场交换物资种类的限制，不得不寻找一种交换双方都能够接受的物品。这种起到中介作用的物品，其实就可称为最早期的货币。许多东西都曾作为早期货币，如羽毛、贝壳、布料、盐等，古罗马时代征战的士兵曾经得到的军饷就是盐。

　　随着原始部落的壮大，人类活动范围扩大，相互之间的交流日益频繁。人们发现以物换物已经很难满足日常所需。因为粮食、牲畜、贝壳等存在天然缺陷，要么就是数量过多，要么就是不易保存，怎么办呢？人类开始寻找稀有物品作为新的工具，这种工具就是等价交换物，金子和银子成为普遍认可的等价交换物。这一阶段，人类脱离了原始社会，开始逐步形成大型部落，出现了国家的雏形。

　　中国是世界上最早使用货币的国家之一，使用货币的历史长达5000年，最早的时候，用的就是自然货币：海贝和龟壳。公元前 1000 多年，商朝人开始用金属铸造海贝，就有了青铜海贝、金海贝等。春秋时期进入金属铸币阶段，到战国时期已确立布币、刀币、蚁鼻钱、环钱四大货币体系。

这种货币实现的储存功能，为财富的积累提供了新的标尺，人们追求自我超越的眼界被进一步打开。而且在国家规则的保驾下，货币的功能迅速扩张，不再仅限于物物交换的中间介质作用，也可以用来交换土地，交换人们的劳动，甚至交换城邦公民权的发言内容和投票权。

当货币用于交换创造更多财富的物品、土地、人力等生产资料时，资本产生了。资本仿佛神龙，不显首尾悄无声息地行进，却每每掀起滚滚巨浪，推动人类历史的车轮加速度地前行，尤其是引发工业革命后，人类把自己推进了日新月异、尘土飞扬的时代。

1 威尼斯和罗马教皇的骑兵团

按照威尼斯人自己的述说，威尼斯的历史始于 453 年，早先他们的先祖们在附近大陆上过着半渔半农的生活，为了逃避周边游牧族群的追杀才避到了亚德里亚海上的这个小岛。那时候这里有小片零星的冲积地块浮出水面，威尼斯先人们就地取材，在淤泥中，在水域边，开始用石料建起了自己的新家园。每次有游牧外族攻打过来，威尼斯人就被迫放弃海岸上的领土，暂时迁入这片群岛里最大的本岛利亚托避难，而擅长骑射的游牧外族始终没能越过湖沼与海洋构成的天然护城河。在海洋的庇护下，威尼斯人熬过了那个混乱时期，存活了下来。他们在陆地上没有立足之地，自然也无法再从事农耕活动。然而，天无绝人之路，威尼斯人一边靠渔捕一边做贸易，恰恰被逼出一条与众不同的水路来。由于所有生活必需品必须通过海上进口，他们渐渐积累起了惊人的财富，成为人类历史上最早的资本一族。

起初在山头林立的众多城邦中,威尼斯城邦尚处于边缘地位,根本就不起眼,威尼斯人只是帮助东罗马帝国在意大利的驻军筹备军粮等物资,逐渐把当时北意大利的近海和河流的水上情况掌握透彻。利用这样的机会发展了两个世纪,威尼斯开始壮大起来。697 年,威尼斯人选出了自己第一任总督安那法斯托。威尼斯城邦体制以议会和总督为政治核心。在历代总督的带领下,威尼斯人团结、坚忍不拔,到了第六任总督多明尼哥·蒙盖利欧的任期时,威尼斯船拥有了在东罗马帝国与亚德里亚海沿岸的友好城市进行停靠补给装卸货物的权利。这开启了威尼斯从一个小渔村转型成一个贸易集散港口的历史,威尼斯人开始把贸易范围开拓至爱琴海。810 年,威尼斯加入了东罗马帝国。威尼斯再次抓住了发展机会,因为东罗马帝国的支持意味着威尼斯有更大发展和扩张的途径。威尼斯人善于捕捉战略契机和发挥地域优势,并且能够迅速而高效地壮大自己的力量。

当然,威尼斯人的海上贸易之路并不是一帆风顺的。在早期的亚德里亚海域,陆地上有山贼,沿岸又有海盗,贸易活动始终发展不起来。当时的南斯拉夫沿海又处于各大势力争夺的缓冲区,南来北往的人流分布混乱,所以经济状态一直不好。威尼斯人为了商船与城堡免遭海盗侵袭,在 10 世纪以前始终都定期向海盗支付保护金。991 年奥赛罗二世担任威尼斯城邦执行官,他决心打破这种被动的局面。经过多年的准备,他借助东罗马帝国的授权,联合亚德里亚海沿岸的各城邦,对亚德里亚海盗展开了一番大扫荡。这次征讨极为成功,威尼斯海军大获全胜。威尼斯人完全掌握了制海权,从而为东罗马军前线的粮草供给和武器装备提供了更好的保障。东罗马帝国巴西尔二世对威尼斯人的表现极其赞赏,扩大了威尼斯的领土范围以示褒奖。

1000 年,奥赛罗二世为成就威尼斯的海上霸业,要求专门设立陆军和海军两个系统。威尼斯始终坚持派自己的官员出任海陆战队指挥官,统领雇佣的专业武士,其他城邦却没有这样做。海上贸易收入为威尼斯累积了巨额财富，同时也培育了威尼斯的造船工业和航海业，这样，威尼斯海军自然而然就成为地中海地区最具战斗力的水上劲旅。当时号称拥有3万名水手、3000多艘战船。长期卧薪尝胆积蓄起来的海上力量终于得到展现，威尼斯人借着强大武力的保障，开始将触角伸入各方的商埠，威尼斯几乎主宰了跨欧亚非三大洲版图的商贸活动。

威尼斯历史上许多名门望族正是从这个经济繁荣时期开始崛起，一个新的富商阶层依附在东罗马帝国的经济体系内慢慢编织成一张巨大的网络，同时把这个帝国变成了自己的经济殖民地。先期富裕起来的威尼斯商人们开始蜂拥前往君士坦丁堡，还有一些人则开始渗透到地中海沿岸的大小港口。到12世纪下半叶，连接欧亚大陆的各贸易城市到处活跃着威尼斯商人，他们在君士坦丁堡的人口也快速增长到了1.2万人。若干年后，整个东罗马帝国的贸易居然都神不知鬼不觉地落入威尼斯人的掌握之中。他们不仅给欧洲大陆输送商品，更多的则从事中介贸易，他们的商船将东方的胡椒、肉桂、丁香、蔗糖、宝石、丝织品等运往西欧各地，又将希腊的橄榄油运到君士坦丁堡，再在亚历山大港买入亚麻制品，经由阿卡城转销到东征十字军的国家，并且从军方收购大批奴隶；途经克里特岛和塞浦路斯、士麦那和萨洛尼卡，到埃及的亚历山大港后，他们则买入香料，出售奴隶。到14世纪前后，威尼斯进入全盛时期，这里已经发展成为意大利最繁忙的港口城市，被誉为整个地中海最著名的水上都市，贸易总额每年达10万杜卡特。当时的威尼斯拥有水手达2.5万多人，1295年曾在中国旅行居住达17年之久的威尼斯水手马可·波罗归国，口述并出版了《马可·波罗游记》（又名《东方见闻录》），由此可见威尼斯商人的足迹跑得有多远。因此还引发了欧洲人对相对文明、安宁富足的东方产生强烈的探索欲望，使东西方文化的交流趋向频繁。

地中海及其沿岸地区，是欧洲人类文明的发祥地，有相对富庶的社会、经济和文化积淀，因而也成为周边地区的游牧族群争夺激烈的地方之一。早在7世纪，信奉伊斯兰教的突厥人中的一支塞尔柱部落占领了耶路撒冷，他们与信奉基督教的威尼斯商人争夺这片圣地，也与来朝拜的基督教徒发生过多次冲突，连东罗马皇帝罗曼努斯四世也曾经被强大的塞尔柱骑兵抓了俘虏，因此也埋下了宗教战争的祸根。

随着西欧社会生产力的发展，封建主对土地和财富的渴望更加迫切，特别是一些不是长子、没有资格继承家族遗产和爵位的后代，成为贫穷贵族，这些人就更加热衷于在疯狂掠夺的战争中体现自己的人生价值，谋求发财。许多自由平民失去了耕种的土地之后也幻想到外部世界寻找土地和自由，改变被奴役的命运。而欧洲教会最高统治者罗马天主教会，则企图建立自己的教会，确立教皇的无限权威。

1096年初，罗马教皇乌尔班二世发布诏告，号召全基督教世界的君主与骑士挺身而出，夺回耶路撒冷，历史上第一次十字军东征就这样开始了。受到教会的宣传，许多怀着去东方寻找乐土的人，参加了东征军。1097年，3万多人的队伍在君士坦丁堡会师。这次塞尔柱突厥人遭遇了足够强大的对手，而且当时的塞尔柱主力恰好正在攻打波斯，内防十分空虚，十字军乘虚而入，势如破竹，攻下都城尼西亚，第二年埃德萨和安条克两个大城也被十字军攻占，十字军在这两个地方成立了埃德萨伯国和安条克公国。1099年十字军又攻下了圣城耶路撒冷，又建立耶路撒冷王国，十字军在沿途建立的所有东征军国家，名义上都统归耶路撒冷王国。为了尽快巩固和治理这些新占领地区，教皇批准成立了圣殿骑士团。

对于当时在耶路撒冷的居民来说，1099年7月15日是个噩梦，这是东征的十字军攻破守军进城的日子。十字军破城之后，到处杀戮和抢劫，7万多无辜的平民教徒被屠杀。

罗马教皇发动的十字军东征历时长近两百年，第一次十字军战争是其中唯一取得彻底胜利的，占领了耶路撒冷圣城，夺回主耶稣的圣墓，在当时的西方基督教世界引发了空前轰动，这是乌尔班二世至死未曾料想的大捷。基督教徒们有了这次胜利经历，很快狂热起来，第二次至第九次的东征纷至沓来。同时，威尼斯商人也随着东征重开了自西罗马帝国灭亡后衰落的贸易往来，梦想着发战争财的参战者更有机会攫取土地与财富，这种谋利方式比起与亲族和邻近地区的争夺要强上许多，至少可以在原先的熟人世界维护住贵族们斯文的面罩。

1099年，威尼斯舰队在东地中海的罗德斯岛附近彻底击溃了突厥军的舰队，夺取了周边绝对制海权（见图5-1）。威尼斯人从此在海上悠闲游荡，偶尔乘兴来去特拉维夫或是耶路撒冷转个两圈，甚至也袭击那些不巧路过的热内亚船与比萨船，抢走他们要运给十字军的补给品再倒卖出去，对此热内亚与比萨的总督愤怒地上告教皇，但是欠下威尼斯人一屁股债的乌尔班二世也是有苦难言，只好装聋作哑。

图5-1　今日的威尼斯水城仍然古风犹存　时兴摄

第二次与第三次十字军东征接连惨败，十字军的骑士们意识到必须依靠海运补给，但是在短时间之内要组织大规模船队谈何容易，于是骑士们还是转而向威尼斯人求助。十字军和威尼斯签定了历史上最大的海运合同。

1198年，第四次十字军在教皇英诺森三世的宣传发动下成立，集结了来自法兰西和北意大利城邦的热血骑士五千人，以及两万步兵、一万名骑士的随从和闲杂人等,总共是四万人的队伍。先期目标是要进攻埃及,以便建立战略基地重新夺回又被突厥控制的耶路撒冷。

当教皇与骑士团的使节团向威尼斯执行官府下达这笔惊人订单时,精明的威尼斯人也毫不客气地开出了同样吓人的报价。桨帆战舰 50 艘、桨帆货船 70 艘、帆船 240 艘、平底登陆船 120 艘、3 万名水手与陆战队,外加 4 万名辅助人员,一共 7 万人、5000 匹马的粮草,每年的费用是 85000 银马克。对于这个天文数字大家都目瞪口呆了,当时就算把整个西欧的角角落落全部归扫一起,也凑不出 85000 银马克的现金可以支付,事实上当时远征军的全部预算只有 5 万银马克。但是骑虎难下的十字军没有任何退路,最后与威尼斯的合约还是成交了。❶

如果无法集中资本,仅依靠节省储蓄和小本生意这种原始经济积累,是根本不可能造出投资巨大的船舶来,至于成立商运船队建立航线,垄断海上运输等就更是痴人说梦。在丹多洛担任首席执行官时,威尼斯人发明了通过发行债券融资与合资的办法募集资本,并推出两款新的货币:"格洛索银币"与"皮可洛铜币",重量、纯度都严格标准把关,保持 98.5% 的纯银与纯铜成分,从那以后威尼斯城邦官府支薪与付账一律改用这两种官方货币。由于格洛索与皮可洛本身价值极高,而且又有威尼斯官方信用作为担保,因此很受周边市场接受,席卷了地中海周边,成为海上贸易的强势通货。威尼斯也由此成立了欧洲最初的近代银行体系。威尼斯官府的财政收入,并不是依赖关税或所得税。威尼斯城邦国的主要收入,是官府公债与交易税、消费税。城邦官府每隔一段时间就会进行一次人口与收入所得申报,掌握市民的财产情况,然后依据收入多寡区分社会阶层,分配公债配额任务强迫购买。这些公债的年利率约为 5%,事实上比大多数欧洲其他

---

❶ Timewanderer. 海之民建立的千年共和国:威尼斯战史. https://blog.sina.com.cn/s/blog 4d52a07e0100ftgf. html - 2013.

地区银行给出的利率还要高,这样一种稳定的理财产品,自然又颇受欢迎,威尼斯城邦强盛时外地贵族也慕名购买威尼斯公债。而通过十字军战争的节节战报,威尼斯著名地标里亚托桥旁的圣雅各伯教堂前,从 12 世纪初开始聚集起各路货币商、钱庄、批发行,最后逐渐形成大型的资本交易中心。交易中心将前一天各种商品和货币的收盘价登记起来,抄写在公布栏上,到 16 世纪印刷术普及之后则形成一份商业日报,教堂门前也就成了威尼斯的金融街。就这样,威尼斯商人为了建造强大的海上力量,创造了早期的金融体系。❶

背负着巨额威尼斯人债务的十字军已经失去了实际上的独立意志,在威尼斯统领丹多洛的要求下,十字军只能调转方向攻打达尔马提亚的萨拉城,那是匈牙利王国的领土,也属于基督徒。然而上万名十字军将士还是登上了威尼斯人的战船,这支包括 1 万名十字军与 1 万名威尼斯水手、拥有 200 艘桨帆船与一百余艘登陆用舟艇以及 150 门各式攻城武器的舰队,在威尼斯统领丹多洛与十字军统帅孟菲拉特侯爵带领下浩浩荡荡开往萨拉城,他们在 1202 年 11 月初抵达了萨拉海岸。由于典型的海港城市都是将城墙建筑在陆面,海岸面的防御通常比较弱,丹多洛总督的攻城方案是威尼斯海军从水路进攻,法兰克骑士们登陆港口进行巷战。因为对于水战的攻城战术几乎一无所知,所以十字军的将士也只能任由威尼斯人指挥。

攻陷萨拉城的胜利并没有给十字军的将士们带来欣喜,因为紧接着就要面对同室操戈的骂名。在接到匈牙利国王痛哭流涕的指控后,教皇英诺森三世愤怒地把威尼斯和第四次十字军全部逐出教门。威尼斯人倒是无所谓,而这些十字军的骑士们忽然发现自己成了异端罪人,都惶慌不安起来,于是只得赶紧派使者搭船前往罗马,向教皇解释他们袭击萨拉乃是情非得已,教皇这才有

---

❶ 邱直干. 中西方金融市场制度根源的比较分析 [J]. 中国集体经济,2019 (5).

些不甘地撤销了对十字军将士的破门令。对此，丹多洛在日后为自己辩护说："良知是被动一方才会说的话，握有主导权的一方是不会在乎良知的。"

在数次十字军的东征中，最富戏剧性也最有影响力的毫无疑问就是第四次十字军东征。这次十字军东征队伍不可思议地调转成为由威尼斯人把持的讨债之旅，撇开前因后果不谈，资本的魔幻之力已经从中可见。之后，事态的发展还导致东罗马帝国首都君士坦丁堡被攻占和洗劫，给日后帝国的毁灭以及欧洲历史进程的变化带来了深远的影响。

年迈的丹多洛被威尼斯人称为最伟大的执行官，他的深谋远虑为威尼斯奠下了百年繁荣根基，其战无不胜攻无不克的战绩，成为威尼斯人心目中的神话。事实上他也成了书写13世纪欧洲史的执笔人。

到了11世纪，教皇号召东征的十字军再次夺回圣地耶路撒冷，然后开放给欧洲各地的朝圣者前来朝拜。圣殿骑士团就是为沿路保护这些朝圣者而建立的队伍（见图5-2）。骑士团的人后来渐渐发现，保护朝圣者其实也是一门生意。由于朝圣的路途遥远，朝圣者带过多财物很不安全，需要一个异地托管财物的办法。而且，欧洲当时地方势力割据，相互间壁垒重重，不可能由哪一个国家建立这样一个跨国的异地财务托管体系，能让朝圣者可以在欧洲存钱，然后在耶路撒冷取用，跨国异地的汇兑就变得特别流行。很快，这项业务就超出了保护朝圣者人身安全的范畴，在整个欧洲扩展开来。再加上朝圣者的不断捐赠以及教皇给予的种种特权，圣殿骑士团积聚了相当可观的财富。在财务托管、货币汇兑的基础上，骑士团很快又发现原来金融业务才是最赚钱的，所以他们就拓展了业务：替国王征收税费，替皇室经营债务、债券，还替各国的贵族进行信托理财。拥有了资金实力以后，当各国国王交战需要用钱时，骑士团就会给他们贷款，所以圣殿骑士团的影响力越来越大。到14世纪，这些汇款、存贷、理财、支付等标准的信用中介业务已经随着圣殿骑士团的拓展在整个欧洲流行起来,不单是国王贵族,就是有点积蓄的普通百姓也开始找圣殿骑士团做储蓄理财业务了。他们拥有封地和城堡,为朝圣者和国王们开办银行,成为欧洲早期的银行家。欧洲在14世纪的时候,整个社会已经有比较强的金融意识。后来由于骑士团贪得无厌,热衷秘术,甚至密谋参与政治活动,终于引起欧洲各国国王和其他教会组织的不满,被斥为异端,从1307年开始被欧洲各国陆续取缔。

图 5 – 2　十字军东征时的圣殿骑士团

在领土和贸易活动的扩张中,当权贵族和商人联手,成为强大的商人贵族集团,威尼斯人总是在其中充当重要角色。每当欧洲各地有人为基督的胜利而高呼上帝保佑时,威尼斯商人变出的却是源源不绝的财富。到了13世纪,威尼斯已成为欧洲财富的核心,并且在政治上举足轻重。

1270—1273年,英国在爱德华亲王率领下参加了十字军东征,这个时候法国的队伍已经先行去了东方。由于英法两国的参战队伍事先没有商议好,给最后一次的十字军东征失败埋下了伏笔。当英国军队发起对东方国家进攻时,爱德华亲王发现前方先行军法国军队在西线已经战败,自己在东线偷袭的计划彻底落空。西线的战败,导致英军必须孤军面对中东敌军的主力,英军随后渡海在巴勒斯坦阿卡登陆,结果被埃及马木留克兵团击败。面对强大的军事对手,英军在混乱中逃离回国。1291年阿卡城被突厥军队占领。

欧洲十字军东征,缘起于突厥向欧洲的军事进攻,在数百年战斗中,突厥军事力量也渐渐消耗殆尽,蒙古军队乘虚而入进攻中东。之后,中东地区的衰败与十字军惨败,使两个文明最终达成了某种平衡。完成初步原始积累的欧洲资本已经不再满足于中东这一点经济利益,正谋划着更大范围、更远距离,也更丰厚回报的掠夺战争。

从人类历史这段最早期资本的原始积累,我们可以分辨与通常人们所认知的资本积累不同。通常我们说的剥削工人的剩余价值而积累的过程叫作资本积累,事实上欧洲世界早期资本的原始积累手段并不是这样的,而是更完全、更彻底的掠夺,通过强制手段迫使小生产者同生产资料分离并积累资本。它一方面使社会生产资料集中到了少数人手里,另一方面又使大批生产者因失去生产资料而转化为雇佣工人,英国的圈地运动就是重要的一种。还有像十字军东征这样,用武力征服殖民地、抢劫金银财物、贩卖战争奴隶等手段聚敛财富。这些剥夺农民土地、殖民战争掠夺、垄断贸易以及后来的公债制度、现代课税制度、保护关税制度等都是原始积累的各种形式,都是通过国家权力或者采用暴力手段实现资本非常规性的快速积累。当时银行有一项"主权债务"的业务也是很好的例证。所谓"主权债务",起源于欧洲封建君主的财政困难,就是以统治权和国家工具作为举债的质押,但实际上争夺统治权和发动战争的消耗费用都大大超过君主们所掌控的经济资源。特别是当战争规模扩大、严重依赖雇佣军时更是如此,只能通过新的掠夺才能偿还。

2 文艺复兴更像是美妙的冬笋

十字军的一次次东征其实也拓展了欧洲人的眼界,除了窥见东方的财富,尤其是丝绸、香料和棉的同时,更促进了文明交流和贸易往来。威尼斯、佛罗伦萨等地的商人，都争相参与往来于东地中海的贸易。这些商人从各类商业活动中累积了巨大的财富后，开始追求丰富的精神生活，寻求艺术创造美化自己的家园和城市，特别是建筑、雕塑、绘画、音乐、诗歌和文学诸方面快速发展起来。它们普遍描绘寻常生活、骑士故事和冒险情节，欧洲的文化因而变得更有人性，宗教成分也随之减少。特别是在东征中，欧洲人还发现了在欧洲已经消失的古希腊文化的残存记录，他们将其带回，并最终催醒了文艺复兴这颗"冬笋"。

佛罗伦萨被誉为意大利文艺复兴的摇篮。15世纪的意大利是欧洲城市化水平最高的地区，许多意大利城市就建立在古罗马建筑的废墟上，文艺复兴发祥于罗马帝国心脏地带的事实，恰恰离不开商人和商业这个重要的社会基础。谈欧洲文艺复兴就绕不开佛罗伦萨，这里是当时最有名的城市，说佛罗伦萨就不可不提美第奇家族。从某种程度来讲，一部欧洲文艺复兴史，几乎就是一部美第奇家族史。这个家族不仅实际统治着佛罗伦萨，家族内还出了利奥十世、克莱芒七世、利奥十一世三位教皇，凯瑟琳和玛丽两位法国王后，在欧洲中世纪历史上举足轻重，然而，美第奇家族最值得后人称颂的地方，还是对文艺复兴的贡献。

美第奇家族祖先原为托斯卡纳的普通农民，通过工商业经营有了积累，13世纪成为贵族并参加佛罗伦萨政府工作。真正使美第奇家族崛起的是乔凡尼，他负责经营的银行赚得巨额利润，让家族迅速成为佛罗伦萨的首富，美第奇家族开始掌控佛罗伦萨的政治（见图5-3）。到乔凡尼长子科西摩曾代表美第奇银行接管教皇的财政时，美第奇家族已成佛罗伦萨共和国的实际统治者，科西摩不仅具备政治家的权谋，也有银行家的精明，家族银行在他经营期间达到了顶峰。除了在意大利开设分支机构以外，还在海外不断成立分行。据美国经济史学家雷蒙·德鲁弗研究，美第奇银行在鼎盛时期至少拥有11家分行。与当时欧洲多数银行实行集权化管理的组织方式不同，美第奇银行并不是一家单独法人资格的银行,而是由几家合伙公司联合而成的一个组合体,并由一家母公司控制,每家分行或生产企业都是独立的法律实体。内部关联银行之间谈判如同外单位一样,互相收取佣金和利息。两家分行之间谈合作也需要谈妥利益分成和承担损失的方式。同时,美第奇家族在银行中又保留很大的控制权。他们非常注重精英团队培养。美第奇银行给普通雇员的工资比其竞争对手的工资低,但能干的雇员有机会成为合伙人,进而大幅增加收入。分行经理可以是合伙人或者雇员身份,这就激励了经理的积极性。

图5–3 美第奇家族在佛罗伦萨的统治

科西摩离逝后,其子皮埃罗短暂过渡,担子很快由孙子洛伦佐接上。洛伦佐是个了不起的政治家,也是美第奇家族最有名的人物,史称"豪阔佬洛伦佐"。他纵横捭阖于意大利各城邦间,也深受老百姓的支持,对艺术家的资助非常慷慨,只是在商业方面不及其祖父科西摩那样的精明。1492年,洛伦佐去世后几个月,哥伦布发现了新大陆。两年后,法国军队在国王指挥下进入意大利,美第奇家族被逐出佛罗伦萨,这家当年欧洲最大的银行,仍保留着7家分支机构的美第奇银行被迫关闭。尽管如此,美第奇家族余脉未断,1512年这个家族又恢复了在佛罗伦萨的统治地位,一直延续到1737年。

15—18世纪中期,佛罗伦萨历史中长达三个世纪完全由美第奇家族掌握，这个家族不仅很好地发展了当地的社会和经济，还修建教堂及公共设施，招罗并资助艺术家，收藏图书、手稿并向公众开放。美第奇家族追求精神享受、酷爱艺术生活，当时集聚在佛罗伦萨的名人众多：米开朗基罗、但丁、达·芬奇、波提切利、马萨乔、伽利略、提香、拉斐尔、多那太罗……也正因此，美第奇家族被后人称为"文艺复兴的教父"，而美第奇银行则被称为是文艺复兴背后的资本推手。佛罗伦萨成为欧洲艺术文化和思想的中心，此外佛罗伦萨还被称为欧洲毛纺织业中心和"中世纪的华尔街"。那个时代的金融并不构成佛罗伦萨最大的产业，却是欧洲经济和政治的神经中枢。❶

文艺复兴初期，人们的意识形态在宗教势力的长期禁锢下形成了走极端的惯性，尚不足以融化一切封闭和偏执。但丁、彼特拉克、薄伽丘被誉为意大利文艺复兴前期的"文坛三杰"，他们称得上是文艺复兴的先驱。但丁出生在佛罗伦萨，自小就生活在朝政派争的环境里，曾经亲身经历了权贵间残忍的搏杀，成年后的但丁也随父亲加入了吉伯林派，不幸的是最后斗败，但丁被污蔑为窃取公款而被驱逐出佛罗伦萨。悲催的怒火、权斗的诬陷激发了他文学创作的才华，强烈的社会责任和对同路人委屈离散的悲悯，更促使他通过文字抨击人世间的丑陋、表达对家乡的思念、对朋友的牵挂、对人类命运的担忧；流放的十四年里，但丁创作的鸿篇巨制《神曲》（见图 5-4），共分地狱、炼狱、天堂三部，以自己幻游三界为线索，表达了人们对天堂与光明的向往。

图 5-4 但丁《神曲》

---

❶ 丁聘聘. 美第奇、韦伯与资本主义的诞生//雷蒙·德鲁弗. 美第奇银行的兴衰：上卷. 吕吉尔，译. 上海人民出版社，2019.

欧洲各地的人们渐渐开始对古希腊、古罗马文化艺术表现出空前的热情，创作出了大量的文艺作品，思想文化的解放形成了浓厚的社会氛围，一场变革似乎就在眼前。然而还是在佛罗伦萨这个文艺复兴的发源地，旧秩序与新生活忽然出现针锋相对的冲突，就像但丁时期的权贵派争那样难以调和，市民们惶惶不可终日，生怕站错了队伍而受到冲击。但丁之后，新生活的观念开始成为佛罗伦萨的主流，他们背诵朗朗上口、阳光美好的十四行诗，人们爱好诗歌、书籍和油画，表达对新生活的向往。那些宗教神学人士对人们的这些变化自然认为不成体统、大失所望，传教士萨佛纳罗拉就特别反感艺术、人文、哲学、音乐这类异端的作品，他总是想方设法引导人们重新回到传统宗教中去，还组织学习教规宣讲新生活给市民带来的罪过。1497年，他特别把孩子们鼓动起来，挨家挨户搜罗书籍、绘画、诗篇、棋牌、乐器、异教的雕塑、精致的家具、华美的衣袍和女帽，甚至连化妆品和镜子也被归入奢侈品的范畴，当然也少不了美第奇家族收集的中国瓷器，统统作为罪恶堆放到市政厅广场上，以表白对宗教的忠诚。当萨佛纳罗拉点燃熊熊火焰时，人们还沉浸在宣泄中并不以为然。随着灰飞烟灭，大家忽然清醒过来，不知道多少伟大的艺术品和自己美好的收藏及创作就一瞬间在愚蠢的冲动中化为乌有，人们把所有的怨愤迁怒于萨佛纳罗拉的鼓惑，大家冲向萨佛纳罗拉，要将他关进监牢置于死地。历史称此事件为"虚荣之火"。1498年，萨佛纳罗拉在同一广场上被施以绞刑和火刑。

这件事情，其实本身也难说萨佛纳罗拉存有多大过错，就像人们追求新生活一样，他追求自己的信仰。当时极端环境里人们却没有足够的包容和理性，大家一旦观念意识对立就易走极端，萨佛纳罗拉也是文艺复兴早期的时代牺牲品。然而，宗教神学和集权统治各种荒诞恐怖的管控没能浇灭人们对新生活的追求，佛罗伦萨点燃的文艺复兴开始在意大利各城邦蔓延。

文艺复兴时期，被誉为"人文主义之父"的彼特拉克同样让人耳目一新，魅力四射。当然他的经历不像但丁那样悲愤出文学，早在法国求学时，他就立志当诗人，奔走于法国和意大利又开阔了他的眼界，他大量阅读历史古籍，后来又隐居著书立说，诗歌文学和学术著作远近闻名，罗马市民甚至一提到诗人首先想到的就是彼特拉克。彼特拉克内心纯良，他赞美大自然、美丽生活和人性之美，描绘出来的都是美丽与善良、阳光与雨露。与平日里神学家们的陈词滥调，形成强烈的反差，人们自然更喜欢充满美好的文字，更希望看到强盛罗马帝国时期人们的生活以及希腊文明繁荣时期的场景。在当时许多罗马人眼里，就是《神曲》也不能与彼特拉克的十四行诗相提并论，他最著名的代表作《阿非利加》表现出来的人文主义情怀仿佛是响彻欧洲大地的春雷。

建筑文化是文艺复兴的特殊内容和重要成果，建筑师这个行业也开始于这个时期。如果说罗马帝国时的建筑和文化的联系还处于一种半觉醒状态，那么文艺复兴后的建筑已经紧密地把人文思想和精神追求融合在了一起，这种对于建筑的理解始终影响后世的各种流派。文艺复兴时期的建筑文化大致可分为以15世纪佛罗伦萨为代表的文艺复兴早期、以15世纪末至16世纪上半叶罗马建筑为代表的文艺复兴盛期和16世纪中末叶文艺复兴晚期。文艺复兴早期建筑著名实例有：佛罗伦萨大教堂中央穹窿顶（建于1420—1434年），设计人是勃鲁涅列斯基，大穹窿顶首次采用古典建筑形式，打破中世纪天主教教堂的构图手法；佛罗伦萨的育婴院（建于1421—1424年）也是勃鲁涅列斯基设计的；佛罗伦萨的美第奇府邸（建于1444—1460年），设计人是米开罗佐；佛罗伦萨的鲁奇兰府邸（建于1446—1451年），设计人是L.B.阿尔伯蒂。而文艺复兴盛期建筑著名实例有：罗马的坦比哀多神堂（建于1502—1510年），设计人是D.布拉曼特；罗马圣彼得大教堂（建于1506—1626年）；罗马的法尔尼斯府邸（建于1515—1546年），设计人是小桑迦洛等。文艺复兴晚期建筑的典型实例有：维琴察的巴西利卡和圆厅别墅，两座建筑设计人都是帕拉第奥。这些精美极致的建筑留给后人的不仅是美轮美奂的享受，更是巨大的精神财富和人文宝藏。

文艺复兴渐渐扩展到西欧各国，于16世纪达到顶峰，带来了一段科学与艺术集中爆发的时期，揭开了近代欧洲历史的序幕。英国文艺复兴的代表人物是空想社会主义先驱莫尔，他撰写的《乌托邦》猛烈抨击了私有制，并梦幻般地描绘了一个公有的空想社会，对后世影响极大。哲学家培根的代表作有《新工具论》《科学的伟大复兴》等，倡导"知识就是力量"，强调用科学方法研究自然和征服自然。戏剧家莎士比亚也是文艺复兴时期的巨匠，他创作了37部戏剧、2部长诗和154首十四行诗。代表作《哈姆雷特》《罗密欧与朱丽叶》《奥赛罗》《威尼斯商人》等都是世界剧坛经久不息上演的名剧，情节生动、内容丰富、形象突出、语言鲜活。法国文艺复兴代表蒙田强调自由思考，反对禁欲主义教条；他的散文言情说理，轻松简约，舒展自然，传播广泛。法国文学家拉伯雷的长篇小说《巨人传》在欧洲获得崇高声誉，他驳斥中世纪的黑暗和宗教禁锢，强调人性发展和教育，代表了新生阶层的愿望。西班牙的文学巨匠塞万提斯的小说《堂吉诃德》，讥讽了中世纪封建骑士文化的顽固不化，创造了不朽的文学形象，是可与莎士比亚戏剧并列的世界文化宝库中的瑰宝。

法国、西班牙在艺术方面的成就也达到了高度繁荣。代表人物有法国的古戎，善作优美浮雕；西班牙的委拉斯贵支，精于油画，作品《宫娥》与达·芬奇的《蒙娜丽莎》齐名。还有佛兰德斯画家鲁本斯在人像、风景方面成就卓越。荷兰现实主义画家伦勃朗造诣深厚，代表作《夜巡》《浪子回头》等皆以逼真传神著称（见图5-5）。

德意志文艺复兴代表人物是鹿特丹的伊拉斯谟，他主张宗教改革，著有《愚人颂》《希腊语圣经新约批注》等，以人文主义精神批判、考订基督教的经典，批驳宗教神学的荒诞和教士的愚昧，揭露统治阶层的贪婪淫逸。德意志文艺复兴艺术方面的突出

图 5-5 文艺复兴时期人才辈出,思想活跃

代表有著名的艺术家丢勒,他才华横溢,同情农民抗争,他创作的版画分木刻、铜刻两种,艺术成就被公认为西方版画艺术的典范。尼德兰画派从 15 世纪起即注重写实,名家辈出,到 16 世纪产生了绰号"庄稼汉"的画家勃鲁盖尔,其杰作《绞刑架下的舞蹈》从空中鸟瞰角度展现原野风光,近景的人物舞蹈情节与远景的山水完美交融,画面诗意盎然,在文艺复兴美术中独树一帜。

文艺复兴作为一场思想解放运动,恩格斯曾以"人类从来没有经历过的最伟大的、进步的变革"来评说。尤其在自然研究和自然科学方面,文艺复兴期间取得了丰富的成果。波兰天文学家哥白尼提出了太阳中心说,用科学事实给几千年来上帝创造世界的神学以毁灭性打击。航海家哥伦布和麦哲伦等在地理上的大发现,为地圆说提供了无可辩驳的证据。意大利科学家、思想家布鲁诺,在天主教高压下仍然写下《论原因、本原和太一》《论无限性、宇宙和诸世界》等专著,最后为真理献身火刑柱上。他们的巨大成就和求真精神都在世界科学史上树立了丰碑。

文艺复兴时期欧洲文化的另一方面就是重申宗教关注,尽管浓厚的人文主义氛围似乎都表现出对世俗美好生活的多元化追求,以及丰富的艺术创造。这一时期罗马天主教廷内部也多次推动改革和复兴,但教廷则坚持宣布这类改革运动为危险的异端。1417 年康斯坦茨宗教会议表面维护了天主教世界的统一。但是一些地方教会与国家之间的关系更加紧密了,教皇和君王在向教士征税方面互相合作，其他方面的冲突却不少。

在这种背景下，马丁·路德点燃了公开挑战罗马教皇权威的火焰。赎罪券是教皇为修建罗马圣彼得大教堂筹款计划的一部分内容。根据传统经院哲学辩论的习惯，1517年马丁·路德在维滕堡城堡教堂大门上张贴"95条论纲"，公开否定赎罪券的价值。与教廷权威的辩论中马丁·路德更完整地阐述了自己的改革主张，他1520年写作的《致德意志的基督教贵族书》《论教会的巴比伦之囚》和《基督徒的自由》，确立了路德派教义的核心。这场辩论发展成天主教、路德派和其他新教派的分流。路德把自己的改革建立在圣经与上帝免费赐予得救者的个人经验的基础之上。他还否认教士是罪人与上帝之间必要的中介，坚定地宣称每个信徒都是自己的牧师。人们把路德的观点迅速而广泛地传遍德意志各地及其邻近地区。他的抗议声得到了大批要求教会改革的不满者的支持，但是这种民族主义的表达方式很快就被与罗马教廷联手的皇帝查理五世所拒绝，路德派信徒也遭到镇压。罗马教廷则宣布开除马丁·路德的教籍。

马丁·路德掀起的新教运动在当时的德意志没有完全成功，却演变成全欧洲的宗教改革。特别是加尔文在日内瓦建立新教大本营之后，英国也宣布与教皇断绝了关系，而荷兰人和苏格兰人则把加尔文教变成占支配地位的教派，虽然路德派并没有认同加尔文教派，但是宗教改革经历反复殊死搏斗的悲壮景象后最终成为事实。

在300年之久文艺复兴的影响下，肯定以人为中心而不是以神为中心，坚持人的价值和尊严的人文主义精神积蓄了足够的力量，欧洲人中世纪的神学桎梏完全被打碎，人们终于开始学会用自己的双眼去思辨地、真实地看待这个世界。

3 大航海时代和殖民扩张掠夺

经历了文艺复兴和宗教改革洗礼的欧洲大地，人才辈出，贸易繁荣，科学技术和地理知识空前进步，这一切更引发了大航海时代的到来。

欧洲人当时已能制造多桅快速、载重数百吨甚至千吨适宜远航的大船。全欧洲都在做着发现黄金的梦，欧洲人的殖民扩张野心已经不满足于近东地区的争夺。对于《马可·波罗游记》中所描绘的"黄金遍地，香料盈野"的东方，他们早已垂涎三尺。寻求财富、寻求灵魂成为当时欧洲向外扩张的重要动力。所谓寻求财富就是寻找黄金、白银、香料等实现发财梦；寻求灵魂则是教会组织的传播信仰以扩张他们的精神控制领地。

人类的文明脚步仿佛事先有安排似的，东西方文明步入大航海时代的步伐几乎是踩在同一时间点上。1405年，登位才三年的明成祖朱棣，以宣扬大明威德的名义，派遣太监郑和率领舰船240多艘，其中最大的船只称"宝船"，"长四十四丈，阔一十八丈"，这是当时世界上最大的帆船，可承载重量高达800吨，能够同时容纳上千人，而这种"宝船"在船队中就有60多艘，占三成以上的比例，此外船队还有马船、粮船、坐船和战船，共分五种，每一种都在船队中承担着不同的作用。

当时的中国航海技术处于世界领先地位，船队漂在海上白天以约定方式悬挂和挥舞各色旗带，通过相应旗语保持联络，夜晚以灯笼反映航行情况，遭遇能见度低的雾雨天气，则配有铜锣、喇叭和螺号，通信联系方式比较完备。天文航海技术方面，中国很早就能够通过观测日月星辰的位置测定方位和船舶航行的大致位置。郑和船队已经把航海天文定位与导航罗盘的应用结合起来，提高了测定船位和航向的精确度，当时称作"牵星术"。主要是通过观测星的高度和角度来定船舶的地理经纬度。据记载用"牵星板"可以判断船舶具体位置、行进方向航线，这项技术代表了那个时代天文导航的世界先进水平。地文航海技术方面，郑和下西洋以海洋知识和航海图为依据，已有了航海磁针罗盘、计程仪、测深仪等航海仪器，按照海图、针路簿记载保证船舶的航行路线。航行时确定行船的线路,叫作针路,罗盘的误差不超过2.5度。根据《明史》《西洋番国志》《星槎胜览》等记载,郑和下西洋的时间段,还经历了一个寒冷期,气候条件较差,航行条件十分艰苦。

关于航海,英国的李约瑟撰写的《中国科学技术史》中提及,中国远在欧洲之前就能运用前后帆的系统御风而行。中国的航海图也非常精确,米尔斯和布莱格登曾作了仔细的研究,他们二人都很熟悉整个马来半岛的海岸线,对中国航海图的精确性做出了很高的评价,认为是世界航海史上的壮举。此时中国发明的指南针,也经阿拉伯人之手于14世纪传入欧洲,并被普遍应用于航海事业。

郑和的船队出海到达过太平洋和印度洋周边的很多岛屿,直到现在东南亚的科伦坡博物馆还保存着当年明朝船队在这里拜访时留下的纪念碑刻等大量物证,甚至有人推测美洲大陆也是明朝的船队最先发现的。这个规模空前的远航船队,军士水手等船员达2.7万余人。下西洋活动共组织了7次,前后时间跨度长达28年,船队从东南亚到东非,沿途游历30多个国家,运回大批奇珍异宝。然而学者们研究发现,明朝朝廷对外虽然组织了下西洋活动,对内却又奉行严格的海禁政策。甚至连原本在宋元时期一度发展起来的私人海洋贸易也被禁止和扼杀了。沿海岛屿的居民也被强制迁回大陆居住。相比之前中国历史上的类似规定,明朝的海禁还将禁止出海的范围扩大到了渔船,一再强调"禁濒海民不得私出海","无得擅出海与外国互市"(《明太祖实录》卷71和卷231)。明初在东南沿海建立海防基地与水师,任务之一便是定期巡逻,搜捕各种偷偷违反海禁的船只。这些规定也许与寻找建文帝的下落相关。

而在欧洲,古希腊地理学家托勒密的地圆学说,日益被人们所接受。佛罗伦萨地理学家托斯堪内里绘制世界地图,把中国和日本画在了欧洲的西方,他们坚信从欧洲向西航行也可以到达东方。这一切认知使远洋航行成为可能，为开辟新航路创造了必要的条件。

早在1415年，葡萄牙王国的恩里克亲王就全身心地投入航海事业，开始为新航线的探险活动进行人才与知识储备。先是从意大利招募了大批航海人才，又创建了航海学校，组织人员学习航海、天文、地理等知识，并在附近的拉各斯修建海港、船坞，建造海船。经过多年的研究、训练和准备后，恩里克于1418年派出船队首次出航，还发现了马德拉群岛其后又相继发现了亚速尔群岛各岛屿。葡萄牙航海行动和发现震惊了欧洲，恩里克成为葡萄牙人心目中的英雄，也受到欧洲人的尊敬。大家都尊称他为航海家，葡萄牙人则亲昵地称之为航海王子。

15世纪末，西班牙和葡萄牙已经建立君主集权制国家。葡萄牙人达·伽马就是借助上述航海成就，于1497年7月8日受葡萄牙国王派遣，率船从里斯本出发，经过加那利群岛，绕过好望角，经过莫桑比克等地，在1498年5月20日到达印度西南部卡利卡特。葡萄牙，位于欧洲伊比利亚半岛西南部，当时是人口不到100万人的小国，面积和资源都少得可怜，由于最先开启印度新航路，仅仅在几十年的短暂时间里便建立了庞大的殖民帝国，发动了对东半球的殖民掠夺，成为西欧最富庶的国家之一。

在当时，远洋航行意味着极度冒险，他们无法准确测量经纬度，木制船壳也比较容易为船蛆侵蚀，船员们的食物也不适于长期航行，船上的卫生与生活条件都十分恶劣。伴随新航路的发现，东西方之间文化、贸易往来开始大量增多，为欧洲步入快速发展奠定了基础。对于欧洲以外的地区和民族而言，地理大发现带来的影响则是复杂而矛盾的，除了贸易交流外，带给许多原住民的却是死亡和掠夺，也可以说开启了一部西方侵略史。

当15世纪的葡萄牙仍在致力于探索通往印度的航线时，相信地圆学说的哥伦布拜见国王若昂二世，他提出向西航行的新东方航线计划，但是没有得到国王的支持。不甘于挫折的哥伦布把目光转向另一个正欲在海洋领域大展宏图的西班牙。哥伦布成功开启了通往美洲新大陆的航线。1517年10月，同样相信地圆说的麦哲伦来到西班牙，次年3月得到了西班牙国王查理一世的接见。国王与麦哲伦签定了远洋探险协定，明确了各自的权利与义务：（1）任命麦哲伦为新发现地的总督和钦差大臣，在归还开支后，有权得到新发现地全部财富的1/20和新发现6个岛屿中的2个；（2）西班牙国王为探险队提供装备5艘船（130吨和90吨的各2艘，60吨的1艘）必需的物资、武器及保障供应人员。从欧洲出发，向西航行，最终抵达东方的新航线设想终于从蓝图变成了现实。

新航路的开辟启动了欧洲资本扩张殖民的序幕，大航海时代是人类文明进程中最重要的历史之一，也是西方资本进一步积累壮大的重要途径。葡萄牙、西班牙的早期殖民扩张，主要是在非洲和亚洲，葡萄牙先后在西非和东非海岸建立了战略据点，接着占据了交通咽喉马六甲，之后又霸占了印度、印度尼西亚的一些沿海岛屿以及中国的澳门，并占领了美洲的巴西。他们通过在侵占地设军事据点、商站，以武力垄断商路，以暴力掠夺获取财富。为此葡萄牙专门组织力量打败了数量上占优势的阿拉伯舰队，从而确立了印度洋上的霸主地位。葡萄牙人凭借着武力垄断亚洲和欧洲之间的贸易长达一个世纪。

西班牙的殖民扩张主要在美洲，除巴西以外的中美洲、南美洲，此外还有亚洲的菲律宾。与葡萄牙占据要地的做法不同，西班牙殖民的扩张是占领全境，直接侵占土地，掠夺财富，还在当地建立农业大庄园，以供应欧洲市场。

1581年，荷兰从西班牙的统治中独立出来，成为第一个由新生资本阶层统治的国家。17世纪上半叶是荷兰海上贸易的黄金时期，几乎包揽了整个西北欧的海域贸易以及对亚洲的远洋贸易和西向"新大陆"的贸易。荷兰人也赢得了"海上马车夫"的美誉。当时各国商船上的水手都携带武器，所以船也需要更坚硬的木头，而荷兰的船几乎没有装备武器，这样做虽然使每一次航行的风险增大，但它的好处是造船的成本低，于是货物的运费就有了足够的竞争力。即使这样，荷兰人还不满足，为了获得更多的利润，他们又在船只设计上想办法。这个设计很独特，船的肚子很大，所以船身很大很圆。而甲板却显得很小，这种做法是由于船只缴纳的税要根据甲板的面积计算，甲板越小，付的钱就越少，所以，荷兰人造的船甲板很小，船肚子却很大，利润自然就越多。与此同时，荷兰商人在运输这些货物途中，即使以生命作代价也坚守契约精神，创造了流芳后世的经商法则，所以他们赢得了海运贸易的世界市场。至今荷兰人经常还向孩子们重复这样一句话："荷兰之所以还是荷兰，是因为我们的祖先照顾好了自己的生意。"当然为了保护本国商船利益，荷兰也组织了强大的海军在世界各大洋游弋，极盛时的舰只数量超过了英法两国海军的1倍以上。

组建大型商业公司的模式是荷兰人在国际竞争中胜出的又一重要手段。1602年荷兰建立了东印度公司，并赋予国家职能，获准自主佣兵、发行货币，与其他国家签定正式条约，并对该地实行殖民统治。这家专向东方进行殖民掠夺和贸易垄断的商业公司，资本雄厚，又有政府作后盾，从而在野蛮竞争中胜出，垄断了香料贸易。荷兰东印度公司运行的近两百年间，总共向海外派出1772艘船，约有100万人次的欧洲人搭乘4789航次的船班前往亚洲地区。后来荷兰又成立了西印度公司，把持西北非与美洲之间的贸易，并在北美洲侵占了一块殖民地，建立了以新阿姆斯特丹为中心的"新荷兰"，这就是后来的纽约。荷兰人一度也侵占了中国的澎湖与台湾，以此为据点控制了前往中国、日本和东印度群岛的商业航线，并且成为当时唯一和日本进行贸易的西方商人。荷兰通过新殖民模式的扩张，不仅迅速成为世界头号贸易强国，也带动了银行信贷业的快速发展。阿姆斯特丹吸引了来自世界各地的巨量资金，成为国际金融中心。

但是,"海上马车夫"的好景不长。从17世纪中叶,英荷两国便在各大洋面展开了海上争霸战,后来,法国也参与进来。法荷战争还席卷了荷兰本土,最终以荷兰的惨败而告终,荷兰从此一蹶不振。

新航路开辟后,英国利用处在大西洋中心线上这一特殊的地理位置,发展海外贸易。英国的海外贸易又同海盗劫掠分不开,早期维京海盗的掠夺行为就得到了政府的保护。1588年,英国击败西班牙"无敌舰队",初步确立海上霸权。为夺取更大的贸易优势和更多的殖民地,英国一次次主动出击,到18世纪下半期,英国的海上霸主地位确立,成为世界最大的"日不落"殖民帝国。英国资本原始积累的进程大大加快了。

欧洲的殖民扩张从一开始就建立在奴役劳动和贩卖奴隶之上,由于掠夺和杀戮,新殖民地区人口急剧减少,从非洲等地贩卖黑奴成为这时期殖民者发财的一种重要手段。最初是葡萄牙、西班牙和荷兰,到18世纪,英国后来者居上,成为最大的奴隶贩子。所谓"三角贸易",是指欧洲的奴隶贩子们从本国装载盐、布匹、朗姆酒等出发,在非洲换成奴隶沿着"中央航路"通过大西洋,在美洲再换成糖、烟草和稻米等种植园产品以及金银和工业原料返回欧洲。这样在欧洲西部、非洲的几内亚湾、美洲西印度群岛之间,航线构成三角形状。黑奴贸易为美洲殖民地的开发提供了大批廉价劳动力,然而黑奴贸易对非洲人的摧残和对非洲社会经济的破坏却是不可估量的。贩卖奴隶给英国带来了巨额财富,推动了英国工商业的发展。

由资本连接而成的逐利合作体成为大航海时代支撑欧洲相关国家与海员们乐此不疲的动力。大部分参与其中的成员,都有良好收益可以分享。远航的每一船只,都有明确的利益分红规则,除了向支持他们航海并发行执照通行证的国王缴纳五分之一的收益外,上至船长、大副、领航员,下到随船商人、普通水手和士兵,都按照一定的比例分得贸易产出。这就成为一种由资本主导,以经济利益为纽带的综合经济体的航海模式。

而中国明朝大航海体系则是完全另外一种情况,纯粹由皇权国家大包大揽,朝廷自己承担巨大的财政重负组织庞大的船队,缺乏明确的商业目的和有机的商业模式。与欧洲的贸易加掠夺式航海团队本质上不同,从表面上看,大家都是为皇帝服务的打工仔,执行海上远征的任务,但在利益分配上未能建立有效激励机制。郑和作为一名宦官,本身就对皇权有着天然的依附性,他负责指挥的各级官员,也只是领取定额俸禄,至于普通水兵,都是从各地卫所中直接抽调的。卫所制度下的收入严重依赖士兵个人分得的土地,当抽调人员常年出海后,土地耕作反而成了问题。即使土地耕作不是问题,下西洋也没能给他们带来任何实际利益。这些都是已经被明朝官方定为世代为伍的军户,很难有机会得到松动和解脱,不仅吃的是"大锅饭",就是立功升迁的机会也几乎没有。更多的收支问题还是出自下西洋贸易本身,虽然从海外进口的货物在明朝国内有巨大的利润空间,但当这些货物被郑和船队不停地输入后,价格也就很快下滑。有记载短短两年时间,明朝国内的胡椒价格就较之洪武年间下降了一半。结果大量胡椒等货物囤积在官方仓库。为了解决囤积的货物,朝廷还以强行摊派方式消化库存。而针对的目标不是别人,正是为朝廷服务的各级官员和底层吏员。由于下西洋活动耗费巨大,加上官僚经营造成的亏本损失,朝廷的收入受到了影响。后来朝廷又将这些卖不出去的胡椒折算成俸禄发放时,这些跌价货物甚至依旧按照几年前的高价格计算。这种内部的变相掠夺伤害不小,到后来上上下下对下西洋的反对声越来越大。

在郑和船队每年消耗明朝大量财力的同期,越南陈氏王朝被黎姓权臣篡位,还大肆屠杀陈氏王族后裔,经陈氏一再请求,明朝派出 80 万大军攻占了越南都城。在黎氏父子逃离都城,陈氏王族已经被赶尽杀绝的情况下,大明在这里设置了郡县进行治理,称为"交趾布政司"。但在越南地方势力的强烈抵抗下,明朝当局没能站稳脚跟，结果支撑了 21 年后还是以主动撤军收场。这样的大规模用兵消耗，加剧了明朝的财政危机。

直到 1436 年，再也忍无可忍的大臣们，趁新继位的明英宗年纪尚幼，宣布叫停了下西洋活动。由于未能建立有效的经营机制，也缺乏调动各方利益的分配模式，郑和下西洋活动始终停留在浩浩荡荡的"烧钱"模式上，与之后西方的大航海时代擦肩而过，渐行渐远。回观历史，整个下西洋行动就是明朝皇帝的形象活动，无论是寻找建文帝还是宣扬威德，都没有注入实质性的具体内容，所以也难以制定逐利运营的相关规则，加上官方缺乏开门放手的机制，所以如此浩大的活动，居然落得上至国家财政、各级官僚，下至普通小民，全都不能从下西洋中得利，相反变相付出了许多代价。下西洋航海活动自始至终都是纯财政支出支撑的赔本买卖。所以，当第一批葡萄牙殖民者千里迢迢赶来占领马六甲作为自己的据点，明朝朝廷依然认识不到价值所在，反应麻木。当时的马六甲苏丹，曾派特使到中国请求派兵援助。但明朝给予的支援，仅是口头声援和警告而已。

从明朝这段虎头蛇尾的大航海行动和派大军平定越南内乱的历史，也可以发现华夏文明善良淳厚的民族本性，除了忍无可忍的自卫以及拔刀相助的义勇，完全没有掠杀和侵占的内在冲动。而从同时期西方的大航海行动，可见竞争性规则的实际应用，的确是资本文明的重要成果，再强大的国力和先进的技术在富有活力的竞争规则面前，还是缺乏比拼基础。由于启动规则和机制建立的差异，信奉他们自己古谚"地狱的道路由善良愿望铺成"的欧洲列强在这一回合的较量中迅速胜出了。而一直领先于世界文明的东方古国，从明朝的大航海行动落败后，开始滑入相当长一段痛苦屈辱的低落时期，中华民族的确到了危险的时候。

而欧洲殖民者原始积累的野蛮手段和逐利机制却是五花八门、灵活多样的，为保护和鼓励本国国民的利益，有的国家甚至还颁发私掠许可证，这是保护攻击或劫掠他国船只的行为。执行私掠的船只通常被称为私掠船或武装民船，船长通常被称为私掠船长，其实就是合法的海盗。严格来说，只有在两国交战时，私掠行为才是被允许的。私掠船通常被用来破坏敌国的海上贸易线。对于海上力量弱小的国家，这是一种战胜强大敌人的好办法。西欧一些国家正是使用这种方法，建立起自己的海上武装力量，同时还培养了大量优秀水手和军官。当然私掠船攻击敌船所获得的货物通常会在指定地点拍卖，不能随意处置。其收入按照一定比例归船长、船员和授权国或皇室所有。1588年，英国著名的私掠船船长弗朗西斯·德雷克还被征伐参加海战，他作为副指挥参加了击败西班牙无敌舰队的英西大海战。历史上，一些私掠船船长和船员也因为攻击己国或友好国的船只而最终成为真正的海盗，比如威廉·基德，他最后被己国通缉、逮捕并判处死刑。

1856年，克里米亚战争结束后缔结了巴黎和约，发表巴黎宣言时以附件形式废止了私掠权限，但当时还剩下美国没批准此合议。直到1907年海牙和平会议上明确武装商船必须视为军舰造册管理之后，私掠许可证的历史才正式落幕。

欧洲原始资本积累就是采用暴力从生产者手中剥夺生产资料，从而实现货币财富迅速集中于少数人的历史过程。这个过程发生在以工业化为代表的现代生产方式形成前的历史阶段，所以称为"原始积累"。因此可以说，资本文明是完全建立在野蛮掠夺基础之上的，是人类历史上富有竞争并残酷血腥的一段。从人类自然进化的过程讲，正是欧洲狂躁的资本冷血地击碎了地球上许多安宁世界的平静。

4 封建王权的终结和财产资格参政权

欧洲黑死病的快速蔓延，使劳动力出现大规模的匮乏，因为农奴的死亡使自营地的耕作变得困难，而雇用劳力的价格不断高涨，所以就企图通过立法限定工资开支。应贵族们的要求，1351年英国国会通过"劳动法规"，把工资标准冻结在黑死病以前的水平。然而于事无补，因为劳动力价格仍然在上涨。领主的庄园不能没人干活，但高工资也吸引不了农奴，他们还是纷纷逃跑。这自然加快了直接经营的庄园制向间接经营的租佃制的过渡。在这个过程中，出现了五种情况：（1）土地资源成为真正的私产，不再是产权概念不清的封建财产；（2）土地的耕种者获得了自由，从而调动了劳动者的积极性；（3）土地生产不再以供应庄园主和庄园成员为目的，而完全依照市场需求；（4）农民获得了向城市迁居的权力，乡村人口开始急剧涌向城市；（5）农民摆脱了由封建主控制的桎梏，转由国家的法律制度保护。上述变化促进了庄园经济的瓦解，真正成为私产的土地买卖日益流行。

封建土地关系和等级制度的藩篱开始被打破，最终也引发社会结构、社会心态及社会行为的重大变化。曾经代表欧洲社会主流和核心的贵族，尤其是骑士阶层作为一个武装的战斗集团，已经渐渐失去了他们的战斗特权。旧势力不能适应新环境的改变，仍然固守他们堂吉诃德式的生活。但他们的经济来源已经大不如前，常常入不敷出。为此，他们或者举债度日，或者将特权逐一转让，或者学其他人投资于贸易和其他商业的经营。国家权力的扩展，特别是新经济阶层的出现，使地方割据势力逐渐瓦解，旧贵族们在国家政治法律生活中的影响力也大为削弱。

英国贵族阶层的衰落从1889年开始。之前由于英国的自由贸易体制，外国农产品进入英国市场，带来了长达25年的经济危机。英国土地不利于大规模经营，掌握土地的贵族们又失去了劳作的基本能力。19世纪晚期，农业危机使许多贵族放弃农业经营，大量土地闲置，却促进了足球、高尔夫球等体育活动的发展。

入不敷出的英政府施行加收遗产税的改革，一开始时9%，1905年上升至15%，1915年上升至25%，1930年上升至40%，

"二战"后对于500万英镑以上征收80%的遗产税。加上英国贵族在两次世界大战中的参战率和死亡率又是普通国民的10倍，战争后大量贵族家族彻底破落。破落贵族为了生计开始出卖土地，造成地价普遍下降，通货膨胀严重，贵族们的庄园、不动产和地产都开始大量流失。不仅于此，贵族们也开始变卖艺术品，市场上出现大量的油画、瓷器、金银物品。1946年，英国贵族开始抱怨高额的遗产税，工党政府又补充修订税法，如果贵族提前5年将遗产转移给后代，可以免征遗产税，但仍有大量贵族破产。1880年以后，英国政府赐封了一批工商业新贵进入上议院。20世纪20年代，开始赐封贵族，贵族阶层的实质组成已经发生很大变化。1911年施行的改革进一步削减了上议院的权力，1958年工党开始赐封终身贵族，终身贵族与世袭贵族不同，前者不能继承。

　　大革命之前的法国社会也是越来越穷困潦倒。路易十四为了维护王权，想方设法与大小贵族们组织各种形式的聚会，沉溺于歌舞升平，到了路易十六时代，贵族们仍然无法从纸醉金迷的生活中回到现实，但事实上负债累累的家庭已不在少数。路易十四的重商战略尽管给法国带来了大量财富，却还是难以支撑庞大的开支和日益增长的军费。法国王室也只能举债度日，高昂的利息滚动，很快就陷入了拆东补西的恶性循环。

　　路易十六虽然也希望推进改革，但一触及各方利益就招来激烈反对，他又不得不妥协。贵族们本身也报怨失去了往日的特权并变得焦虑不安；可是他们越败落，影响力越小，激起的仇恨反而越大。由于贵族不再有权力主持公正、执行法律、赈济贫弱，他们自身仅剩些往日虚荣和自我安慰。受古希腊文化影响，欧洲封建贵族制度时期的王权一直处于宗教和世俗贵族的制衡中，君王也不过是贵族阶层的一个代表而已，整个社会一直处于"有限王权"的共同认知中，甚至认为"王子犯法与庶民同罪"。大家在这些观念下，对反抗王权暴政并没有太大压力。因此历史上欧洲的君主，普遍并没过得趾高气昂。能像太阳王路易十四那样喊出"朕既是国家"的君主还是少之又少。君王就是略微有些地位的普通人而已，他们时常受制于各种因素，甚至也会像普通人一样被宣判，甚至被斩首。

1649年1月30日，当查理一世故作微笑地走上断头台，朗诵完一首诗之后，指挥刽子手砍下了自己的头，也让他成为英国和欧洲历史上第一位被处死的君主。在法国大革命爆发后，一向性格懦弱的路易十六也步了查理一世的后尘，1793年1月21日在巴黎革命广场镇定地走上自己设计的断头台。路易十六是一个完全不会治理国家的善良人，在法国庆祝大革命200周年的庆典上，连法国总统密特朗也表示：路易十六是个好人，把他处死是件悲剧，但也是难以避免的。

1726年，法国作家伏尔泰逃离君主专制统治的祖国，抵达英国，在那里他看到查理一世被砍头后所发生的一切改变，宗教自由、代议制政府和数量庞大的中产阶级倡导每个人都拥有自己的生命、自由和财产。资本主义者对王权的攻击景象激励了伏尔泰，同时他也开始点燃了人类历史上一个伟大的"启蒙运动"。伏尔泰开创了理性主义史学，他认为自然法是制定法的基础，就是在天理公正的观念上奠定法律基础。伏尔泰成为法国启蒙运动的泰斗和灵魂，被后世启蒙思想家们公认为导师。

1776年7月4日，被称赞为"第一个人权宣言"的《独立宣言》宣告："联合一致的殖民地从此是自由和独立的国家。"新大陆传来的不仅是美利坚独立的声音，更是吹响了欧洲社会对传统君主制和封建王权反抗的号角，随后的法国大革命更是把这场反抗推向了高潮。如果说英国的资产阶级革命只是拉开了序幕，那么法国大革命则是掀起了决定性的高潮，此后在全球范围内，随着资本主义和商业行为的不断壮大，特别是财富积累的变化，促进了个体行为和个体意识的不断觉醒，新兴阶层要求平等、民主的意识更加强烈，王权这一人类古老政权的产物，渐渐地从各个国家退出了历史舞台。

无论17世纪的英国资产阶级革命还是18世纪末的法国大革命，首先都宣布废除封建贵族制度，可见民众对传统等级特权制度的反感，而建立以财产资格限制为特征的新社会阶层标准。这样一来，每一个人都可以凭自己的努力或几代人的努力而获得财富，实现自己社会地位的升迁变化。当有财产资格限制的选举权和参政权的新规则确立下来后，以往以出身为基础的传统等级社会也就瓦解了，意味着凭财富论英雄的资本文明成为社会的主流。这种明确以财富为基础的选举规则延续到了19世纪末。1832年英国议会改革规定选民的财产资格限制是年收入10英镑，合法选民人数只达到了总人口的3.3%。而改革之前的选民标准五花八门，各不相同，有上百种之多，有的是按纳税额获得选举权，有的是只有市镇会成员有选举权，有的选票则附在产业上，谁获得这块产业谁就有选民权。改革后选民数从原来的43.5万人增加到了65.2万人。1867年的改革是规定各郡凡年收入5镑者均拥有选举权，城市中租用不带家具的住房在12个月内付租金达10镑者也拥有选举权，这就使一些白领劳工贵族拥有了选举权。即使到这时，整个英国也只是极少数人拥有选举权，广大产业工人和妇女都被排除在外。在法国，1831年规定交纳了足够法郎的积极公民才有选举权，而这类合法选民还不到10万人，1848年这个数字增加到20万左右，而当时法国的总人口已近3000万，大多数被认为是消极公民而剥夺了选举权。

19世纪欧洲大陆其他国家的做法与英法两国相近，参政权都有财产资格的严格限制。可见，近代以财产资格为基础的社会实际上是新兴财富阶层统治的社会。19世纪晚期至20世纪早期，随着工业革命的兴起，越来越多的人涌入城市追求现代的生活方式，要求进一步扩大选举权，继而实行普选成为当时社会不可阻挡的历史潮流。法国1848年二月革命后实现了男性公民普选权。随后，瑞典、西班牙、比利时、荷兰和挪威也相继在1874年、

1890年、1893年、1896年和1898年实现了男子普选权。在最早实行资产阶级议会制的英国，1918年实现了男子普选权。第一次世界大战前夕，俄罗斯以外的欧洲国家几乎都实现了男子普选权。但直至1964年和1965年美国才宣布取消获得选举权者需交纳人头税和文化测试的规定，黑人真正获得参政权。

然而随着参政选举权的普及扩大，用于舆论宣传和参选人需要的各种费用越来越高。从美国总统选举直接费用看，2004年，小布什 VS 克里选举费用约7亿美元，其中小布什阵营花了近3.6亿美元，克里阵营花了近3.3亿美元。2008年，奥巴马 VS 麦凯恩选举费用超过10亿美元，其中奥巴马阵营花了7.3亿美元，麦凯恩花掉3.33亿美元。2012年，奥巴马 VS 罗姆尼选举费用首次超过20亿美元，成为美国史上"最贵大选"，奥巴马和罗姆尼阵营，都超过了10亿美元。2016年，特朗普 VS 希拉里选举费用超过20亿美元。美国前参议员马克·汉纳一语道破美国选举本质，"两样东西对美国政治十分重要：第一是金钱，第二还是金钱"。

5　印刷术的创造和法国大革命

随着纸和墨的出现，中国在公元3世纪的晋代，印章和碑拓已经流行，道士们用印章印制文字稍多的符咒之类。学者们研究认为雕版印刷术大约是在唐朝初年发明的，这是世界上最早的印刷术。11世纪中叶，毕升发明了活字印刷术，印刷技术得到了更大的发展。

12—13世纪随着蒙古帝国扩张和十字军东征，欧亚大陆人类各族群之间密切交融，十字军将东方的印刷品也带回了欧洲，催生了欧洲的雕版印刷技术。欧洲出现了自己的雕版印刷品，开始用木板印制纸牌、书籍、画像等。现存最早的欧洲雕版印刷品是1423年的《圣克利斯道夫像》。

与雕版印刷技术在欧洲传播同一时期，出生在德国美因茨的古登堡于 15 世纪中期发明了金属活字印刷术，这一发明突破了传统印刷技术难以实现大规模生产的局限。金属活字印刷术诞生后，结束了宗教经典、学术文献、各种地图、航海图等靠手抄手绘交流传播的历史，对欧洲文艺复兴、大航海行动和宗教改革等都起到积极的助力作用。特别是在 14 世纪就开始大量发掘出来的古希腊、罗马先哲们的著作也终于有机会供更多的普通人分享。德国宗教改革期间，马丁·路德也就是借助这样的技术印刷了大量新教思想的宣传品，使民众能够迅速地接触、接受并响应新教的改革。而随后发生在英国和法国的宗教改革，假如没有印刷术的技术发明，不知道还会延迟多少年。

印刷新技术为文化的启蒙提供了良好的条件，同时也为国家统一语言文字、发布法律文书、推广统一教材等各方面提供了许多方便。宗教组织也积极运用新技术宣传教义和教会的法令，罗马教廷还宣称，印刷术的发明显示出基督教文明的优越性。社会各方力量都发现了这项技术发明的重要性，政府方面也意识到印刷宣传品的威力，开始对出版物加强了审查，一切出版物都必须事先送审，得到官方批准才能印刷。然而地下出版组织并未因此而销声匿迹，它们转为秘密出版，或转到国外出版，秘密发行。

18 世纪晚期，法国遭遇连年的大旱灾和冰雹等恶劣天气，造成大量土地颗粒无收。冬天又是极度严寒，患病人数和死亡率不断上升，严重通货膨胀下的经济状况日益恶化，大规模的饥荒已经蔓延到欧洲的多个地区。困难中挣扎的人们和新兴的资产阶层对专制王权、贵族特权、神职特权及现实社会中的各个方面都充满了怨愤，而对自由以及共和制度满怀期望。早在路易十五当政时，人们的不满就已经形成气候，涌现出了伏尔泰、孟德斯鸠、卢梭、狄德罗等一大批思想活跃的启蒙者，天赋人权、君主立宪、三权分立、主权在民等思想应运而生，并且日益深入人心。德国文学家歌德说：伏尔泰结束了一个旧时代，而卢梭则开辟了一个新时代。孟德斯鸠则提出，新的共和国政治体制需要有以理性为基础的宪法。

当时的法国，居民分成三个等级：由天主教教士们组成的第一等级和贵族组成的第二等级，处于统治地位的特权阶层。其他公民如农民和城市平民，包括新生资产阶层组成第三等级，处于被统治地位。特权统治阶层的最高代表当然是国王路易十六。当时法国的贵族头衔已经开放，一些有特殊能力及有钱的第三等级人群可以通过赎买成为贵族。从1700年到1789年，法国社会就增加了约5万个新贵族。但随着国家财政陷入危机，封爵的价码越来越高，而且一些没落传统贵族对这些用钱买来的新贵族也十分不满。旧贵族本身也有投资商业、矿业、地产等行业，因此新旧贵族们的产业纠纷和财富之争日益严重。新生资产者已成为经济上最富有的阶级，但在社会上仍缺乏政治地位。农村绝大部分地区仍保留旧的地主土地所有制，实行严格的等级制度。18世纪末第三等级的人们同特权阶层的矛盾日益加剧。在随后爆发的大革命中，农民和城市平民这些基本群众成为主力，而新生资产者凭借经济实力、组织才能和文化知识处在领导地位。

1789年5月5日，为了解救国家财政危机，路易十六在凡尔赛宫召开由三个等级代表参加的会议，企图对第三等级增税。第三等级的代表则要求马上制定新的宪法，限制王权，实行改革。路易十六要求对增税方案进行投票决定，投票一开始分为两种，一种为阶层投票，即一个等级一票；另一种是推选出一些代表投票。前者极其不公，总共只有三票，国王相当于已经掌握了两票，所以按第二种方式进行，三个等级阶层都选出代表进行投票。代表人数上第一、第二等级仍然占明显优势，然而有部分第二等级的贵族把票投给了第三等级，结果第一等级291票，第二等级270票，第三等级578票，所以第三等级取胜。面临财政危机的路易十六又出尔反尔，还是强行要求加税。第三等级代表积极抗争，6月17日宣布成立国民议会，7月9日改称制宪议会，准备制定宪法限制王权。路易十六意识到这要危及统治权，就调集军队强制驱散议会,这下激怒了巴黎市民。

法国大革命爆发了。巴黎街头警钟长鸣,工人、手工业者、城市平民纷纷涌上街头,夺过武器开始了武装起义(见图5-6)。宗教、贵族两个等级阶层的总人数不过20多万,占全国总人口不到3%。但他们有钱有势,作威作福,又有路易十六作为总后台,法国人民压抑已久的愤怒瞬间燃开。攻占巴士底狱更成了引导全国革命的总动员,各个城市纷纷响应巴黎行动,武装起来夺取市政管理权,还成立国民自卫军。农村则到处都有农民攻打领主庄园,烧毁地契。大势所趋面前路易十六不得不屈服,终于承认了制宪议会的合法地位。此时制宪议会实际上成为最高国家权力机关。制宪会议首先通过法令,宣布废除君主专制制度,取消教会和贵族的特权,规定以赎买方式废除贡赋,接着又通过了著名的《人权宣言》,向全世界宣布了"人身自由,权利平等"的原则。法国大革命是世界近代史上规模最大、最彻底的革命,它推翻了法国的君主专制制度,震撼了整个欧洲大陆的封建秩序。

图5-6 法国大革命

从1789年7月14日巴黎人民攻占巴士底狱到1830年七月革命,至此法国大革命才彻底结束,历时41年,漫长而曲折。如暴风骤雨,迅猛异常,扫荡了法国的传统专制势力,在经济上为法国的工业革命创造了条件。新规则得以顺利建立是法国大革命成功的重要前提,没有秩序的民主只能是多数人的暴政,自由、平等、博爱精神永远留在了法国的蓝、白、红三色国旗上，也成为法国大革命留给世界的文化遗产。

6　工业革命的里程碑

英国的新贵们登上统治舞台，更展现了他们迅速积累资本谋求财富的特性，一方面他们联手传统贵族加快发展海外贸易，扩张殖民统治，开拓海外市场和廉价原料基地；另一方面加快推行"圈地运动"，大规模发展手工业工场，还获得了大量廉价劳动力。然而市场的新需求还是远远未能满足，最终使英国爆发了工业革命，成为人类历史上第一个工业化国家。

尽管到今天，就全球范围讲，仍然有许多地方没有进入工业文明，但是工业革命之余波却早已经震动到他们安宁的世界。人类进入新时代对于工业革命的认识已经不再单一，毕竟工业革命和之后的尘土飞扬实实在在地捆绑在了一起，而且对人类价值观念的改变，以及掏空灵魂的恐惧让人们印象深刻。

然而，在当时乃至今天，更多人还是被工业革命带给人类社会翻天覆地的改变震惊了。18世纪60年代的英国，大机器生产开始取代手工业加工，生产力迅猛发展，这就是历史上的"工业革命"。所谓工业革命，其实仍然是人类工具的积极提升。与人类历史上农业文明带给人们的改造不能完全相提并论，但是进入工业文明后，人类与大自然的距离越行越远，仿佛不再是动物世界的一员，而成为这个星球上的主宰者，许多人或许正是这样认知的。在人类体味良好感觉的同时，应该会发现另外一种变化也在静悄悄地发生着。

1733年，机械师凯伊发明了"飞梭"。1765年，纺织工哈格里夫斯又发明了"珍妮纺织机"。1785年，瓦特完成蒸汽机改良，人类进入了"蒸汽动力时代"。不到100年后的1870年，第二次工业革命又勃然兴起，人类进入了"电气动力时代"。又过了100

年，1989年3月，蒂姆·伯纳斯·李为代表的团队正式提出万维网的设想，1990年12月25日，他们在日内瓦粒子物理实验室开发成功第一个网页浏览器。人类开始进入第三次工业革命的"互联网时代"或者"信息时代"。如果我们能够让时间停止一会细细静想，从原始人群开始，人类走了几百万年，从古希腊文明到文艺复兴也经历了几千年，然而工业革命之后，一个接一个时代的跨越仅仅就100年而已。人们几乎每时每刻都在感受日新月异的变化，生物克隆技术的出现、智能科技的出现，第四次、第五次工业革命的敲门声早已响起。在许多人惊喜激动的同时，也感受到人们的艰辛和焦虑。

英国工程师乔治·斯蒂芬孙，1814年发明了火车机车。如今最常见的长距离运输工具，安全性能相对较高，各种轨道交通确实已经四通八达。然而每年因为火车死去的人数，也一定令这位"机车之父"九泉之下难以安宁。仅在印度，每年死于火车事故的人数就达1.5万人。2004年12月26日，斯里兰卡"海洋王后号"列车在沿海线上遭遇灾难，一次死亡人数近2000人。自有火车的历史起，单次数百人以上的火车伤亡事故已经有几十起。

德国的卡尔·佛里特立奇·奔驰于1885年研制出第一辆马车式三轮汽车，荣获第一项汽车发明专利。如今汽车几乎已成为人们不可或缺的代步工具。然而，就在2019年4月在上海举行的国际道路安全创新论坛上，国际汽车联合会发表的消息称，全世界每年有124万人死于交通事故。

莱特兄弟是美国著名的发明家，哥哥威尔伯·莱特，弟弟奥维尔·莱特，1903年12月17日，兄弟俩首次试飞成功，人类有了第一架飞机"飞行者一号"。然而，2019年第一天航空安全网络（Aviation Safety Network）发布了2018年全球商业运输航空事故结果，所有14座以上机型在商业飞行中，发生15起致命飞行事故，共556人在事故中遇难。商业飞行还是安全要求最高级别的飞行活动。

交通工具发明与进步带给人们的便利和财富，给人的印象比这些交通事故的伤害要重要得多。人类也会更辩证地看待日新月异的科技发展，但是我们怎么样或者说什么时候才能真实地意识到危机的出现呢？工业革命和科技发明的钥匙打开的到底是天堂之门还是地狱之门，尽管争论已经越来越多，这是可以帮助人们明辨是非的，人类有能力创造，必然也完全能够毁灭或者掌控，即使打开的是潘多拉的魔盒，相信人们终究能够掌握和控制。每一项发明创造都大大地丰富了人类的工具箱，人们在许多强大的新工具、新助手应用中，发现自身的器官功能和生存能力在退化和萎缩。人类是到了该歇歇脚的时候了。

英国借助第一次工业革命迅速腾跃为世界头号强国，经济称霸世界达半个多世纪。英国的纺织业、冶金业、采矿工业、机器设备和交通运输制造业，几乎完全垄断了世界市场。伴随着新兴工业区的发展，城市化进程大步加快。原先英国经济最发达和人口最密集的地区一直是以伦敦为中心的东南部。工业革命开始后，西北煤铁矿产资源丰富的荒芜地区冒出了不少新兴城市，如曼彻斯特、兰开夏、伯明翰、利物浦、格拉斯哥、斯卡斯尔等。经济中心也由东南向西北转移，农村人口大量转入城市，到19世纪40年代，英国城市人口已占全国人口的四分之三。

作为工业革命的发源地，英国工业革命的成果和经验还对其他国家工业发展产生重大影响。1825年英国解除了出口机械的禁令，大量机器和技术迅速外流，1825—1840年英国机器出口价值由2万英镑增至60万英镑。有了前人经验的参照，其他国家的工业化完成时间都比英国短得多。法国大约用了60年时间，美国约50年，德国约40年，日本约30年。当时的中国也受欧美工业化的影响，开展了洋务运动。

人类经历了轰轰烈烈的工业革命，拥有了飞速膨胀的生产力。在不足百年的时间内，就创造出了超过此前数千年甚至万年文明总和的物质财富。工厂生产出巨大的物资和财富，汽车、火车、轮船和飞机则将世界紧紧连通在了一起，物质的繁荣带来的是人口空前的增长，人类处于一个空前繁荣的新阶段。同时这种物质丰富和技术进步使人类社会内在原有的平衡彻底掀翻。工人们仿佛成为生产线的组成部分，甚至就是整个生产流水线的一个零件。作为社会动物的内心需求被忽视，过上被机械化安排的日常生活，与过去百万年人类的生活状态完全不同，人际关系也日益冷漠。更加物质化的生活对人思想观念的冲击更大，有发明创造成就的人是"人能胜天"的英雄偶像。社会财富快速积累和城市人口急剧膨胀，贫富差距不断拉大，也使新的社会矛盾开始萌生。

在工业革命之后，环境污染也是最早显现的问题，英国人一直最引以为豪的清澈见底的泰晤士河成为工业废水集中处。英国著名化学家迈克尔·法拉第这样描述当时的状况：整条河流淌着晦暗不明的淡褐色液体……臭气逼人，和污染的大街上同样的恶臭……其实就是一条臭水沟。河面上还时常漂浮着死狗死猫，然而，这里仍然是当时伦敦人的饮用水源。蒸汽机和家庭取暖使煤炭大量消耗，四处烟囱飘散乌黑浓烟，著名《双城记》的作者查尔斯·狄更斯这样描绘：四周呈现不自然的红色与黑色，煤灰时常落在自己头上，也被吹到附近，煤灰折磨着大不列颠。伦敦也因此被人们称为"雾都"，上空笼罩着"乌黑的、浑黄的、绛紫的，辛辣呛人"的彩雾。大量土地开采挖矿或建成工厂，也使大量动物濒临灭绝，生物链遭到破坏，整个生态环境恶性循环。

环境污染直接威胁着人类的生存，其实这样的状况至今仍然非常严重，据世界卫生组织（WHO）国际癌症研究机构（IARC）报告称，他们估计，全世界罹患癌症的人数在"迅速增长"，仅2018年就新增1810万病例，死亡人数高达960万人。工业革命无疑是人类史上的重要里程碑。人类走过的每一步无论是前进还是后退，总是承受着巨大代价，任何过程中都没有免费的午餐。工业革命和科技进步被誉为人类历史最骄傲的创举之一，但这仍然是一把锋利的双刃剑,如何谦卑、谨慎地掌握更炫美的剑舞,还需要不断探究。

7　田园牧歌情怀和"重农抑商"策略

面对工业革命后翻天覆地的改变,我们不禁扪心自问人类追求的初心到底是什么?对于这个问题,东西方哲人思考的差别还真是不小。

古希腊哲学家柏拉图的《理想国》能够代表西方人类对理想社会的追求,书中内容博大精深,几乎包囊整个古希腊文化,苏格拉底的这位弟子把构建正义理念的管理作为理想国的核心,主题依然是强调国家的治理。说到底就是认为人类的美好建设要靠执政的贵族们秉持正义和增强管理。

同一时期,东方先哲们的认知却有些不同,西汉时期编著的《礼记·礼运》中有篇《大道之行也》这样述说:"大道之行也,天下为公,选贤与能,讲信修睦。故人不独亲其亲,不独子其子,使老有所终,壮有所用,幼有所长,矜、寡、孤、独、废疾者皆有所养,男有分,女有归。货恶其弃于地也,不必藏于己;力恶其不出于身也,不必为己。是故谋闭而不兴,盗窃乱贼而不作,故外户而不闭,是谓大同。"东方先哲直接用写意手法描绘了人类社会的美好蓝图,生动具体而又系统。

如果说柏拉图对人类理想国顶层设计的论述还停留在国家治理"术"的层面,那么东方先哲们完全是从"道"的高度构想了整个人类的美好愿景。而且具体从制度形态"天下为公",管理体制"选贤与能",社会关系"讲信修睦",劳动及保障"所终""所用""所长""所养",社会风尚"不兴""不作""不闭"等诸方面全面地勾画出人类"大同"世界的顶层设计。这样充满情怀的田园牧歌式社会不正是今天人们所向往的吗?

有人会揶揄说这纯粹是东方浪漫主义美梦,然而当我们理性地回归华夏文明 5000 年记载的研究，寻找先祖们始终执着到不合时宜甚至难以理解的一些刚性规则时，合书冥思或许才会幡然醒悟。像始终如一地构建礼法制度和自始至终落实"重农抑商"措施，难道说华夏文明的伟大先人们几千年来最重要最基础的社会治理和经济治理策略真的如同我们现代人评价的那么不堪吗？

先秦商鞅变法的核心内容"奖耕战、废井田、开阡陌"，明确承认了土地私有制和土地买卖合法性，可见对于激发挖掘个人创造力已经有足够认知，同时却严格规定，"戮力本业，耕织致帛多者，复其身；事末利及怠而贫者，举以为孥"，"使商无得粜，农无得籴"，强行推崇重农抑商政策。突出强调农业为"本业"，商业为"末业"，"不农之征必多，市利之租必重"。倡导乡村自然经济，抑制商贸经济。《商君书·农战》中认为"事商贾，为技艺，皆以避农战"。

公元前 221 年，秦统一中原，建立帝国，商鞅变法的政策得以进一步落实。还专门制定了"田律""仓律""戍律""司空律"，用来规范和保障各种农事活动及农业成果的应用，完全把农业作为经济基础和生存命脉来看待。

汉承秦制，兴农抑商政策一如既往。汉武帝"算缗令"与"告缗令"，使中等以上商人大都破产。《史记·平准书第八》记载："天下已平，高祖乃令贾人不得衣丝乘车，重租税以困辱之。"不仅如此，汉武帝时期，"而富商大贾或贮财役贫，转毂百数，废居居邑，封君皆低首仰给"。富可敌国的大贾，恰与窘困的中央财政形成鲜明对比。汉武帝"更钱造币以赡用"，先后六次币制改革，基本解决币制问题。既稳定了金融，又解决了困扰多年的私铸、盗铸问题，将铸币权统一于中央。东方文明此时已经掌握运用央行货币发行权调控经济。汉代还开始实施"盐、铁官营"的稀缺资源专营制度，对众多商品生产和经营垄断，成为各朝一贯奉行不移的政策。除盐、铁外，另有茶、明矾等先后列入禁榷之列。

唐朝颁布了商品、贸易、物价、衡器等诸多管理规则，促进了社会经济的空前发展，但重农抑商政策仍然坚持，常令商人进奉献助。据《新唐书·志·卷四十一》，唐肃宗时，籍江淮蜀汉富商右族，訾畜十收其二的"率贷"，诸道重税，凡千钱以上者有税。

宋代商业比前代又有发展，依然实行官府专卖禁榷制度，禁榷范围除传统盐、酒、茶外，矾、铁、煤、香料、宝货等均被列为禁榷物种，专卖所得成为朝廷财政收入的主要来源。禁榷物种中尤以盐、茶、酒最为严苛，禁榷法条最为重要、完备。中央有盐铁使，地方有各产盐地和商埠所设场务专理盐的专卖，宋代酒专卖为"榷酤"，酿酒和酒曲由官府垄断，禁止民间私造。元代则对盐、茶、酒、金、铜、铁等实行官营专卖禁榷制度。

明清时，"重农抑商"政策一以贯之，而此时来自西方的海上贸易发展对自然经济产生了极大冲击，但是明朝政府对于海禁从未放松过，海外贸易一直都由官方主持。直至1567年"隆庆开关"，政府宣布开放海禁，私人与官府皆可从事海外贸易。清王朝将海外贸易收归政府控制的广州十三行掌握。清律规定粮、丝、铁、金银都不许下海，使对外贸易实际上不可能进行。与明朝海禁类似，清朝实行"海禁"政策，努力把控对外贸易和沿海工商业。到了清朝，西方各国钢舰利炮护卫下的海上贸易蓬勃发展，鸦片和钢炮终于打破田园牧歌式的追梦情怀。

中国传统统治者在五千年文明历史中，为什么坚定地极力固守"重农抑商"政策，真的是在破坏社会规律中新生产力的形成，自毁发展之路吗？而西方世界恰是这个时期走过了文艺复兴、宗教改革、工业革命，并加速了对外殖民扩张。

早在夏商时代，商人就擅长专业买卖或交易。西周《周礼》有"司市"之官，《周礼》中尚无抑商倾向。《左传·僖公三十三年》："郑商人弦高，将市于周。"可见华夏文明的商业活动在商代和西周已经活跃，比西方文明早了数个世纪。商朝兴盛时期，商朝人经常到周边地区从事贸易互换，为此，在外族人眼里，做生意的就是商人。公元前16世纪时，商朝在一个叫亳的地方建都，后又迁都殷地，史称"殷商"。直至武王伐纣，商朝灭亡。但是商朝遗民善于经营的基因和文化一直延续，后来聚居到潮汕的人群多为当年商民之后，春秋时代著名商人范蠡也是。

商朝鼎盛时期，是中国历史上奴隶最多的阶段，当时的先哲们目睹和反思了经济发展却发生人人相残的伤害。或许正是从商朝历史认识到大同社会的构建必然建立于自然经济之基础。华夏先贤毕竟见多识广，作为人类历史上最大的农业部落族群，又有渔、牧部落长期融合的特殊文明，既承袭了农耕人群智慧知足、克己包容的内涵，又融入了游牧族群居安思危、坚韧重信的品质，也吸纳了渔猎族群挑战生命、灵活奔放的特性，同时也对游牧民族的侵略性和渔猎族群的逐利性，保持了自己足够的认识和警惕。这是"食谷者智慧而巧"的华夏先人传承给后人伟大文明的精髓之一。

早早就已经对农工商，乃至金融有深刻认识的华夏文明统治者，不仅有足够的认知，而且传承着家国一体的情怀，对于人类美好生活的追求是毋庸置疑的。春秋时期形成的百家学说，已对人类世界如何调理规则有了非常充分的理解，懂得唯有百姓生存安定天下方得太平，而达到这种效果必须人人贤德，其核心理念就是"天下为公"，即天下的人都没有了私心，个人所做的一切工作与努力都是为了使社会更加美好。"重农抑商"政策正是中国先人防微杜渐、未雨绸缪的深远治理谋略。华夏文明的传承者不是不懂资本积累，也不是不屑资本积累，而是早就洞察了资本的本性，明了了资本积累后社会、环境、自然、观念产生的各种变化，用商鞅的话就是"国之危也"，这个"国"不是特指，应该是指人类。事实上，华夏先哲也是一直以"小康"生活和"大同"社会作为理想，并非一味地追求无度的繁华。基于这种清醒和成熟的认知及历史的预见性，因此明确而坚定地落实控制资本积累，实施防止资本积累的"重农抑商"策略。恰恰是当时欧洲治理者们未有清醒认知的局限性，或者说不同种族变迁属性导致的基因禀赋决定了方向的选择，才会盲目地打开潘多拉魔盒。也就是说在中国传统华夏文明时期，资本这个潘多拉的盒子是有意上了封条的，就是为了能够追求人类生活更快乐的感知。这是华夏民族爱好和平、恪守自律、克己奉公的先天禀性决定的。正如20世纪伟大历史学家汤因比，在论述世界不同文明的兴衰时，认为人类创造的许多古代文明之中，中华文明作为硕果仅存的一个不曾间断的文明，必然有其内在原因。汤因比还曾预言：文明死于自杀，而非他杀。那么，资本文明的明天会是什么呢？早在19世纪，恩格斯就曾经警告人类"我们不要过分陶醉于人类对自然界的胜利。对于每一次这样的胜利，大自然都对我们进行了报复"。

其实，从加入美国国籍的宣誓词就可以发现西方文明的狭隘、自守和强烈攻击性，这种西方文明思维的局限性来自贵族时代，一种竞争和征服的骑士状态；华夏文明表现的贵族文化，则是谦谦君子、礼让三分、以德服人、包容天下，可见双方文化是完全不一样的。当然，在历史的同一时期，总是野蛮短暂地战胜文明，在西方资本的冲击和工业革命的颠覆下，中国传统礼制文明的海塘被反复地冲击着。《共产党宣言》中也提到：它使未开化和半开化的国家从属于文明的国家，使农民的民族从属于资产阶级的民族，使东方从属于西方。❶ 可见当时资本扩张对东方世界的伤害。

一切工具，包括规则、资本、科技、机器等都可以造福人类，也可能带来灾难，毁灭人类，就像资本文明带来的物质繁荣同时也不断掏空着一些人的灵魂一样。因此，中国传统文明中扬长避短、趋利避害的经验，值得借鉴。

---

❶ 马克思，恩格斯. 马克思恩格斯选集：第1卷［M］. 北京：人民出版社，1972：255.

8 帝国的瓜分之争与世界大战

16世纪西班牙国王卡洛斯一世曾言：在朕的领土上，太阳永不落下。以高歌自己的野心。事实上欧洲的殖民者们一刻都没有停止过雄霸全球，建立"日不落帝国"的贪婪，不仅是西班牙殖民帝国，包括葡萄牙帝国、荷兰殖民帝国和法兰西殖民帝国，在它们的鼎盛时期，殖民控制领土上空的太阳也不会下沉。

进入19世纪，领先一步工业革命的大英帝国完全独占了这个野心勃勃的别称，特别是在维多利亚时期英国出版的世界地图把大英帝国用粉红色标出，更凸显出英国在全球范围内的霸权地位。

随着德意志民族意识的觉醒，特别是德意志帝国首任宰相俾斯麦1862年上台后，"用铁和血"强势推进德意志的民族统一和社会经济发展，俾斯麦也因此被冠上"铁血宰相"的绰号。德国虽然资本主义起步晚但是发展非常快，很快成为和英法比肩的经济强国，但是这时放眼全球，利益已经被英法瓜分殆尽。英、法、俄显然是当时国际秩序的既得利益者，拥有庞大的殖民地和经济总量。然而德国这些新兴力量肯定不满足于现有的势力范围，极不愿意让英法俄处在世界的顶峰，必须想办法排除这些绊脚石。

德国明白依靠自己单一力量挑战英法难以成功，他联络了奥匈帝国、意大利、奥斯曼帝国、保加利亚王国并结为同盟。英国、法国、俄国、美国和意大利王国（1915年5月意大利退出同盟国，加入协约国）等国家也很快协约为共同阵营。为争夺世界霸主地位，瓜分势力范围的两大堡垒很快摆开了架势。

1914年7月28日，奥匈帝国对塞尔维亚宣战，战火点燃，4天后德国把炮口对准了俄国，6天后德国也对法国宣战，7天后英国对德国正式宣战，9天后奥匈帝国向俄国宣战，第一次世界大战全面爆发。

资本推动的强大生产力转为杀人武器后,让人们认识到了工业化带来的破坏力同样惊人。平日里生产汽车、轮船、电灯和药物的工厂,突然间造出了大量的坦克、战列舰、机枪和毒气弹;为国际贸易往来繁忙的各种船舶如今运输的是军火和战备物资;平时快速传播便利信息的电台和报刊,播报内容从愉悦、幸福、快乐变成了绝望、恐惧和仇恨。

这场惨烈的战争一直打到1918年11月11日,德国代表在巴黎北部的康边森林福煦将军的行军火车上,签署了停战协定,正式宣布投降,结束战争。战争刚开始,德军根据施里芬计划,先在西线发动大规模突袭,由于英、法、比三国军队奋力抵抗和俄军在东线的进攻压力,迫使德军速决的梦想破灭,西线转入阵地消耗战。阵营双方都把1916年看作决战一年,这一年里展开了三次大规模陆战和一次海战,即西线的"凡尔登战役""索姆河战役"和东线俄军的夏季攻势,而日德兰海战后,英国仍然控制着制海权。战略主动权开始偏向协约国阵营。1917年,美国参加对德作战,中国等国也相继参战,协约国的阵营增加到27个国家,俄国则因为国内爆发了二月革命和十月革命,退出战争。

1918年3月,德军在西线再开始集中发动进攻,遭到失败。下半年协约国军队在福煦将军指挥下开始反攻,把德军赶出法国和比利时国境,德军主力已开始迅速瓦解。11月9日,柏林工人和士兵举行总罢工和武装起义,德皇威廉二世于内外交困的情况下,被迫宣布退位,10日逃往荷兰,同盟各国纷纷宣布投降。

第一次世界大战给人类带来空前的浩劫,对参战各国来说更是巨大的灾难。作为主要战胜国的日不落帝国,也由战前世界头号债权国,成为头号债务国,虽比战败国状况好一点,但也不再似战前那般耀武扬威。这场战争是人类历史上破坏性极强的战争之一。历时4年多时间,30多个国家15亿人口卷入战争,大约有6500万人直接参战,1000多万人丧生,2000万人受伤,无数家庭家破人亡。战争如愤怒的山呼海啸，欧洲大陆的贵族王冠纷纷跌落，君主制大规模退出历史舞台，俄国沙皇被枪决，德国皇帝流亡，奥匈和土耳其两大帝国分崩离析，英、法虽胜但也元气大伤。

当然，战争的灾难也磨砺了苦难的民众并激发了殖民地民族的觉醒。各民族国家的纷纷建立是这次战争带给人类的最大成果。被战火洗礼后的民族，民族观念的勃发，可以说是历史赐予的一个喘息机会，开始寻求战后国际秩序的重建。

然而第一次世界大战后帝国主义国家间经济、政治和军事发展不平衡的加剧，特别是1929年10月，美国华尔街纽约证券交易所的股市崩盘，经济危机席卷了整个资本世界，使世界矛盾进一步尖锐。德、意、日等综合实力上升期的国家进一步要求重新划分世界势力范围。德意志第三帝国、日本帝国、意大利王国、匈牙利王国、保加利亚王国、罗马尼亚王国、斯洛伐克、克罗地亚独立国结为轴心国阵营。

1939年9月1日，德军集中强大兵力，对波兰发动突然袭击，打响第二次世界大战。战争发动前，德国还和苏联签订了《德苏互不侵犯条约》，并秘密约定如何瓜分波兰。为了把战争责任强推给波兰一方，德国党卫军还事先秘密派人从监狱挑选了一批刑事犯乔装成波兰军人，于8月31日20时向德国一个无线电台发起进攻。演了一把贼喊捉贼之后，德军的"闪电战"从北、西、南三个方向进攻。英、法对德国宣战，但始终按兵不动，宣而不战。到17日，德国军队已经控制波兰首都华沙，开战不到一个月，波兰覆亡。苏联趁德军侵入波兰之际，也向西扩展建立了所谓的"东方战线"。

1940年，德国再次发动"闪电"攻势。用了一个多月的时间完成了对丹麦、挪威、卢森堡、荷兰、比利时五国的占领。并绕过重兵设防的马其诺防线，迅速侵入法国境内。

1940年5月，英法联军主动从敦刻尔克大撤退。大部分撤入英国境内，为未来的反攻保存了有生力量。

1940年6月，德国和意大利联手对法国发动总攻，6月22日，法国宣布投降。

1940年7—10月，德国发起进攻英国的"海狮计划"。猛烈的空袭和潜艇战，企图迫使英国主动投降。但丘吉尔首相领导下的英国军民没有屈服，德国遭到第二次世界大战以来的首次挫败。

1941年6月22日，德国执行"巴巴罗萨计划"，以550多万人、约4000辆坦克和近5000架飞机的强大兵力，分三路向苏联突然发动全面进攻。与德国签和约才两年的苏联猝不及防，大片领土沦陷，损失惨重。1941年底，德国军队已经占领苏联150多万平方公里的领土，控制了苏联大约40%的人口以及大部分的工业区。

1941年9月6日，德军进攻莫斯科。苏军在斯大林领导下取得莫斯科保卫战的胜利，歼灭德国军队50万人，打破了德军不可战胜的神话。

而在世界的东方，早在1931年，日本就发动侵华战争，霸占了中国东北三省，1937年又起掀起全面侵华战争。在希特勒横行欧洲之际，1941年10月占领了半个中国的日本军队继续向东南亚扩展，企图建立亚洲、太平洋地区的霸权。

始终保持"中立"的美国出于自身的安全和利益考虑开始转变态度。1941年8月，罗斯福和丘吉尔在大西洋的一艘军舰上会晤，并发表联合宣言《大西洋宪章》，倡导自由、和平，反对侵略。同时，美英也开始对苏联提供援助。

1941年12月7日凌晨，日本海空军突袭美国在太平洋上的基地珍珠港，以微小的代价重创了美国太平洋舰队。次日下午，德、意、日同时对美国宣战，第二次世界大战扩展到最大规模。

1942年1月1日，中国、苏联、美国、英国、澳大利亚、比利时、加拿大、哥斯达黎加、古巴、捷克斯洛伐克等26国在华盛顿发表《联合国共同宣言》，宣布赞成《大西洋宪章》，并决心共同打击德、日、意法西斯的侵略，决不和敌国单独议和。这个宣言标志着世界反法西斯同盟的建立，鼓舞了全世界各国人民对法西斯斗争的信心。

1942年6月，日军进攻美军驻守的中途岛海战惨败，使太平洋战场的形势发生转折，美军由防御转变为进攻。

在苏德战场，莫斯科战役受到重大损失的德军也无力再发动全面攻势，为夺取苏联南方重要粮食、石油产区，集中兵力进攻斯大林格勒，以便包抄莫斯科。1942年7月17日，德军集中150多万兵力和大批飞机、坦克，发动对斯大林格勒猛烈进攻，但遭到守军的拼死反抗。直到1943年2月苏军取得斯大林格勒战役的胜利，苏军开始转入战略反攻。

1942年夏天，德意联军和英国军队在北非展开交战，德意军队挫败。1943年7月，美英军队在意大利本土登陆，墨索里尼政府垮台，9月，意大利宣布投降，法西斯轴心国集团开始瓦解。

1943年11月22—26日，美、英、中三国首脑罗斯福、丘吉尔、蒋介石在埃及首都开罗发表《开罗宣言》。声明将坚持对日本作战，直到日本法西斯无条件投降，明确日本侵占的包括东北三省、台湾、澎湖列岛在内的中国领土必须归还给中国。

1943年11月28日—12月1日，美、英、苏三国首脑罗斯福、丘吉尔、斯大林在伊朗首都德黑兰会晤，决定在欧洲开辟第二战场，实施"霸王计划"以尽快击败纳粹德国。

1944年6月6日，280万美英等同盟国军队在法国诺曼底登陆，开辟了欧洲第二战场（见图5-7）。苏军则在东线发动更加猛烈的进攻。8月，盟军进入巴黎，法国光复。

1945年2月，美国、英国、苏联三国首脑罗斯福、丘吉尔、斯大林在苏联召开雅尔塔会议。决定彻底消灭德国法西斯执政者，惩办战犯，实现战后民主化，准备在战后成立联合国，苏联在欧战结束三月内参加对日作战，等等。

图5-7 战争对于人类是毁灭性的行为

1945年4月,美苏军队在德国易北河会师。4月30日,苏军以损失40余万人的代价抢先攻克德国首都柏林,希特勒在总理府地下室自杀身亡。5月9日,德国正式签署无条件投降书。

1945年8月6日,美国投掷代号为"小男孩"的原子弹轰炸日本广岛。8日,苏联对日宣战,苏军进攻日本关东军。9日,美国再投掷代号为"胖子"的原子弹轰炸日本长崎。15日,日本裕仁天皇宣布无条件投降。9月2日,日本代表在美国"密苏里"号战舰的甲板上签署无条件投降书,第二次世界大战结束。

第二次世界大战中直接死于战争及战争因素者约为7000万人;战争的破坏力空前增大,武器手段空前增多,战争形式空前丰富,影响范围空前广阔。短短几十年内,连续发动世界大战的历史,暴露出资本的野蛮特性。

第二次世界大战中,反法西斯同盟国,美、苏、中、英、法五国通过一系列国际会议就维护战后世界和平、促进世界经济发展,达成了一系列协议和谅解,确立了维护战后世界秩序的国际规则。

第二次世界大战促成了联合国的创建,根据雅尔塔会议协定,1945年10月24日发起成立了联合国,中、美、苏、英、法则成为安理会常任理事国。联合国先后组织制定了从《不扩散核武器条约》到《和平利用外层空间条约》等数百个国际条约,切实为世界和平做出了贡献。之后又建立国际货币基金组织、世界银行、关税及贸易组织等国际经济组织，成为战后国际体系中占主导地位的国际经济组织。

9 美洲西进淘金热和美利坚合众国的崛起

自远古时期开始，生活在美洲大陆的所有土著原住民统称印第安人。15世纪末，西班牙、荷兰、法国、英国等欧洲殖民者相继移民到美洲，借助他们的枪炮和货币，大量奴役甚至屠杀印第安人。1775年，美国人民爆发反抗大英帝国殖民统治的独立战争。1776年7月4日，乔治·华盛顿任大陆军总司令，发表《独立宣言》，宣布美利坚合众国正式成立（见图5-8）。

图5-8 乔治·华盛顿任大陆军总司令，发表《独立宣言》

1848年1月24日，在美国西部加利福尼亚，詹姆斯·马歇尔意外地在磨坊的引水沟里发现了闪闪发光的金片。这一消息飞速传播，引来世界轰动，很快吸引了美国各地和国外30万人赶来加利福尼亚。第一批探矿者中的许多人确实赚了不少钱，他们一天能挣到的收入是当时正常工资的10—20倍。这些早期的淘金者乘卡车、马车等，通过各种交通方式，疯狂地去加利福尼亚淘金寻梦。

后来，人们采用了更精细的淘洗工艺，矿工们掌握了用淘金的方法从泥土和砾石中分离黄金。淘金者们把沙砾和水放进平底锅里，然后来回摇动平底锅，因为金子很重，它最终会沉到锅底。由于金沙在地表层，所以只要用一个普通的洗脸盆，就可以从沙里淘洗出黄金，参与者众多，采金点星罗棋布，场面非常壮观（见图5-9）。

图 5-9 西部淘金热

每当在一个新的地方发现黄金时，矿工们就会迁聚过去，搭一个采矿营地，这些营地也会迅速发展成新兴城镇，旧金山和哥伦比亚就是淘金热期间形成的新兴城市。当金子刚开始发现时，旧金山只是一个大约千人的小乡村，几年的淘金热里世界各地涌来大量寻求财富的追梦人，各类冒险家和经营贸易者纷至沓来，威士忌和各类商品都可以用金沙直接交换，无限商机刺激美国西部成为沸腾的热土。旧金山港口成为最繁忙的城市，这里有3万多居民。这种情况在美国西部还不断重演，科罗拉多州的丹佛市也一样。当然也有许多新兴城镇最终变成了废弃的鬼城，当一个地区的黄金耗尽时，矿工们就会离开去寻找下一个金矿，收购商和打杂的人们也会离开，很快镇上就会空无一人，加利福尼亚的博迪就是如此。历史学家估计，美国西部淘金热期间大约开采了1200万盎司黄金。

北美西部原本是印第安人的生活区域，由淘金热激发起来的西进运动，不仅意味着美国领土面积的扩张，更为深刻的是商品经济与生产方式的传播和移植。因此，西进淘金热本身也直接受到美国政府的推动，作为向西部扩张的策略，以致西部发现金矿的消息，是美国历史上最勤奋的总统波尔克正式向国会宣布的。许多原本半信半疑的美国权贵阶层恍然大悟，立即西进，涌向加利福尼亚。当时许多人放下手边的工作涌向财富宝窟，试图一圆淘金的梦想。当淘金热导致人口剧增，甚至影响商品供应时，美国政府又千方百计调剂和统筹商品货源，甚至还派遣了一个代表团到中国，请求中国商人能直接将商品运到加利福尼亚，从侧面说明了当时美国政府对西进运动的作用与影响。可见这场民间点燃的淘金热，恰合政府西进开发的愿望，所以有力地促进了美国西部的建设和发展。

在美国西进运动和西部开发中，就发展速度和创造价值而言，难有任何产业和部门能与淘金热带动的采矿业相匹敌。因此，采矿业在美国历史上，特别在西部开发中，具有难以估量的作用。第一，社会财富在采金业发展中迅速增长，不仅带来西部社会面貌的快速改变，而且为产业全面发展积累和提供了资金；第二，矿产业带动了西部一些地区相关工业的形成与发展，如木材加工、机械制造、冶金铸造等；第三，拥入大量的人员刺激了西部农业和畜牧业的发展，为了满足人们的需要，加利福尼亚的耕地从1852年的11万英亩增加到1855年的46万英亩，这使粮食供应从供不应求，变为丰盛有余；第四，矿产业促进西部交通运输业的发展，以矿区为中心和联系各矿区的交通运输线从加利福尼亚逐步向外扩展，进而形成西部的交通网络，加快了西进运动的最终完成和西部的深入开发。美国历史学家格雷斯利写道：采矿业是西部定居的重要因素，帮助西部创立贸易中心，完成交通运输网络和农产品市场繁荣。当然，西进运动也是印第安人的血泪之路，和欧洲人打破东方世界的宁静是一个道理。

19世纪初，美国开始步入工业化成熟阶段，不到50年的时间从一个以农村为主的国家变成了城市化国家。第一次世界大战爆发直到1917年美国才被卷入大战漩涡，开始在世界上尝试扮演新的角色。

1888年8月8日,恩格斯和老朋友肖莱马、马克思的女儿爱琳娜及其丈夫艾威林乘坐"柏林"号轮船从英国利物浦港横渡大西洋,开始美国之行。8月17日,恩格斯一行到达纽约,这是他第一次踏上美国土地。恩格斯会见了美国工人运动领袖,并游览了纽约、波士顿,观赏了世界著名的尼亚加拉大瀑布。在康克德,他参观了监狱,看到犯人们有自己的俱乐部,可以读书看报,每天可以吃到鱼肉和面包,衣着也和普通工人没有两样,他对此十分赞赏,并说:"欧洲人没有勇气这样做。"这次美国之旅历时50多天,给恩格斯留下了深刻印象。回到伦敦,他给朋友写信说:我对美国很感兴趣,这个国家的历史并不比商品生产的历史更悠久,它是资本主义生产的乐土,应该亲眼去看一看。

1939年,第二次世界大战爆发。在罗斯福新政的基础上,美国经济重新有了一定积累。1941年12月7日日本军国主义偷袭美军珍珠港基地使美国惊醒的同时也找到了机会,成为太平洋战场抗击法西斯的主力军。

在第二次世界大战中美国又积累了巨大财富和国际影响力,随着轴心国全面溃败和英法实力的衰退,美国和苏联成为超级大国,世界被分成了东西方两大阵营。美苏及其各自阵营分别在军事、政治、经济、宣传各方面全面对抗,大小摩擦不断,史称"冷战"。美国是一个高度发达的资本主义国家,在两次世界大战中,美国和其他盟国取得胜利,经历数十年的冷战,在苏联解体后,成为唯一的超级大国,在经济、文化、工业、科技等领域都处于全世界的领先地位。

10 资本的野性和冷酷

资本仿佛天生内存战斗基因,总是不知疲惫地获取利润。既充分展示了永不言败的创造性,也强烈表现了贪得无厌的毁灭性。虽然称不上天使,自然也难评为魔鬼,与许多盛极而衰的事物不一样，资本好似已经是融化在人类血液里的幽灵。

作为一个古老却又活力旺盛的工具衍生品，资本不仅创造了众多的就业岗位和丰富物质，同时使社会财富分配更加不均，特别是资本获得的财富在全社会财富中的比重已经越来越大，这样的现象开始打击了许多劳动创造者的积极性，也使社会阶层的差距逐渐拉大，影响了人类整体社会的稳定。

当然，资本不是一个单一个体，也是由众多独立体或者联合体组成。资本本身也在寻求自己的生存和发展，单体资本间的竞争和协作关系同样丰富多样，拼斗更加愈演愈烈。由于资本特性增大了它们的疯狂，因此许多资本也开始摈弃传统竞争、尊重市场的基本品格，越来越寻求通过各种垄断手段满足巨额利益的掠取。从威尼斯商人依附罗马帝国垄断水上贸易，到十字军东征圣殿骑士团垄断朝拜者的财物保管权，直到后来对矿藏、钢铁、石油、农产品、疫苗等基础资源和基础产业的垄断权争夺战也在不断升级。

资本的野性作用在人们的思维上，扭曲或者麻木人们的灵魂，特别典型的资本的木偶人有两类，一类叫法西斯，一类叫群氓。法西斯表现为野心极度的膨胀，他们充当资本的代言者，冲到前头，为资本扩张耀武扬威。群氓则表现为灵魂极其空虚，因为大规模的生产，机械化的生活，让他们丧失了独立的思考。这两类人共同的表现是丧失人性的冷漠和残忍。

"法西斯"一词源自古罗马时代，起初本来是特指维护当时城邦管理政权权威和秩序的标志，中间插有斧头的一束棍杖，它既代表执政官的权威，有时也拆散了用来作为执政官的侍卫们驱散民众或执行砍头的刑具。"法西斯"在当时作为一种万众服从统一权力的象征。

19世纪末20世纪初首先在意大利出现法西斯运动。墨索里尼建立了"战斗的法西斯"组织，并于1921年11月在罗马举行全国代表大会，定名为国家法西斯党。1922年10月，意大利国王任命墨索里尼担任意大利王国总理,法西斯政权在意大利建立,标志着法西斯运动作为一种政治力量出现在世界舞台。1936年,日本法西斯青年军官发动兵变,开始掌控军部。不久,受军部控制的广田弘毅上台组阁,建立军事法西斯专政。

在德国成立的法西斯组织称为纳粹党,1933年1月,纳粹党魁希特勒在德国上台,将法西斯运动推向了高潮。希特勒上台后,通过颁布《授权法》《德国国家元首法》,出笼了一系列法西斯法案,对国家生活进行了全面改组,建立了集权统治的法西斯体制。

希特勒在《我的奋斗》中,设计了一个他认为的"理想的国度",孩子出生后,并不能马上成为公民,而只是"国家的臣民"。只有接受了专门的学校教育和体能训练,并在统一的军事系统中参加军事训练之后,这个年轻人,如果他健康而且档案中没有污点,才会被授予公民权。宣扬德国人如果不接受希特勒的洗脑,不接受纳粹文化教育,即使是正常人,也不能算是公民,而只是"臣民",是奴隶。

德国纳粹政权一方面通过改善社会福利谋取民众对纳粹领导层的高度认同,从而将自己的命运与纳粹政权融为一体,逐渐被洗脑并认可希特勒的独裁统治。纳粹政权大力推行社会保险制度,增加了职工的带薪休假制度,他们在自然名胜地修建疗养院,建造"力量来自欢乐"的旅游船,还通过劳动美化活动改善工人的劳动条件和劳动环境。

另一方面,纳粹政权又给所有人都灌输"国家利益至上"观念,并且逐渐剥夺每一个社会成员的个人意志和权利,把人训练成为依附于国家机器的一个零部件,实现全面的控制。在纳粹政权的欺骗诱导下,德国人开始陶醉于这样强烈的极端民族主义情绪,痴迷于盲目的个人崇拜之中,为此还专门成立了称为"盖世太保"的秘密国家警察。

纳粹时期的德国,无论城市还是乡村遍布"盖世太保"的特务网，仅在20世纪30年代就雇有10万名兼职密探，另外，保安处还有3000人的专职密探和3万名兼职密探。盖世太保拥有"保护性拘留权"，根据纳粹政权颁布的法律，成千上万的犹太人、工会会员、共产党人、左派人士、知识分子、过问政治的教士，都可以不经法律程序以各种借口投入集中营。白色恐怖下，人的心态完全扭曲。有位驻柏林的美国记者这样写道：你的儿子、你的父亲、你的妻子、你的表亲、你的好友、你的上司、你的秘书，都可能是盖世太保的告密者。纳粹统治的头一年，就在德国建立了萨赫森豪森、达豪、布痕瓦尔德等50多个集中营。集中营设有禁闭、鞭笞、勒死等酷刑，并明文规定凡谈论政治、举行集会、发表"煽动言论"者"一律绞死"，不服从命令或袭击守卫者"当场格杀"。盖世太保不仅对人民实行法西斯统治，同样也把矛头指向任何阻碍希特勒纳粹党争取最高权力的上流人员。

纳粹帝国曾经有个彻底消灭犹太人的"最终解决"计划。希特勒在《我的奋斗》中提到要"消灭弱小的民族，以便给强大的民族让位"。第二次世界大战爆发后，大量盖世太保随德国国防军一同进入占领区，在那里建立了众多辅警部队，这些辅警部队全部听命于盖世太保，除了在占领区拟定需要逮捕的"危险组织"名单、抓夫拉兵、进行经济掠夺外，另一个主要任务就是维持"新秩序"，参加特别行动队，搜捕犹太人和抵抗力量，进行恐怖统治。每年占领区死于盖世太保手下的至少有几十万人，这还不包括集中营。在进攻苏联时，盖世太保成立了四个特别行动队，编为ABCD支队，受命随陆军部队执行"最后解决"犹太人和苏军政委等任务。在纽伦堡审判中，曾任特别行动队D支队队长的奥伦道夫交代，他在第一年里就杀害了9万名男子、妇女和儿童。每占领一个市镇或村庄，他们就以"重新安置"为名命令犹太人集中，并勒令其交出贵重物品，脱掉外衣，集体被押往刑场枪杀或送上"毒气车"处死，不论老小都不能幸免，惨不忍睹。1942年6月10日,德国法西斯枪杀了捷克利迪策村16岁以上的男性公民140余人和全部婴儿,并把妇女和90名儿童押往集中营。国际儿童节的设立,就和发生在第二次世界大战期间的利迪策屠杀惨案有关。1942年10月5日,盖世太保在乌克兰的杜布诺镇一次就杀害了5000名犹太人。另据盖世太保的犹太处处长卡尔·艾克曼统计,特别行动队在东欧各国总共屠杀了200万犹太人。波兰境内的奥斯威辛等集中营设置了毒气室和焚尸炉等,改造成灭绝营。这里曾经创造一天毒死6000人的纪录,在该灭绝营共杀死了150万人。当苏联红军攻占这里时,还有7吨剪得很整齐,相当于14万妇女的头发,纳粹把这些头发当作毛毡的替代品,作为生产原料。据历史学家保守估计,在整个战争中被屠杀的犹太人约为580万人,占当时欧洲犹太人总数的一半以上。

  这个带给人类如此噩梦的希特勒怎么能够仅用13年的时间,就从社会流浪汉走到权力的顶峰,这种奇迹除了社会环境和他本人的演说能力,最重要的就是他成为身后一批德国的大资本家代言人。据荷兰的一本笔记《西德尼·沃伯格》记载,当时希特勒背后的超级财团就有福特、洛克菲勒等大资本家族,第一期就给希特勒提供了5000万美元的资金用于扩充军备。第一次世界大战之后,德国由于要对多国进行战争赔款,其经济一瞬间崩溃,高额通胀让德国政府和民众都苦不堪言。此时一些超级财团资本为了获得巨额收益却给德国贷款,据统计,在20世纪三四十年代,这些超级财团共计给德国发放了约1600亿法郎的贷款,这足以使德国快速发展和扩张军备。然而因为法德两国的世仇关系,为了卡断德国的资本支持,法国对这些资本家族在法国的资产进行了冻结,这一招激怒了德国和资本财团。这些财团在游说欧美多国无果的情况下,决定支持德国发动战争并首先消灭法国。希特勒就这样作为这些财团的国际代言人,走上了一条不归路。然后,对于这些超级财团来讲,有了战争,就可以大发战争财了。

借着战争的巨大消耗，所有军工企业都在此期间获得了惊人的高额利润，像 IG 法本公司一年利润就达到了 8.8 亿美元，而这样的收益是任何一个企业在和平年代所无法想象的。战火中 IG 法本公司大量生产的合成染料和合成橡胶，使德国冲破了资源瓶颈。德军 100% 的甲醇和润滑油、80% 的炸药、70% 的黑火药和 35% 的硫酸都出自 IG 法本公司。在 1943 年的一份报告中，美国参议院曾这样评价 IG 法本公司：如果没有 IG 法本公司，就不会有希特勒的战争。纳粹军队成为 IG 法本公司创造化工王国的前锋，每攻下一个地区，IG 法本公司就会将那里的化工厂据为己有。战争初期德军的节节胜利，令 IG 法本大发横财，1932 年，公司的全部收益还只有 4800 万马克，但到了 1943 年，这一数字已经增长到了惊人的 8.22 亿马克。IG 法本公司利用其特殊关系，在奥斯维辛集中营的 3 号营地莫诺维茨修建了一家集中营工厂，IG 法本因此也成为第三帝国中唯一拥有自己集中营的企业。恶劣的生活环境和繁重的体力劳动，使这家集中营工厂变成了人间地狱，党卫军将 30 万劳动力送到这里，却有至少 3 万人再也没能离开。在战争的滚滚红利中，IG 法本公司还加速技术创新的步伐，第二次世界大战前的 1925 年到 1930 年，IG 法本公司获批的塑料专利数量，相当于全球过去 140 年在该领域所获专利数的两倍。在乙烯树脂领域，全球 1/4 的专利也记录在 IG 法本公司名下。第二次世界大战期间，IG 法本公司的研发支出在销售收入中的比例高居世界第一。从 1931 年到 1945 年的 15 年时间里，IG 法本公司所申请并获批的国际专利数达 889 个，占当时全世界最大 30 家化工公司的 1/3、占全球化工公司专利的 17%。到 1943 年，法本已垄断了德国合成橡胶、甲醇和润滑油产量的 100%，以及 98% 的染料、95% 的毒气和镍、90% 的塑料、88% 的镁、80% 的炸药、70% 的黑色火药、46% 的航空汽油和 35% 的硫酸，其工厂遍布整个欧洲。希特勒政权还采取剥夺犹太人资本、强制卡特尔化、改革股份公司、清理小手工业和小商号等掠夺措施，使大批中小企业破产。蒂森克万特、弗利克等老财团实力增强的同时，出现一批法西斯新财团，像西门子、奔驰、宝马等企业都受到了希特勒政权很大的扶持。新老财团控制德国经济命脉，左右德国政治和外交决策，把德国经济拖入扩军备战和对外侵略的轨道。所以，与其说是希特勒的暴行，更得看到其身后资本的残忍。战争结束后，那些军队里的纳粹分子全部被审判和处罚，但是这些企业家并没有得到该有的惩处。像法本公司，战后就只是资本被分开，找了几个人随便去坐了几天牢也就算过去了。

20世纪初形成统治美国经济的垄断资本财团创始人约翰·皮尔庞特·摩根在其父朱尼尔斯—摩根资财的基础上，于1871年与人合伙创办德雷克塞尔—摩根公司，开始从事投资与信贷等银行业务，从而开创了资本历史的"摩根时代"，即金融寡头支配企业大亨的时代。这位被称为"世界债主"的名言是：用以推动历史的不是法律，而是金钱，只是金钱！从老牌资本大佬的话语既可见他们的睿智透彻，也可见其野心和霸道。

正如《共产党宣言》所指出的那样，资本对家庭、民族、婚姻等各个方面都有无法替代的影响和作用。所谓资本撕下了覆罩在家庭上温情脉脉的面纱，就是指资本用赤裸裸的金钱关系取代了家庭中的亲情与爱情。在资本文明的社会，资本面前任何亲情与爱情都只能臣服于下。在资本面前，根本就没有所谓纯粹的亲情与爱情。拿破仑也曾经说过：金钱没有祖国，金融家不知何为爱国和高尚，他们唯一的目的就是获利。

资本财团追逐利润最大化的欲望不会轻易停止，大一统资本帝国梦也必然愈演愈烈。如果连家庭与婚姻都被资本牢牢捆绑，那么这样的社会里还有什么能摆脱资本的羁绊？在资本把持的各种推手作用下，人类社会关系不但没有进步，反而开始恶化。特别是被资本掏空灵魂的一类群氓，普遍传染愤世嫉俗情绪，引起人们相互之间更加严重的猜忌、敌对和仇恨现象，这也可以说是忧患因子的变异和社会性盲从的无奈，盲目从众和加速度钟摆感知下，焦虑症、抑郁症成为常见。他们依赖、跟风、盲从、焦虑、易怒、狂热、纵欲，拒绝思考又放纵暴力，缺乏独立意识与思辨能力，却像是一股随波逐流的洪流。法西斯疯子就是利用了这样的现实人群的存在，借助追求"集体灵魂"烟雾弹窃取他们自己最大的私利。希特勒正是那个"深谙其道的演说家"。

在资本社会的各个领域和各个角落，资本的幽灵游荡其中，影响无处不在，甚至是主导一切。资本的掌控者们也希望自己成为神奇的魔术师或者杂耍大王，而把芸芸众生作为木偶人和皮影玩偶，以满足他们时而伟大的理想追求，时而泛滥成灾的同情心，甚至政权机器和各种规则也成为他们手里的工具，有时敲打这里，有时碰摸那里。那么资本的掌握者中是否存在一个庞大、特殊的蜂王，或者蚁后的人呢？银行家梅耶·罗斯柴尔德就曾经说：只要我能控制一个国家的货币发行，我不在乎谁制定法律。

人类千辛万苦走过了百万年，却仿佛轮回到一个极其缺乏安全感的时代，困惑与危机四起，人类毁灭于自己的工具、发明，毁灭于自己同类，资本的影响作用是显而易见的。而且低俗的资本依然像各种欲望的挖掘机，发明和开发各种消费，开启和引诱人们永无尽头的攀比、虚荣。善良的人们多么期待像美第奇家族那样文明推手的高尚资本，可以追求艺术和精神的乐趣，关怀公平和公益，支持和平与扶助贫困。

对于资本文明的预言，古希腊先哲亚里士多德在《政治学》中就有过忠告，亚里士多德把货币问题提升到一个人类政治的高度加以认识。他突出坚持把货币当作一个计量工具，而拒绝使货币成为社会交往的主宰，从而避免货币的发行和垄断者最终获得政治权力。他认为一旦以信用为基础的银行券主宰了社会交往，它就会发展为少数垄断者信用和富有阶层的通知单，并促使整个经济向资本和金融支配的方向发展，建立在自由民的民主基础上的共同体就会立即瓦解。当然人类对于一切预言总是抱着怀疑和侥幸，就是到了今天，人们对于资本仍然还是很难说有清醒认知。既然我们难以有华夏先哲们的睿智和坚守，那么应该有亡羊补牢的决心和勇气。

事实上，亚里士多德的预言已经成为现实。更多人也开始意识到资本的威胁。2011 年 9 月 17 日，上千名示威者聚集在美国纽约曼哈顿，试图占领华尔街。华尔街是全世界资本体制和金融帝国的象征，成千上万的美国人走上街头，呼喊着"我们代表 99%""华尔街需为一切危机负责""将金钱踢出选举""要工作，不要战争""现在就革命"等口号，目标直指华尔街毫无节制的贪婪、美国政府不负责任的放纵，以及民生维艰的萧条现状（见图 5-10）。但是在资本当家做主的政治经济制度下，各类媒体基本沦为资本的奴隶，成为供利益集团驱使的工具，而华尔街作为金融资本的大本营，从来都是媒体的老板，而不是受媒体监督的对象。

图 5-10 抗议活动呈现升级趋势

期待着资本拥有者有情怀和信仰，或许资本也就失去了本来面目，不再是资本。因此，给资本定规则，从全人类范围对国际财团资本立法，组织"资本联合国"加以监管，已经势在必行。

章节思考

随着人们生产能力的普遍提高，人类进入了资本文明阶段，一个非常清晰的特点是，社会重心从生产环节不断地向贸易交换环节转移。人类社会不同群体间开放度扩张和关联度紧密同时双向突破，同时社会分工的专业化水平和协作化要求也共同提高。生产贸易交换才是社会生产的目的，这既是生产能力提高的结果，又是作为社会动物分工协作的更细化的具体表现，而实现这一切文明协作的重要推手，居然就是野蛮的资本，其中的媒介便是货币。货币其实也不过是替罪羊，人们在没有战胜自己的贪欲、没有彻底擒拿罪恶意识的情况下，我们的精神始终不可能自由和快乐。

虽然说相当多的人对商业交易不陌生，但是绝大多数人对于商业文明的内涵难以透彻领悟。人们更无法相信原始族群中"人人为我，我为人人"的集体主义和"人人为己，就是人人为人"的商业分工文明，会回到结果非常近似的一个闭合圈。当然，人们所处的范围不一样，社会规模发生了变化。由此可以得到一些领悟，许多方法和规则可以以不同的嵌入实现同样美好的预期。

从人类历史长河看，走过的每一步，有欢乐、有痛苦、有野蛮、有文明，有蒙昧、有智慧，有进步、有后退，而且这样的许多感受不是排斥的，而是同一的，甚至也不是反面的，恰恰是同面的，完全是一体的事物，只是取决于人们的认知、见解和角度。历史不就是这样一面镜子吗？让我们照自己，看大众，抚心灵。

资本文明出现后，人性的欲望在杠杆的作用下愈加彰显。我们先不讨论这些欲望的目的之善与恶。在科学发现和技术发明哺育下的工业文明，给人们带来便利和满足的同时，也加快了人类与大自然的脱离；人类主宰世界，掌握地球的内心日益膨胀。但是，事实与心愿往往相悖，人类取得巨大成就，同时也开始面对越来越多自己难以克服的困扰。迷失天性的人类，离开自然界越来越远，战胜自然的理想越来越不可思议，人类到了必须自律的悬崖尽头。

第五章参考及推荐读物目录：

1. 约翰·M. 巴里. 大流感［M］. 钟扬，赵佳媛，刘念，译. 上海：上海科技教育出版社，2018.

2. 乔治·埃尔顿·梅奥. 工业文明的社会问题［M］. 费孝通，译. 北京：北京理工大学出版社，2013.

3. 吴于廑，齐世荣. 世界史 近代史编：上卷［M］. 北京：高等教育出版社，2007.

4. 凯尔·哈珀. 罗马的命运［M］. 李一帆，译. 北京：北京联合出版公司，2019.

5. 威廉·H. 麦克尼尔. 瘟疫与人［M］. 余新忠，毕会成，译. 北京：中信出版集团，2018.

6. 张小路. 美国的西进运动及其西部开发模式［J］. 社会科学战线，2002（2）.

第六章
理想秩序追梦

　　在那么多人疯狂追逐物质财富、四处冒险淘金的时代，仍然有许多人在追寻人类的理想生活，探索人类的终极美好，为受苦受累的人们操劳奔波。

　　无论是理想国，还是乌托邦，无论是大同世界，还是共产主义，人类追梦的脚步从未停止，虽然一路艰辛，一路困惑，一路探索，一路思寻。有时坎坷，有时跌倒，有时喜悦，有时伤悲，人类的情怀和坚定依然存在。

　　在欧洲，由于没有足够消化古希腊罗马古老文明的硕果，人们粗暴莽撞地回到了物欲横流的老路，以致资本的肆意横行祸害了整个世界。然而，随着文艺复兴的思想解放和工业革命的观念颠覆，人类命运的许多新观念、新思想不断出现，主张公共产品共同拥有、人人共享的共产主义观点也应运而生。

　　1847年恩格斯在起草共产主义同盟纲领草案时以问答体创作了《共产主义原理》，提出"共产主义社会将是古代氏族社会自由、平等、博爱的精神在更高物质基础上的回归。人类将真正掌握自己的命运，从必然世界走向自由世界。共产主义的本质就是人的自由全面的发展"。

共产主义认为人类理想秩序应该是消灭私有产权，并建立一个没有阶级制度、没有国家和政府，并集体生产和自由生活的社会。共产主义设想未来的所有阶级社会将最终过渡为共产主义的无阶级社会，这是建立在每一个人都具备高度共同认知基础之上的新人类文明。

为了追求这样的理想秩序，人类努力追求，艰辛探索，同样也付出巨大的惨痛教训，但是理想和信仰仍然激励人们前行。

1 乌托邦世界的理论探索

1478年2月7日，托马斯·莫尔生于伦敦一个富裕家庭，受柏拉图思想的影响很大，1516年写成《乌托邦》。书中描述了一个令人惊叹的神奇岛屿，那里的人们过着梦幻般的田园生活，岛上人都长相俊美，而且具备超凡创造力，所以都非常富足，人们不知道有税捐、苦难和偷盗，只有"自由、民主、博爱"。岛上生产力十分发达，拥有设施完好的港口及船只，还有能够载人翱翔天空的飞行器。这个岛上没有货币，开放的商场大家可以各取所需。所有的房子都是一样的，门不用上锁，但是每个人都必须10年搬一次家，主要是为了让大家不至于养成僵化的习惯。劳动者在工作时间里必须专心负责，所有人都有选择一个月务工或者选择一个月务农的劳动义务，以保障生产供应。每天的劳动都简化成15分钟，因为科技非常先进，可以生产取之不尽、用之不竭的财富。农业亩产的粮食都是以万吨计，每一座工厂生产的各种产品每天数以亿计。岛上没有家庭主妇，没有贵族，没有仆人，更没有乞丐。大家都有高尚的共同认知，假若偷情或是企图逃离岛屿，他就失去了自由身，成为奴隶则必须整天劳作，服从其他人的命令。托马斯·莫尔用科幻小说的手法描绘了美好的未来世界。

到了 16 世纪和 17 世纪，德意志和意大利、法国的一些思想家同样以文学作品的形式对"千年天国""太阳城"和"塞瓦兰国"进行描述，构想消灭剥削压迫、实现共有共享的美好社会。

17 世纪写过《新正义法典》《自由法则》等著作的英国理论家温斯坦利还组织了一个掘地派，也称为真正平等派，他们代表贫雇农和一部分城市贫民的观念，主张把土地交还给平民，大家共同耕种、共同生活；要求政治平等、财产均分，消灭土地私有制；反对使用暴力。1649 年 4 月，在温斯坦利领导下，几十个人集合于伦敦附近萨里郡的圣·乔治山，共同占有并开垦那里的荒地。几个月后，人数不断增加，而且在其他地方也出现类似的响应。但是他们的行动开展不到一年，就被政府派军队驱散了。温斯坦利的空想社会主义同贫困民众要求消灭土地私有的实践行动相结合，《自由法则》一书提出以立法方式建立新社会的设想。

这个时期的思想家对未来的理想社会制度通过文学加以描述；提出理想秩序的一些基本原则，像共有共享、人人劳动、按需分配等，勾勒了一个令人向往的美好社会轮廓。

1796 年法国大革命时期，平等派运动领导人巴贝夫代表法国底层群众表达对资产阶级革命结果的不满，要求实现社会平等，消灭阶级，主张通过组织武装夺取政权，实行"人民专政"，但运动很快被镇压了。

这些思想家的理论中都包含了明显的平均主义和苦修苦练的禁欲主义思想。随着工业革命大生产在欧洲的迅速发展，工人阶级日益壮大，两大阶级对立愈加显现，特别是在 19 世纪初经济危机大爆发，法国的圣西门、傅立叶和英国的欧文三大思想家把空想社会主义推向新的高峰。他们把批判矛头直接对准资本主义制度，不仅深刻地揭露和批判了现实社会存在的矛盾和弊端，而且开始挖掘这些矛盾和弊端的根源，理论上提出了经济状况是政治制度的基础，私有制是产生阶级和阶级剥削的前提等观点，从而分析了资本主义制度的剥削本质。他们对现实社会的改造和未来社会蓝图的设计也提出许多积极构想，基本抛弃了平均主义和苦修苦练的禁欲主义，主张消灭城乡之间的对立，把国家变成单纯管理生产的机构并提出对社会历史的看法，希望建立具有高度的物质文明和精神文明的社会，也包含可贵的辩证法因素。他们不认为现实社会存在不可调和的阶级斗争，只希望通过向包括统治阶层在内的全社会呼吁，以宣传和示范方法实现他们的主张。

19世纪三四十年代还出现了法国的卡贝、德萨米、布朗基和德国的威廉·魏特林等人的空想社会主义。他们更多受到工人运动的直接影响，魏特林和布朗基曾经都是工人运动的著名领袖。魏特林是一位裁缝帮工，恩格斯曾经称他为"德国共产主义创始者"，马克思则把他的代表作《和谐与自由的保证》称为德国工人"史无前例光辉灿烂的处女作"❶。这些思想和活动都有自己的特点和建树。

2 国际共产主义运动的艰难探索

马克思是国际共产主义运动的开创者。卡尔·马克思，全名卡尔·海因里希·马克思，1818年5月5日出生于德意志邦联普鲁士王国莱茵省特里尔城一个犹太律师家庭。1841年马克思获得耶拿大学哲学博士，毕业后担任《莱茵报》主编，遇到在马克思思想发展史上颇为有名的"林木盗窃问题"。此间，马克思结识了弗里德里希·恩格斯。恩格斯十分欣赏马克思的观点，两位不朽的巨人结下了伟大的友谊。

1844年8月，恩格斯到访巴黎，与马克思一同开始科学社会主义理论的探索。马克思写了《经济学哲学手稿》，这份手稿直

---

❶ 马克思, 恩格斯. 马克思恩格斯全集: 第1卷 [M]. 北京: 人民出版社, 2003: 483, 586.

到1933年才被发现并发表，被称为《1844年经济学哲学手稿》。1844年马克思和恩格斯还合写了《神圣家族》，批判青年黑格尔派主张突击自我意识的主观唯心论。同年11月到次年5月两人又一起完成《德意志意识形态》书稿，第一次系统地阐述他们所创立的历史唯物主义，明确提出无产阶级夺取政权的观点主张，为社会主义由空想到科学初步奠定了理论基础。

1847年1月，正义者同盟代表专程到布鲁塞尔邀请马克思、恩格斯参加同盟。6月，在英国伦敦召开代表会并改组更名为共产主义者同盟，恩格斯起草了纲领草案《共产主义原理》。1848年2月，以《共产主义原理》为基础，马克思和恩格斯起草了《共产党宣言》并出版。此后革命席卷欧洲，1848年3月，马克思遭到比利时当局的驱逐。受当时法国临时新政府邀请，马克思夫妇回到法国巴黎，恩格斯也抵达巴黎。

1851年11月至1852年11月，恩格斯为《纽约每日论坛报》撰写了一组题为《德国的革命与反革命》的文章，深刻总结了前期德国革命的经验，提出了武装起义是一种艺术的著名论断。

两位伟大战友无论是在一起还是身处异地，都频繁交流思想，毫不保留地倾诉个人生活和政治生活中的喜怒哀乐，在他们的一千多封通信中，可以看到两位战友深厚的情意（见图6-1）。1864年，第一国际成立后，他俩一起参加了领导工作。1867年《资本论》第一卷出版后，恩格斯撰写了许多篇战争评论，准确地分析和预见了战争的进程与结果。巴黎公社期间，他和马克思一起组织声援公社的活动，共同研究，并肩战斗。

1883年马克思逝世后，恩格斯独自肩负指导国际工人运动的重任，并整理了马克思未完成的《资本论》第二、第三卷手稿，完成《资本论》第二卷的出版。1887年1月出版了《资本论》第一卷英文版。他又再版了马克思的其他著作并筹备出版马克思全集。

图 6-1 两位伟大战友的友谊

过了 74 岁生日后，恩格斯的身体每况愈下。在遗嘱中，他将马克思的全部著作手稿和信件移交给马克思的法定继承人——女儿艾琳娜·马克思。自己和马克思的全部藏书则赠给德国社会民主党领导人倍倍尔和辛格尔。他当时还有大约 3 万英镑的财产，八分之三给了马克思的女儿劳拉和艾琳娜，三分之一给了马克思长女小燕妮的孩子们，四分之一连同家具赠给了他的秘书路易莎。其余财产一部分交给德国社民党作活动经费，一部分给了妻子的侄女玛丽·艾伦·罗舍。在遗嘱中，恩格斯说：我希望将我的遗体火化，而我的骨灰，一有可能就把它沉入海中。1895 年 8 月 5 日，恩格斯逝世，人们遵照他的遗嘱，将骨灰洒在伊斯勃恩海湾的大海中。

马克思和恩格斯两位导师的崇高友谊和光辉人生，为人类树立了典范，植根共同信念和理想追求建立起来的友谊万古长青。

受国际工人运动思潮的影响，1871 年 3 月 18 日，巴黎工人举行了武装起义，宣布推翻了资产阶级反动统治，建立起无产阶级政权，并于 3 月 26 日组织举行了公社选举。3 月 28 日巴黎公社正式宣告成立。大家推举 92 名成员组成了公社议会负责领导这次创举，这些人中包含了很高比例的一线生产技术工人和社会专业技术人员。尽管内部有许多不同意见和争论，公社议会还是管理着这座 200 万人口城市的基本运转，而且公共事务处理方面做得还不错；大家最能够达成一致的内容就是建立一个长期稳定的、积极向上以及高度民主的社会民主主义制度，而并不仅仅是一场社会革命。由于公社实际只存在了不到 60 天，时间短暂，几乎没有什么实质性的法令能够真正得到施行，但是他们在包括妇女人人拥有普选权、公社领导人不拿高薪、关心一线国民自卫军人及其家人等方面都体现了平等公正、废除官僚制度的理想，激发了劳动人民的政治热情，也得到了大家的热烈响应。特别是各个不同政治观念者能够相互配合，实现紧密合作，体现了工人阶级高度的组织性和自觉性。

巴黎公社的领导者还把这场斗争看作国际性的事业，宣告"公社的旗帜是世界共和国的旗帜"。公社团结号召了许多国家的侨民为共同事业并肩战斗，法国在波兰、意大利、比利时的侨民都有所响应，还组成了侨民兵团，参加保卫公社的波兰侨民就多达五六百人。5 月 6 日，公社组织拆毁了沙文主义和民族压迫象征的旺多姆纪念柱，同时将旺多姆广场改名为国际广场（见图 6-2）。

图 6-2 巴黎公社将旺多姆广场改名为国际广场

5 月中旬，逃到凡尔赛的政府调集 13 万兵力进攻巴黎，对人民展开杀戒。而且德法两国统治者联合起来共同对付巴黎公社，德国在 4 月间释放 10 万余名战俘以补充法国军队，还签署《法兰克福条约》，秘密允许凡尔赛政府军越过德军防线进攻巴黎，德军则配合对巴黎实行封锁，切断粮食供应。此时，面对强大敌人的公社第一线作战部队的全部兵力仅有 18000 人。5 月 8 日，凡尔赛军开始炮击巴黎城防工事。5 月 24 日，巴黎公社的主要领导成员德勒克吕兹牺牲，瓦尔兰被捕。5 月 27 日，政府军 5000 人围攻退守在巴黎东北的拉雪兹神甫公墓的最后 200 名公社战士，这些战士在墓地的一堵墙边全部牺牲。5 月 28 日，公社失败。国防政府随后对公社社员进行了镇压。未经审判的处决持续了一个多月，据估计约有 2 万人被枪杀，加上在战斗中的死者，公社方面死亡者达 3 万多人，被逮捕、监禁者约为 5 万人，流放、驱逐到法属太平洋岛屿的约 7000 人。随后又有 12500 人被公开审判，大约 10000 人被判定有罪。在流血周期间的死亡人数一直无法得到准确的数字。另外还有数千人，包括大部分的公社领导逃亡到了比利时、英国、意大利、西班牙和美国。流放者和逃亡者于 1880 年获得特赦。一些人在之后还成为巴黎市议员、代表或者参议员。

巴黎公社失败了，但是这两个月为后来的社会主义和共产主义运动点起了一盏明灯，为人类大多数谋求幸福美满生活的理想火焰一直都有人在点燃。当然，这种火焰的实际意义只是给人们希望和信心，却仍然不失光芒。

马克思对巴黎妇女为建立劳动阶级政权所做的英勇斗争给予了很高的评价。巴黎公社时期妇女们的英勇顽强创造了她们走向社会的新里程碑，堪称 19 世纪下半叶劳动妇女解放运动的一个缩影。

女权运动或称妇女解放运动或女性运动发起于法国，启蒙思想一直深入人心，先在英国得到响应，并传播到北欧诸国。之后在美国得到迅猛发展，并影响整个西方社会。法国女性运动是世界妇女运动第一声狮吼。1789 年 7 月 14 日，巴黎妇女和男人们一起攻克了巴士底狱，妇女还拿起武器共同投入保卫巴黎和进攻凡尔赛的战斗。这是法国历史上未曾有过的大规模的妇女行动，它掀开了法国妇女运动和世界妇女运动的序幕，也标志着法国妇女的觉悟。毕竟从人类父权文明夺取社会主导权的历史已经数万年,而女性在这个历史过程中被压抑和边缘化的状态的确也是非常痛苦和悲哀的。在男权社会,重男轻女,歧视、残害妇女的传统偏见和习惯势力仍然非常严重,因此,女性解放运动是劳动阶级争取平等的重要内容。

法国贵族妇女和资产阶级妇女也开始举办各种各样的沙龙(见图6-3),还有独立的属于女性的聚会,讨论家庭、孩子以及社会的一系列问题。1791年9月,奥兰普·德古热发表了《女权与女公民权宣言》,或称《女权宣言》,提出了17条具体要求,它是法国也是世界上第一份要求妇女权益的正式宣言。宣言提出反对歧视女性,使女性获得应有的社会地位和权利,实现两性权利在政治、经济、文化、社会及家庭各个方面的平等。

图6-3 女性解放运动起于贵族和资产阶级妇女的各种沙龙

英国中产阶级妇女首先开始接受和响应法国女权运动先驱们的宣言,她们也开始思考女性应该获得的地位和权利。1792年英国的玛丽·沃斯通克拉夫特女士发表了《女权拥护论》,详细叙述了现实社会中妇女的不公正地位,要求加强女子接受平等教育的权利以及各方面的公平权利。她一生致力于女性平等权利的争取,被后人称为世界妇女运动的鼻祖,《女权拥护论》一书也成为女权运动的理论经典。英国妇女也开始组织自己的团体,进行争取妇女权益的斗争。

美国女权运动是伴随独立战争兴起的。1776年美国颁布的《独立宣言》，人人生而平等的天赋人权思想，也唤醒了美国女权主义。在独立战争中，美国妇女不仅为争取民族独立而战，同时也为争取女性解放而战。同年，美国著名女权运动活动家艾比盖尔·亚当斯和玛丽·奥提司·华伦等人联名上书大陆会议，以妇女参战为理由，要求给妇女以同等权利的选举权，美国妇女运动一开始就以争取妇女参政权为出发点。

日本妇女运动比西方要晚。日本的明治维新，促进了日本妇女的解放，束缚妇女言行的旧风俗、旧道德受到了冲击。明治政府初期开始鼓励妇女受教育，解放艺妓，妇女有了离婚诉讼权等，随着经济社会发展和教育普及，独立的职业女性阶层开始形成。一些争取男女平等的先行者，如福泽谕吉、植木枝盛等开始倡导男女平等思想。一批出色的女权运动家，也不断活跃在日本政坛，如岸田俊子、景山英子等。

女权运动刚刚掀起时参加人数还很有限，范围也小，大多只局限于中上层妇女，但随着各国经济社会的进步，在追求妇女解放、谋求与男子同等的地位、争取按自己的意愿选择职业和生活方式的共同理想中，不同阶层和地位的女性们高度团结起来。女权主义者们克服了阶级立场、地域距离和种族差异的各种困难，争取妇女平等权利，要求制定保障女子在种族、性别、财产上完全平等及婚姻自由的法律。

巴黎公社成立期间，巴黎劳动阶级妇女表现得特别英勇，著名的女英雄路易丝·米歇尔就是一名出色的妇女组织者。她们成立了自己的组织，每当斗争处于关键时刻，妇女同胞直接参加战斗。

1917年俄国十月社会主义革命时，俄国妇女在前线和后方都成为非常重要的战斗力。而世界上第一个无产阶级政权诞生后，立即宣布了一系列保障男女平等，保护母亲、儿童，巩固家庭的法令，也为世界妇女解放事业树立了标杆，同时也开创了世界无产阶级妇女运动的新纪元。

人们习惯将世界妇女解放运动分为三次浪潮，第一次浪潮开始于 19 世纪下半叶，延续到 20 世纪初，要求男女两性基本权利平等，要求公民权平等、参政权平等，反对贵族特权、一夫多妻，强调男女在智力上和能力上是没有区别的。最基本的目标是争取男女同工同酬，家庭劳动与社会劳动等价、政治权利同值。第二次浪潮开始于 20 世纪 60 年代，延续到 80 年代，这次妇女解放运动起源于美国。强调要尊重两性间分工的自然性并消除男女同工不同酬的现象，同时要求克服把女性附属于男性的社会意识。第三次浪潮始于 20 世纪 90 年代，第三次女权主义运动带来的另外一个结果是对性别的研究，女性主义的学术研究兴起。全世界出现了各式各样的女性主义流派，更多地从女性关爱，提高女性生活、工作环境品质方面提出具体主张。女权主义者对人们习以为常的日常观念提出了全面挑战，从人类和世界认知上提出许多新观念、新认知。事实上，随着新的技术革命和网络、智能时代的到来，妇女地位的革命性变化是必然的。

3　俄国革命的胜利和苏联的探索

俄罗斯是一个地跨欧亚两大洲的国家，历史悠久，地域辽阔。俄罗斯民族天性自由奔放，他们是一个企图以武力为自己获取理想家园的战斗民族。

18 世纪初期，彼得大帝开始向西方学习，他以独裁野蛮的手段，不断施行强势的改革。改革确实使俄国在国家管理、社会生产、文化教育和国防力量等方面取得了巨大的成就，俄国快速走上了强盛的道路。正如马克思所说："彼得大帝用野蛮制服了俄国的野蛮。"俄国诗人普希金更为形象地评价彼得大帝"让俄罗斯腾空而起"。

亚历山大二世在位的 26 年里，又推进了解放农奴、地方自治、司法制度、杜马体制和义务兵役等重大改革，使俄国在19世纪后40年迅速跨入工业化国家，俄罗斯一跃成为欧洲强国。改革成为不可逆转的历史趋势，连非常守旧的末代沙皇尼古拉二世，也迫于革命形势的强大压力，同意设立国家杜马，扶助富农经济的改革。

1905年5月，日俄对马海战，俄国太平洋舰队以强大力量面对日本海军，却被实力悬殊的日本舰队以少胜多，打得几乎全军覆没，惨败战况震惊全国。俄罗斯人在失望中强烈要求宪政改革。1905年10月，在全国如火如荼的民众革命运动的压力下，尼古拉二世颁布诏书，答应民众享有平等公民权，并实行普选国家杜马。但随着政府军平息了革命民众，尼古拉二世却反悔了这个承诺，发布敕令补充：杜马提出的建议，必须经国务会议和沙皇的同意才能成为法律。杜马对国家预算的监督权和立法动议权也被缩减。在杜马召开的前几天，又颁布了与"十月诏书"精神相违背的新"根本大法"，还制定了沙皇行使专制君主的各种权力。

民众终于认识到寄希望于沙皇推行自上而下的改革必然不可能彻底，只有推翻沙皇专制政权才有俄罗斯的出路。1917年1月，在布尔什维克党领导下，俄国各地爆发了大规模的罢工示威。1917年3月（俄历二月）一场革命在首都圣彼得堡爆发，这就是俄国二月革命。由于正在发生第一次世界大战，俄国对外军事严重受挫，境内军队又到处哗变，无法压制迅猛的革命，俄罗斯帝国杜马委员会乘机成立临时政府。军队领导人也支持新政府，末代沙皇尼古拉二世只能宣告退位，正式移交了权力。与此同时，由布尔什维克党领导为主的工农兵苏维埃组织也成立了。二月革命后，俄国出现了历史上罕见的两个政权并存的局面：一个是临时政府，一个是工农兵苏维埃。临时政府掌握着国家权力，而苏维埃则拥有下层社会平民与左派的支持。布尔什维克还将工农兵部队组织成为红卫兵，后来称红军。

1917年9月，十月革命爆发，列宁领导布尔什维克党和人民苏维埃推翻了临时政府，世界上第一个无产阶级专政的国家苏俄政府成立了。为了赢得和平，1918年3月苏俄领导人与德国签订了《布列斯特－立陶夫斯克和约》。

革命为苏联的建立铺平了道路，以列宁为首的布尔什维克党正式抓住时机，继续以"土地、和平、面包"为口号，把广大群众组织在布尔什维克的旗帜下，要求一切权力收归苏维埃，排除了孟什维克和社会革命党的干扰，布尔什维克全面掌握了苏维埃领导权，实现了意志的高度统一。

十月革命一胜利，全俄苏维埃第二次代表大会首先通过了"和平法令"和"土地法令"，国内各城市、各民族以及广大农村马上通过各式各样的运动推行土地改革，由农民接管，并重新分配了封建领土。

十月革命是俄国历史发展的一次重大转折，也是俄国现代化进程中的一次重大转折（见图6－4）。革命结束了长达300年的沙皇统治，也使立宪民主党、孟什维克和社会革命党人等在俄国建立资产阶级议会制共和国的尝试终告失败。布尔什维克党开始在沙皇俄国的基地上建立起多民族的苏维埃社会主义共和国联盟，进入社会主义现代化的进程。

图6－4 俄国十月革命

1918年7月10日第五次全俄罗斯苏维埃代表大会通过了《俄罗斯苏维埃联邦社会主义共和国宪法》，这是世界上第一部社会主义类型的宪法。苏联宪法是确认和规定苏联社会制度和国家制度基本原则的根本法。

在以列宁为首的布尔什维克党的领导下，无产阶级专政政权建立起来了。苏联是由15个平等权利的苏维埃社会主义共和国按照自愿联合的原则组成的联邦制国家。苏维埃制度执行的是"议行合一"高度集权的管理体制。列宁在最后所设想的是至少经过几十年形成多种经济并存、发展商品经济、实行民主管理、各民族真正平等、人民群众能够对国家机关及其最高领导进行有效监督的体制。

十月革命后，苏联城市化发展迅速，城市数量和城市人口都在不断增加，城市化水平迅速提高。到1987年1月，城市数量已达到2176个，城市人口达1.86亿，占全国总人口的66%。人民的生活得到极大的改善，商业也较为繁荣。

特别是在第二次世界大战后，苏联成为与美国并称的世界超级大国，世界进入两极格局，苏联主张通过大力发展军事力量同美国争夺世界霸权，苏联与美国的冷战在1946年3月拉开序幕。1957年10月4日，苏联通过自行研制的运载火箭成功发射了人类第一颗人造地球卫星，这一事件标志着人类从此进入航天时代；1961年4月12日，尤里·加加林乘坐"东方－1"号飞船首先进入太空，成为人类历史上第一位进入太空的宇航员。当年尤里·加加林抵达英国访问，为争睹加加林风采，人们从全国各地涌来，挤满伦敦街头，可见苏联取得的成就为世界各国瞩目。

1924年1月21日列宁去世，斯大林当选苏联布尔什维克党中央总书记。斯大林以计划经济作基本手段，对苏联的经济生产方式实行大规模的工业化大改造，并把苏联改造成重工业和军事强国，成为欧洲第一、世界第二的经济强国。农业方面却一直没有受到足够的重视，农业实行了机械化但是集体农庄政策的失误使苏联农业产值严重下降，仅仅达到1913年的水平。斯大林领导时期的20世纪30年代，开展了大清洗运动，并策划了三次举世瞩目的"莫斯科大审判"（见图6-5）。

图6-5　莫斯科大审判

经过70多年的社会主义实践，苏联取得的成绩举世瞩目，实现了由农业国向工业国的转变，经济和社会都取得了巨大发展和进步，大大促进了城市化和文化教育事业的发展，国防力量更是达到空前的高度。但是，任何事物兴亡更迭总是有其内在规律的，苏联社会主义并没有实现国家完全现代化的目标，给人类留下许多思考和影响，有积极的，也有消极的。革命成功后，以新的权威崇拜代替旧的权威，可能是最大的问题。到后来，苏联的特权阶层侵占大量国家财富，贪污腐败懒政给国家带来巨大损失，对社会风气也产生了极大影响，已经积重难返。

1985年戈尔巴乔夫上台，他试图扭转这种停滞僵化的局面，进行了非常激烈的改革。为了缓解经济困难，首先进行经济改革，但难以迅速取得成果，戈尔巴乔夫又马上把改革的重点转向政治领域，1988年起，实行政治"多元化"和多党制，主动削弱和放弃了苏共的领导地位，反对派趁势崛起，致使社会动荡日益加剧。对于改革失败的原因，戈尔巴乔夫在2015年归结为两点：一是积重难返的苏联模式已经病入膏肓；二是急于求成，改革开始后，一系列措施的出台加剧了社会矛盾的激化。

1991年12月25日，戈尔巴乔夫宣布辞去苏联总统职务。26

日，苏联最高苏维埃共和国举行最后一次会议，宣布苏联正式解体，俄罗斯联邦成为苏联的唯一继承国。苏联在海外的一切财产、存款、外交机构、使领馆等由俄罗斯接收。

苏联解体分裂成 15 个国家：立陶宛、阿塞拜疆、格鲁吉亚、乌兹别克斯坦、吉尔吉斯斯坦、爱沙尼亚、塔吉克斯坦、拉脱维亚、亚美尼亚、乌克兰、土库曼斯坦、白俄罗斯、俄罗斯、摩尔多瓦、哈萨克斯坦。

苏联解体和俄国十月革命同样是 20 世纪最重大的历史事件，一前一后对人类世界的影响深远。20 世纪 80 年代末几乎所有的西方学者和研究苏联的专家都不认为苏联会解体，包括时任美国总统乔治·布什在内的西方国家领导人都对苏联在一夜之间解体感到意外，西方甚至并不希望苏联解体，当时美国中情局还对此召开了多次紧急会议，讨论应对策略。美国国务卿贝克专门带领代表团到莫斯科实地了解事态的发展。令人不解的是，苏联各加盟共和国与首都莫斯科等苏联各城市的民众对苏联不复存在的结果却表现得异常平静。因此，对于人类这样一场轰轰烈烈的探索，无论东方文明还是西方世界，都应该认真研究借鉴。

4 东方醒狮的创举

工业革命后，西方列强的野蛮本性更展露无遗，鸦片战争、八国联军入侵、日俄战争带给中国人民百年屈辱，在民族危难、国家兴亡面前，总是有仁人志士赴汤蹈火，从戊戌变法到辛亥革命，从红船扬帆到万里长征，中国人从来没有向命运低头。

1935 年 10 月，在中国仍然处在艰难、混乱的时候，中央红军经历了二万五千里长征，到达延安。从此这个小村镇开始名扬世界，成为万众瞩目的革命圣地，毛泽东领导的中国共产党在这里战斗和生活了 13 年。在这里的许多探索和创举一直哺育着这个世界大党，甚至影响着全世界对中国人的认知和眼光。

延安题材的故事多为中国革命的回顾和反思，更有对人类命运的思考和探索，可以说延安是中国历史乃至人类历史的一部教科书。有关中国革命运动的问题在这里都能找到详尽的阐释。中国革命选择了延安，延安孕育并改变了华夏历史。

延安时期是中国共产党在中国局部地区建立人民政权并不断扩大执政区域、探索执政规律、形成执政理念的重要时期。在延安时期，中国共产党提出了"为人民服务"的口号。当时的陕甘宁边区政府，以"民主的政府，廉洁的政府"而享誉世界，成为许多年轻人向往的圣地。当年驻延安的美军观察组成员说："这里不存在铺张粉饰和礼节俗套，没有乞丐，也没有令人绝望的贫困现象，人们的衣着和生活都很俭朴，人民之间的关系是坦诚、直率和友好的。这里也没有贴身保镖、宪兵和重庆官僚阶层的哗众取宠的夸夸其谈。"

当时延安交通闭塞，经济落后。面对国民党的封锁，毛泽东号召根据地军民自己动手，领导带头，丰衣足食，开展了大生产运动。部队战时作战，闲时种地。多年下来，红米饭、南瓜汤并没有将根据地军民饿垮。尽管如此，毛泽东对当时供给制的等级差别还表示异议，用他的话来说就是：钱这个东西是很讨厌的，可是我拿它也没有办法，现在谁拿它也没有办法，列宁也没办法，总归还得有。1947年3月胡宗南部队占领延安，毛泽东还打趣说是好事情，至少"打碎了庞大机构、官僚腐化"，逼得那种"衣分三色，食分五等"的供给制标准也改了。他甚至讲：供给标准就这样好，打到南京上海都不要再提高。从这些朴实的话语和认知可以看出中国共产党人的情怀和理想。毛泽东、周恩来、朱德、刘少奇等，是当时延安的最高领导人，住的却是普通的窑洞，用的是部队配发的木椅、木床。而正是在那些木桌上，毛泽东写出了《论持久战》等伟大著作，给中国革命指明了方向和道路。在这些延安窑洞里，他们领导着中国革命，思考着民族和人类的命运。

抗日战争时期，中国共产党为了团结一切可以团结的人士参与抗战，不但积极倡导，带头献身投入抗战事业，而且努力推动建立抗日民族统一战线，并付诸政权建设的探索实践，在根据地建立了一种自我约束的崭新政权——"三三制"抗日统一战线政权。

1935年12月，在陕北瓦窑堡召开了中共中央政治局会议，决定把苏维埃工农共和国改为苏维埃人民共和国。这意味着政权不再仅仅归属于工农，而是扩大至一切抗日的阶级、阶层和党派。1936年9月，中共中央根据形势的发展，又将"人民共和国"改为"民主共和国"，提出：这是团结一切抗日力量来保障中国领土完整和预防中国人民遭受亡国灭种惨祸的最好方法，而且这也是从广大人民的民主要求产生出来的最适当的统一战线的口号，是较之一部分领土上的苏维埃制度在地域上更普及的民主，较之全中国主要地区上国民党的一党专政大大进步的政治制度，因此便更能保障抗日战争的普遍发动与彻底胜利。

1941年，抗日根据地政权机构在人员分配上实行"三三制"原则。按这个原则，抗日民主政权中人员的分配，共产党员大体占三分之一，左派进步分子大体占三分之一，中间分子和其他分子（不包含国民党等顽固势力）大体占三分之一。也就是实行更广泛更深入的民主政治，建立一个包容性更强、代表性更加广泛的政权，以适应抗日民族统一战线的需要。在抗日时期，我们所建立的政权的性质，是民族统一战线的。这种政权，是一切赞成抗日又赞成民主的人们的政权，是几个革命阶级联合起来对于汉奸和反动派的民主专政。根据抗日民族统一战线政权的原则，在人员分配上，应规定为共产党员占三分之一，非党的左派进步分子占三分之一，不左不右的中间派占三分之一。必须使党外进步分子占三分之一，因为他们联系着广大的小资产阶级。给中间派以三分之一的位置，目的在于争取中等资产阶级和开明绅士。"三三制"的实行取得了很好的效果，边区各级政权有了广泛的代表性，调动了社会各界团结抗战的积极性。连一些已经跑到国统区和敌占区的地主富农也开始回乡，乡绅富商也有了在根据地投资经营的积极性。华中根据地范围比较小，工作开展相对困难，在实行"三三制"以后，原地方精英与新四军和抗日政权出现了少见的融洽气氛，一些被选进或者被聘任为参议员和区代表的乡绅，表现出空前的抗日热情。乡绅的积极性调动起来以后，各项工作阻力都相应地减小了。"三三制"也使边区政权决策的民主性、科学性大大加强，公开透明的政权环境提高了边区各级机关的工作效率。

"三三制"是中国共产党采取自我约束的一项重要决策，需要中国共产党带头身体力行，才能真正落到实处。依照当时法律规则，尽管中国共产党在"三三制"政权选举中既无权干涉选民多选或少选共产党员，也不能通过法律形式去作硬性规定，然而由于当时中国共产党在人民中形成了实际威望，经常出现较多的共产党员被选到政权机关中。这就需要中国共产党各级组织通过严格自我约束，共产党员自觉带头落实"三三制"的执行，以保障制度不流于形式。1941年11月15日，陕甘宁边区参议会常驻议员和政府委员选举中，各方初选的候选人名单中，共产党员人数明显较多，于是谢觉哉、马文瑞等12名党员自动提出退出政府委员候选人，肖劲光等6名党员则退出常驻议员候选人，后经无记名秘密投票方式又从39名候选人中选出18名政府委员，其中共产党员占7名，略超过三分之一。此时，老共产党人徐特立当即声明退出，经大会通过，由党外人士白文焕递补。中国共产党的认真坚持态度得到了各界广泛好评。中共党组织为了"三三制"原则在边区以下单位也能顺利执行，还采取了许多补救办法，如对落选的党外候补议员，由政府酌量聘请，或由共产党员正式议员辞职，以使党外候补议员增补；对人数超过三分之一的共产党员政府委员，由共产党员辞职后，另择有威望有能力的党外人士任职，或共产党员调动离职后，由党外人士补充等。这些办法的制定和落实,有效地保障了"三三制"的执行。当然,"三三制"原则的贯彻落实并非一蹴而就,也是经历了一个思想转变的过程。"三三制"政权建设初期,许多党员干部想不通,行动也明显存有抵触。

为贯彻执行"三三制"政策,毛泽东强调,必须教育担任政权工作的党员,克服他们不愿和不惯同党外人士合作的狭隘性,提倡民主作风,遇事先和党外人士商量,取得多数同意,然后去做。同时,尽量地鼓励党外人士对各种问题提出意见,并倾听他们的意见。绝不能以为我们有军队和政权在手,一切都要无条件地照我们的决定去做,因而不努力说服非党人士同意我们的意见,并心悦诚服地执行。实践证明,中国共产党对"三三制"政权的领导,并没有因政权中党员人数的减少而受到削弱,反而因共产党员在质量上占有优势,以及党员身份处于广泛监督下,能够带头贯彻执行党的政策,从而更加有效地实现了党的领导,提高了行政效率。这一成功实践,不仅在抗日战争期间使延安誉满神州,而且影响了世界各国对中国共产党的基本认识,还为后来中华人民共和国成立的政权建设、领导和组织多党合作的政治协商制度积累了宝贵而丰富的经验。❶

1949年中华人民共和国成立后,始终坚持奉行独立自主的和平外交政策,积极开展外交活动,充分展现了自己的组织能力和多边外交能力,尤其是对第三世界国家的积极援助,国际地位日益提高。

美国经过二十几年对新中国的孤立政策,逐渐意识到其外交政策的失败,而在当时美苏争霸中,美国处于被动,不得不考虑改善中美关系。1969年2月1日,尼克松宣誓就职才12天就要求政府官员试探同中国官方接触的可能性。同年7月21日,美国政府宣布取消某些对华贸易管制,并放宽了到中国旅行的限制。

---

❶ 秦立海. 抗日民族统一战线与"三三制"政权建设. 中国延安干部学院官网, 2007 – 11 – 09. http://www.celay.org.cn/info/1037/1792.htm.

不久，尼克松还决定停止第七舰队在中国台湾海峡的巡逻。

1970年1月8日，美国国务院发言人在宣布恢复中美华沙大使级会谈时第一次使用了"中华人民共和国"的名称。

1971年10月，第26届联合国大会通过决议，恢复中华人民共和国在联合国的一切合法权利，并立即停止国民党集团的代表在联合国及其所属一切机构中的资格。

1972年，尼克松总统访华，新中国成立后中美相互隔绝的局面终于打破。20世纪70年代末，邓小平亲自主持中美两国谈判，1978年12月16日，《中美建交公报》发表，美国承认中华人民共和国中央人民政府是中国唯一合法政府。它的发表，标志着中美隔绝状态的结束和关系正常化进程的开始。

1979年1月1日中美两国正式建交，中美两国终于结束了近30年的敌对和隔绝。1月29日上午，美国白宫南草坪上首次并排升起五星红旗和星条旗，美国总统卡特为中国的贵宾邓小平副总理举行了欢迎仪式，这是一个极不平凡的历史时刻。中美外交关系的正常化，为东西方全面交流奠定了基础，国际大企业蜂拥而至，争抢着开拓中国这块庞大的市场，而中国也在这场世界经济浪潮中日趋成熟。

1978年12月18—22日，中国共产党十一届三中全会上，几天前邓小平在中央工作会议上发表的《解放思想，实事求是，团结一致向前看》讲话，事实上成为这次全会的主题报告。中国历史上具有深远意义的一次伟大转折由此展开。邓小平说："任何一个民族、一个国家，都要学习别的民族、别的国家的长处，学习人家的先进科学技术。"于是他率先提出要在中国实行改革开放，并为中国的改革开放事业做出了不可磨灭的贡献。

从经济上讲，1978年，尽管中国的国民生产总值达3624亿元，比1965年的1716亿元翻了一倍多，年均递增率达6.8%，并建起了一个独立的、门类齐全的工业体系，但是人民依然贫苦，技术比较落后，并且经过"文化大革命"后，一些地区社会秩序出现混乱。

1990年，党中央和国务院从中国经济发展的长远战略着眼，又做出了开发与开放上海浦东新区的决定，中国的对外开放出现了一个新局面。

中国改革开放有两个鲜明特点。一方面，由中国共产党领导下的自我约束、自我完善、自我改革，是执政党主动积极推进的改革；另一方面，中国的改革开放始终是渐进式的。改革开放过程中，中国始终坚持韬光养晦，以和为贵的华夏文明传承，选择合适的改革开放道路，使中国经济总量快速超过了日本、欧盟，列世界第二。

5　人类站在新十字路口

人类以往文明中的每一段，既可令人欢欣鼓舞，也可令人捶胸顿足，然而照历史的镜子可以窥见我们的灵魂，更能让我们宁静深思。百万年人类，数万年文明，从野蛮到文明，从小族群到大部落，从列国纷争到帝国一统，从军阀割据到统一共和，合久必分，分久必合，在分分合合周而复始的脚步中艰难探索。人类文明在各种政治纷争上的消耗太多，许多本身就是资本作用的恶果，现在人类站在新的十字路口，完全可以重新认识面临的新处境。

回望人类走过的漫长岁月，我们今天已拥有太多，我们还需要什么呢？然而静心冥想，仿佛也失去得太多，我们还能再失去什么？人类历史已经走过的轮回，能够寻找到怎样的答案？人类文明最终追求的应该是什么？你追我赶的寻求中，人类已经改变这个世界太多。当然我们面对平静沉稳的高山、大河，还有绵长的历史、浩瀚的大自然，人类改变更多的只是人类自己。不论出生何处、财富多少、种族基因、文化背景，人类终究必须面对的是同样的世界，拥抱共同的命运。

仰望漫天星空，再扪心自问，人类已经没有更多的选择机会了，历史的各种险象环生，各种悲欢离合，各种艰难困苦，人类走过的道路从来就没有平坦过。而今天的人类，只能坚信《国际歌》"从来就没有什么救世主"，"团结起来到明天"，那么人类的敌人到底是谁？摆在人类面前最大的危机是什么？笔者认为人类必须团结面对四大共同的敌人，才可能守护人类文明。

第一个敌人就是贫困危机。在这个美丽的星球上生活着近76亿的人类，然而根据2019年7月11日联合国开发署发布的2019年度《全球多维贫困指数（MPI）》报告显示，全球共有13亿人处于"多维贫困状态"，且各国之间与国家内部各地区之间的贫困程度存在巨大差异。

MPI指数选取了三个维度测量贫困，共包括10个维度指标：

（1）健康：营养状况、儿童死亡率；

（2）教育：儿童入学率、受教育程度；

（3）生活水平：饮用水、电、日常生活用燃料、室内空间面积、环境卫生和耐用消费品。

报告共覆盖101个国家，其中包括31个低收入国家，68个中等收入国家和2个高收入国家。"多维贫困指数"在经济收入之外，还将健康、教育和生活水平等多个方面纳入考量，以判断个人和家庭是否处于贫困状态，考察指标包括健康状况、工作质量，以及是否面临暴力威胁等。按照这个标准，世界上17.9%的人口还处于贫困状态。而在2014年10月，世界银行发布预测，乐观地认为，世界更加接近2030年终结贫困的历史性目标。现在离2030年不到10年时间，贫困人口却仍然超过六分之一，拥有万年文明历史的人类情何以堪，至于饥饿和贫困的状态和感受，我们无须也不忍心再去描述。然而，瑞士信贷研究所（Credit Suisse Research Institute）发布的《2019年全球财富报告》，分析了各国财富增长以及财富不平等的程度，认为全球的财富总量已经达到了360.6万亿美元，且全球人均财富量也达到了4.743万美元

（按照75.9亿人口计算），创了历史新高。但贫富差距在拉大，约4680万名富翁（百万富翁）手中掌控的总财富达到了158.3万亿美元，约占全球总财富的44%。全球40%的百万富翁来自美国，在全球前1%的富翁中有40%来自美国。中国的财富处于较低的基础，"有6亿中低收入及以下人群，他们每个月的收入也就1000元左右"。❶ 所幸的是拥有14亿人口的中国，2020年将实现全面脱贫。但是地球是个共同体，脱贫的道路步履艰难。

第二个敌人是自然环境容量危机。根据美国健康效应研究所、健康指标和评估研究所发布的《2017年全球空气状况》，报告就户外污染指标：环境细颗粒物（$PM_{2.5}$）和臭氧两项提供了全球、区域和相关国家的空气污染情况。报告显示，全球有92%的人口居住在超过世界卫生组织（WHO）空气质量指南规定的年度平均$PM_{2.5}$浓度$10\mu g/m^3$的地区。2015年，人口加权平均$PM_{2.5}$浓度最高的地区位于北非和中东，而卡塔尔、沙特阿拉伯和埃及是受影响最严重的国家。全球臭氧的人口加权浓度在1990—2015年间增长了7%。

空气污染对健康的影响有确切的记录和数据。该报告显示，在全球范围内，$PM_{2.5}$超标的环境对于约27%的慢性阻塞性肺疾病致死、17%的缺血性心脏病致死、17%的肺癌致死、14%的脑卒中致死负有责任。虽然许多国家和地区都已经开始重视，在控制空气污染方面取得了一些进展，但是空气污染引起的沉重疾病负担已经非常严重。人类有权呼吸足够健康的空气，确保自己的健康，而这几乎还是梦想。

全球是一个整体的环境，无论哪个国家都无法单独面对环境问题。1992年里约热内卢全球环境高峰会议后，全球环境管理虽然已经取得初步成效，许多全球环境公约也吸引了越来越多的国家参与缔约。但全球环境新问题不断出现，而且地球生态系统仍

---

❶ 十三届全国人大三次会议李克强总理答中外记者问. 人民日报，2020-05-29.

在承受极大的破坏，能否尽快在全球层面建立更加有效的管理以消除环境问题对生态、经济、社会的影响，直接关系全体人类的命运。包括全球气候变化、臭氧层破坏和损耗、生物多样性减少、空气污染、噪音污染、水资源破坏、酸雨污染等目前面临的主要环境问题，都应该成为全体人类的共同责任和义务。自恐龙灭绝以来，地球历史上从未出现如此物种快速减少的情况。陆地上 66% 的陆生脊椎动物已成为濒危种和渐危种。在近几百年的所谓高度文明时期，野生动物近 85% 灭绝，植物总量减少一半。海洋和淡水生态系统中的生物多样性也在严重退化和不断丧失，空气环境和淡水生态系统是最直接原因，而这些环境破坏的主要原因就是人类各种缺乏约束的活动和没有节制的资源浪费。

人们引以为豪的生命力，正在快速衰退，不育不孕已经不再是人们的自由选择。环境问题还造成怀孕概率下降、畸形儿概率快速增加、生育风险也明显提升，全球每年都有近千万育龄妇女丧失生育能力。

人类认识了自己造成的触目惊心的生存危机，该怎样面对创造和哺育人类成长的大自然，包括微生物界、精神界和意识界？许多不为我们人类认知的空间和物种，已经到了不得不敬畏、不得不善待、不得不谦卑、不得不克己的最后时刻。

第三个敌人是人类文明的自毁危机。科技创造和工具发明，包括资本、规则等丰富的文明创造和积累一直作为人类的骄傲，成为人类自以为是的成功。虽然人类在根本上很难战胜自己，但在具体的发明和创造上，不断地超越自己，历史上交通工具的丰富，每年造成巨大的伤亡；战争机器的诞生，制造众多痛苦和不幸；资本的发现使人们很难再找到宁静的栖身地；等等。一切发明创造都是双刃剑，人们终于发现，作为征服者，事实上首先就成为抗争者。自信的人们永远不会怀疑自己所创造的工具会伤害自己，但是现代人面临的现状已经不需要丰富的想象，从早先煤炭、塑料、钢铁等材料的运用，到如今互联网、人工智能、人脸识别、基因克隆、微生物研究等技术的日新月异，仿佛人类末日的钟声一不留神就会被什么人敲响。对待和应用科学技术等文明创造，当然不能因噎废食。像克隆技术、智能技术、虚拟空间等一定同当年的原子能技术一样，既能造福人类，也可以祸害无穷。人们对这种技术恐惧的实质，是对错误应用技术的恐惧，而不是对技术本身的恐惧，但是工具使人类局部功能退化已经是不争的事实，从手脚灵敏度到五官敏感度，从体能到智力，人类已经明显在退化，越来越离不开五花八门的各种工具。纵观人类历史，特别是欧洲近几百年的文明，战争中首先应用的技术还少吗？源于贪欲和侵略的人类劣根性，科学技术和文明规则已经有被人为罪恶掌握的惨痛教训，希特勒、墨索里尼手里发展起来并且直接导致全球人类疯狂自相残杀的第二次世界大战，就是一个典型的实证。目前，世界各国对克隆人的态度多有"暧昧"，英国在 2012 年以超过三分之二的多数票通过了允许克隆人类早期胚胎的法案，而在美国、德国、澳大利亚，也逐渐听到了要求放松对治疗性克隆限制的声音。相信这声音肯定不是来自 13 亿贫困的人们。2020 年的新冠病毒还在全球肆虐，到底是自然界的惩罚还是自毁失控的结果其实都不重要，重要的是需要认清人类已经面临巨大的危机，各种警钟已经敲响。

第四个敌人是人类综合焦虑的危机。这种危机实际上是人类面临各种危机状态下，身心和行为对所处环境的本能反应，只是因为认知和情绪的作用因人而异，是一种非常严重而且可怕的传染性精神疾病。由自然环境和人为因素带来的人类生存空间正在不断恶化，尤其是，相对发达国家这样的问题和疾病更加严重，值得人们深思。

精神疾病种类繁多，抑郁症、焦虑症是普遍存在的精神疾病，现在病情现实越来越让人担忧。

根据美国国家精神卫生研究所 2017 年统计数据显示，2016 年美国成年人中有 19.1% 患有焦虑症，而 31.1% 的美国成年人一生中都会遇上焦虑症。女性患病率（23.4%）高于男性患病率（14.3%）。表现为各种严重的恐惧和不安。

焦虑症患者受损伤程度有所不同，占22.8%的患者有严重障碍，而33.7%的患者会中度障碍。

根据美国国家精神卫生研究所对13—18岁青少年诊断性访谈调查，焦虑症患病率估计有31.9%，这些患者中占8.3%的人有严重的障碍。

迅速拔高的钢筋混凝土掏空了许多人的精神世界，巨大体量的建筑变化，却没有什么实际意义的价值，因为缺乏个性记忆和创造基因，反而给城市里的人们更多的压抑和窒息。还有过多过细的职场规则，更使人们自主的空间越来越小，各种外部的束缚越来越大，也带来各种精神紧张和恐惧。自然天成的天理规则和人情规则越来越失去独有的人性魅力，人们变得机械而无趣，木讷而僵硬，城市空间仿佛成为行尸走肉的世界。苍白无聊的消费文化盛行，更加麻木和腐蚀着人们的灵魂，源于人性和爱的文化逐渐荒漠化，人类仿佛也正随着文化之河的干枯而消亡。

从这些实际的问题可知，人类更多的困难和危机并不是来自客观的其他原因，而恰恰是人类自己的困扰。只有直面危机，人类才会更加清楚自己的处境，是到了团结一心、同仇敌忾的时候了。各民族及不同观念、主张者需要放弃各种纷争和偏见，总结历史教训，克服饥饿和贫困，克服血腥和暴力，防止浪费、防止傲慢，首先积极解决共同的敌人——人类共同面临的危机。而根治这些危机的基本办法必须先从克服自我为中心去寻找，克服自我为中心是极其困难和痛苦的一个过程。人类每一个时期都有一些人达到这样一个境界和目标，当然，他们未必完全实现了这个目标，但他们的选择找到了人生快乐幸福的源泉，不仅自己生存方式发生了变革，而且使更多人感受到快乐幸福。

劳动和创造是快乐、幸福的源泉，对于人类来说重要的是要保护可以永续劳动和创造的美好环境，这样的机会需要我们共同努力，因为这并不是一件轻而易举的事情。在今天，我们认识到，劳动和创造的可能会因为我们每一个人的身体健康、基本资源以及所处的生态环境、社会秩序等诸多缘由而失去，从而失去快乐和幸福。劳动和创造形成的价值就是快乐、幸福，就是最大的满足，人类是社会动物，人性最终会告诉我们，人生最悲哀和痛苦的莫过于无聊和孤独。

克己和温柔是快乐、幸福的纽带，人与人之间一切关系，无论爱情、友情、亲情，还是管理者和被管理者、征服者和被征服者之间克己自控，物质生活追求简约、低碳排放的生活方式，精神生活追求艺术、快乐、独立、公义，与自然界平等交流，既遵守规则又承担责任。抛弃那种一方面把所有的社会基本服务视为理所当然，另一方面又把不承担社会基本责任也视作理所当然的虚幻梦想。尊重自然法则，遵守人类规则，虽然大多数规则看起来离我们很远，然而，不管是否承认，它们早已潜入我们人类的生命，流淌在血液里，敬天爱人，守规克己，秩序井然。温柔是人类所有美德的基础和综合，更是战胜困难和武装自己的力量。温柔不是懦弱和放弃，甚至有时也不是妥协，在人类和民族的敌人面前，或许是更强大的坚定，只有温柔才具有东方剑一样的穿透力。温柔是一种自我约束，自我控制，无论自然天理规则，还是人情约定规则，或者是人文强制性规则，都可以融化于内心的平衡。

独立和互助是快乐、幸福的基石，影响人类命运的因素很多，但是做自己的主宰者，学会独立思考，做好自己的事，关乎人类命运，并适应每一个人。进化和退化，成功和失败，都只是同一个状态的不同方面，亿万个体的人类仿佛是个庞然大物，当置于地球大自然和星球空间去认知时，芸芸众生和蚂蚁王国、蜜蜂世界并没有多少差别。认知和发现自我、不迷失自我是人类真正意义上的进化，当人类的存在、你我的存在能够由内而外散发快乐，那么贫穷、污染、自毁、焦虑都自然而然地离人类远去。

独立的精神才能帮助这个世界，帮助世界就是帮助人类自己。与你我存在的个体之于人类的关系一样，大自然对于人类并没有依赖，而恰恰人类离不开大自然的陪伴和庇护。因此，我们之所以真诚地热爱大自然，其实是在帮助人类自己，倘若对于大自然缺乏敬畏，认为人类能够战胜自然，那么灾难很快就会降临，这样的警告性惩罚已经太多，谁也不知道下一个还会不会只是警告。而特别需要清楚认知这个问题的，应该就是那些梦想做"蜂王""蚁后"的资本大鳄。大自然变好了，人类才会好，全世界好了，我们的民族和国家才能更好，大家更好了，我们也会更好，只要内心光明，人生一定美好，民族和人类一定光明。

人们常用最具代表性的生产工具来代表一个历史时期，人类文明的发展时代经历了石器时代、红铜时代、青铜时代、铁器时代、蒸汽时代、电气时代、原子时代、网络时代、智能时代等。用这种思维模式观照20世纪，在100年里，人类从电气时代走向智能时代。人类仿佛把生产工具的功能提升当作文明的进步和努力的目标。这就容易走入一个误区，人类的目标应该是快乐幸福，工具的地位和管控应该初衷不改。一切文明毁灭于自我的失控，人类一切努力的过度、过急，都会破坏和伤害大自然及人类自己。人类更不应该困扰于自己创造的各种工具，尤其对于科学发明、技术应用、规则变革是需要趋利避害的，人类认知所限或者局部获益群体的利益驱动都可能出现有损于文明进步的创造。这就特别需要公开、阳光、制衡的基础性规则，能够表达出一个人的真实思想，对于心灵是愉悦的感受，而这种不伤害到第三方的言论自由，需要共同的认知和环境的培育，也是约束制衡的重要内容。人类在发展进程中不断求真，人类创建的规则，起始于对自然规律的阐释，规则是建立在人类对规律的认识之上的，当然这种认知也永远存在局限性。局限性往往让简单问题的认识变成鸡同鸭讲，对牛弹琴，但是这不应该停止和阻碍人类的交流和沟通。近几个世纪来，人类文明都被以欧洲为中心的思维主导，对大自然和人类自身的认知已经隔离得太远，是时候让古老的东方文明重放光彩了。

章节思考

　　纵观人类历史的长河，每流淌过一段，总会激荡起快乐的浪花，也会翻滚出烦恼的沉沙，浪花总是稍纵即逝，沉沙却始终在水底堆积攀爬，只有川流不息又水缓波静，烦恼的沉沙才锁定在河底。我们习惯了骄傲的总结，说近几百年的财富创造胜过人类过去几万年的积累，殊不知历史是公平的，大浪淘沙中，人类同样承受着过去几万年所没有的阵痛。这几百年的主导文化，恰恰是"欧洲中心论"盛行影响下的思维方式，以竞争扩张的粗暴蛮横倾轧着戒急守静的东方文明。

　　这种时空和认知上的局限性，现代人比我们的先人还要严重，因为飞速的变化已经令人们无暇思考，也无法思考，我们总是用今天人们的价值观主观地评价先人，而且十分盲目地认为今天比之过去，比之古代就必然是进步和发展，特别是总有人比较盲目地把物质化作为人类文明的全部内容。人类是善于思考总结的，又总是健忘的，文明的许多成果并没有太多真正的前进，恰似周而复始地盘旋，今天人们的许多认知也没有比古代先哲高明，这就是我们的时代局限性。人类文明的财富绝不单单是物质能够概括和代表的，人类文明更丰富的内容属于认知和精神层面。无论从数量、体量、内容以及重要程度、作用，人类创造的精神财富一点也不逊色于物质财富，因此必须完整地、不可偏废地认知物质和精神同一重要。工业文明的突破，更多是物质空间的突破，在精神层面的许多领域也有突破，但是或许更多层面却因为单一方面的突破，反而更封闭，更局限了。这其实就是人们说的时间一维性认知所决定的，"人生只有一次，时间不能重来"这样的一维性认知是不是真理？到底有没有绝对真理？只有具备敬畏和谦卑的探索态度，才可能更接近规律的真实。

人类的明天是不是美好，人类命运何去何从，取决于人类自己能不能彻底冲破局限性，更加多维地思考和认知，更为完整地评估和反思，更加谨慎地求证和行动，放慢脚步才可能真实有意义地踩稳每一步。当然，快和慢完全是相对而言的，因人而异，然而能慢不急是一种智慧和境界，其实应该成为人类的重要规则。

从哲学角度讲，认知的局限性是普遍存在的，就好比年轻人有自己的局限，年长者也有自己的局限，非专业有非专业的局限，专业也同样有专业的局限，没有局限性的认知是相对虚幻的。人的认知局限性是分局限领域的，并不是任何方面都受局限，在某方面特别局限，或许恰使另外的方面局限就少了，而且局限性又是相对存在的。所谓智慧，就是认知和思维的局限性相对更小一些。局限性是现实的、物质的认识基础，而无限性是相对于局限性的认知，无限性本身也是局限的，无限性是一种相对的探索，预见未来和丰富想象力的认知。对于人们幸福快乐的体验而言，增强对局限性和无限性及其关系的认知能够拓展人类认识，开启思维和智慧，提高幸福快乐的获得感、满足度。

局限性也是个体特征的一种表现方式，有局限性才有互补和兼容的可能。局限性是现实性的内容，无限性是未来性、理想性的设计。人类只有认识到自己的渺小，道法自然，才能认知无限性的美好和理解局限性的约束及影响，这个世界也才会更美好，人类必然也更接近美好社会。而过于忧患抑或过于安乐，恰恰需要人们特别警觉。

就好比说人类历史研究不能有局限性，是没有国界线的，有了国界线，各种探索相互间无法平等交流，但是历史学家有国家，更有民族，必然存在局限性。国家这样一种形态，其实就是你我的心，你我大家只要信任和支持，国家就存在；国家只要让人们信任和支持，秩序就稳定；民族却不一样，无论你信任不信任，支持不支持，民族都是我们的根，是我们身上流淌着的血。

中华民族是世界第一大民族，祖先留给我们最宝贵的就是拥有庞大的人口血脉和民族复兴的家国情怀，这是中华文明相对独立和实现民族复兴的根基，稳固这个根基就是对人类巨大的贡献。中华文明正同整个人类社会一样面临巨大的挑战。

第六章参考及推荐读物目录：

1. 柏拉图. 理想国［M］. 郭斌，张竹明，译. 北京：商务印书馆，1986.

2. 威廉·魏特林. 现实的人类和理想的人类［M］. 胡文建，顾家庆，译. 北京：商务印书馆，1986.

3. 马克思的家庭和事业［EB/OL］.［2015－07－29］［2020－04－11］. http：//www.cssn.cn/zt/zt_xkzt/12746/2015mksdzqzzjqsx/2015mksda/201505/t20150525_2009548.shtml? COLLCC=4119279036&.

4. 3月28日，巴黎公社成立［EB/OL］.［2019－05－28］. http：//www.gov.cn/lssdjt/content_563348.htm.

5. 1871年3月28日，巴黎公社革命爆发［EB/OL］.［2019－05－28］. http：//www.china.com.cn/aboutchina/txt/2009－03/16/content_17452180.htm.

6. 弗·梅林. 保卫马克思主义［M］. 吉洪，译. 北京：人民出版社，1982.

7. 朱贻庭. 伦理学大辞典［M］. 上海：上海辞书出版社，2010.

感恩与致谢(代后记)

从有记忆开始,丹溪、熟溪、尼洋河、拉萨河、瓯江、兰江、婺江这些水系的名字就特别亲切,难以忘怀,仿佛就是融化在血液的一个个细胞,时时浮现出来,来打个趣,又若即若离地飘开去,我恍然明白这就是我过去的生命了,而每一条江河溪水都是母亲河。人类亲水而居,择水而栖,是水给了我们生命,补给我们力量,那不时浮现出来的恰是母亲牵挂游子的念想和呼唤。饮水思源,感恩于母亲河。

在历史的镜子里,我们追寻迷失的灵魂,扪着忐忑的心,追思祖武,诚惶诚恐。在完成书稿的几百个日日夜夜,宁静之余,感恩之情,更加浓烈,一个个熟悉却又淡忘了的恩师像缓缓柔波在脑海涌过,一句句激励和教诲是那么温馨却震颤着我的心房。使得我拥有这洪荒之胆力和意志,能够坚持又坚持,破天荒地做起了这件事。难忘母校,难忘师恩。

我也要感谢家人特别实在的支持和鼓励,孩子的偶尔点赞和提醒、常常的辩论和激将也成为激励我研究和写作的巨大动力。当我在伏案夜读和走神冥思状态里,家人做出的许多牺牲,未必是我能够感受得到的,但是对于我这个个体而言,他们其实就是大自然,我是依存着这个环境生活的,离开了这个环境,我不知道如何生存。

在这里当然还要特别感谢成书过程中,帮助我付出了辛勤劳动的诸多朋友们,特别是责任编辑冯彤老师,她的丰富编辑经验、耐心和包容都给予我很大信心,还有许多尚不十分熟悉的幕后老师,没有他们,这本书是不可能这么顺利出版的。王景新教授在哲学、历史学、经济学等领域研究颇深,著作等身,在百忙中读了我的书稿,写了序言,令我感动。大家的鼓励、支持和帮助,我自然难以回报,只能承存着。

人类的快乐和幸福在于享有大家的帮助,更多的快乐和幸福也在于能够和大家一起做些有意义的事情。感谢一路的遇见,感谢同事和朋友让我感受到自己的人生始终温暖如春,也非常希望这本书永远是春天里的花朵,给大家带来明媚。

书中史料表达的引用已尽量标明出处,但因时间仓促恐怕仍有遗漏,敬请谅解。如有版权问题请与本人联系。

丹溪草

2020 年 6 月 6 日